Vos idées changent tout !

Le secret de la réussite durable

Éditions d'Organisation
Groupe Eyrolles
61, bld Saint-Germain
75240 Paris Cedex 05

www.editions-organisation.com
www.editions-eyrolles.com

CHEZ LE MÊME ÉDITEUR

Alan G. ROBINSON, Sam STERN, *L'entreprise créative*, 2000.
Thierry LITTNER, *La créativité dans tous ses états*, 2002.
Mickael MICHALKO, *Thinkertoys*, 2002.

ISBN : 978-2-212-53890-8

Isaac GETZ, Alan G. ROBINSON

Vos idées changent tout !

Deuxième édition revue et augmentée

Préface par Didier Leroy

EYROLLES
Éditions d'Organisation

Remerciements

Nous aimerions remercier en premier lieu l'Institut Vital Roux qui a financé nos trois ans d'études de terrain ; sans ce financement, nous n'aurions pas pu acquérir cette base empirique étendue qui a constitué les fondements de notre livre.

Un grand nombre de personnes et d'entreprises, dans une demi-douzaine de pays d'Europe et dans le monde, nous ont accueillis et ont partagé leurs expériences avec nous. Nous voudrions remercier tout particulièrement Annie-Gabriel Algayres, Stephen Ansuini, Serge Barbitch, Ernst Bliss, Luigi Bondesan, Alyette Boyer, Bernard Cohen, Michael DaPrile, Philippe Delahaye, Claude Dessaint, Gadi Erlich, Jean-Paul Fradal, Didier Gaudin, Karl Grimm, Pascal Guespin, Marie-Pierre Guichard, Graham Hiller, Bryan Jackson, Catherine Jaouan, Werner Kubik, Didier Leroy, Daniel Lucas, Didier Machuré, Joaquin Muruzabal, Sylvain Orsat, Daniel Phippaz, Jean-Yves Podeur, Bernard Rechet, Thomas Seidenstricker, Thierry Tant, Gerard Ternon, Herman Vandaele, Arno Wiedenroth et Jorge Zubialde. Leur enthousiasme, leur ouverture d'esprit et leur patience avec nous – qui les avons interviewés, enregistrés et filmés même pendant de longues heures – ont été une source d'encouragement perpétuel.

Des remerciements particuliers sont dus à Antoine Héron et à Raphaël Colas qui ne nous ont pas seulement accueillis dans leurs entreprises respectives, mais nous en ont également indiqué plusieurs autres que nous avons étudiées par la suite en France, tout comme à Claudia Hentschel et Wolfgang Werner qui nous ont donné accès à plusieurs entreprises allemandes.

Nos remerciements vont également à nos institutions respectives, l'ESCP-EAP European School of Management et l'Isenberg School of Management de l'Université du Massachusetts, qui nous ont fourni les conditions de travail et le soutien sans lesquels ce long projet de recherche aurait été difficilement réalisable.

Des remerciements particuliers vont à Sylvie Laforge pour son aide précieuse sur un manuscrit souvent ardu, tout comme aux dizaines de moniteurs de recherche de l'ESCP-EAP qui se sont acquittés avec professionnalisme de la transcription des enregistrements de l'ensemble des entretiens, en plusieurs langues. Nos étudiants dans les différents programmes où nous avons fait part de nos théories et observations de terrain ont été une source permanente de défis et de suggestions. Nous les remercions beaucoup de leur intérêt et de leur contribution. Les conseils et l'assistance de Marie-Christine Bert de l'ESCP-EAP ont été indispensables dans la phase finale de ce projet.

Nous remercions également Armand Dayan, professeur à l'ESCP-EAP, qui a relu l'intégralité du manuscrit et nous a fait part de ses précieuses remarques, ainsi que plusieurs relecteurs qui ont amélioré l'expression dans cet ouvrage.

Avant-propos de l'édition actualisée et augmentée

Trois années sont passées depuis la parution de la première édition de cet ouvrage, ce qui est peu. Pourquoi alors publier une nouvelle édition ? À cela plusieurs raisons.

Premièrement, une fois paru, l'ouvrage a vécu sa propre vie et nous a conduits à le faire évoluer à plusieurs reprises, grâce aux différentes éditions parues en Europe depuis : en Allemagne chez Hanser, aux Pays-Bas chez Kluwer, en Espagne chez Rama, plus récemment en Italie chez Il Sole 24 Ore et enfin dans une autre édition de Kluwer, cette fois en Belgique. Nous avons proposé à chacun de ces éditeurs d'adapter l'ouvrage aux spécificités de leurs lecteurs, ce qui nous a conduits à effectuer une semaine de visites dans des entreprises de chacun de ces différents pays, à analyser d'autres sources pertinentes et à mettre à jour le contenu du livre. De plus, à la demande de l'éditeur allemand, nous avons développé un test sous forme d'autodiagnostic pour que toute entreprise puisse connaître son niveau de management des idées. Nous avons donc jugé que toutes ces nouvelles données, ces textes et ces ajouts méritaient d'être rassemblés ici pour en faire bénéficier la version française et originale de l'ouvrage.

La deuxième raison qui nous a conduits à entreprendre cette édition est la réception de l'ouvrage en France et en Europe. Nous avons été flattés par la place accordée à nos thèses par les principaux organes des médias économiques français ainsi que par plusieurs médias européens. Nous avons également constaté une réelle curiosité de la part des lecteurs suite à ces interviews, aux critiques d'ouvrage, ainsi qu'aux articles de presse que nous avons publiés. Enfin, Manpower a sélectionné cet ouvrage parmi les trois premiers finalistes de son prix 2004 du meilleur ouvrage de l'année. Tout cela a probablement contribué au fait que plusieurs réimpressions du livre aient eu lieu depuis. Il est donc temps de donner aux lecteurs une nouvelle édition, actualisée et augmentée.

Enfin, le sujet lui-même a évolué. Nous n'entendons presque plus de référence aux « systèmes de suggestion ». Les entreprises parlent aujourd'hui de Systèmes de Management des Idées (SMI) – le terme lancé par notre ouvrage. Pour quelques-unes d'entre elles, cela couvre une refonte des systèmes de suggestions centralisés existants, avec leurs comités mensuels et de coordinateurs sur le terrain. Cela ne constitue pas une vraie évolution. Pour d'autres, il s'agit d'un nouvel outil, représentant un nouvel espoir de résoudre des problèmes qui perdurent là où d'autres outils ont échoué. Malheureusement, il y a peu de chances qu'un SMI fasse la différence, car il ne s'agit pas d'un outil, comme nous l'expliquons dans le livre. L'appliquer à une organisation qui ne s'engage pas dans le changement ne servira pas à grand-chose. Enfin, pour certaines entreprises, il s'agit d'un véritable nouveau départ où le SMI d'excellence constitue l'une des composantes de progrès continu qui se déploient simultanément. Ces entreprises s'engagent peut-être sur un chemin beaucoup plus long et difficile, et plusieurs années seront nécessaires pour récolter pleinement les résultats de la mise en place de cette culture du progrès et de l'excellence. Mais cet effort et cette détermination les rembourseront au quintuple, tant les résultats des entreprises où chacun, chaque jour, vient travailler pour faire progresser sa société seront bons. C'est aussi pour ces entreprises, pour leurs leaders et pour leurs salariés qui prouvent au quotidien que le progrès et l'excellence sont possibles en France et en Europe que nous proposons cette nouvelle édition.

Préface

« L'homme est le bien le plus précieux de l'entreprise. »

Qui n'a pas entendu cette affirmation dans sa société ?

Pourtant, si vous analysez en profondeur la manière dont les entreprises sollicitent et gèrent les idées de leurs salariés... la réalité est souvent tout autre !

Mais comment transformer ce « discours » en une réelle évolution des comportements quotidiens ?

Toyota est devenu le troisième constructeur mondial d'automobiles en l'espace d'un demi-siècle (ndlr : Fin avril 2007, Toyota est devenu le n° 1 mondial). Cette croissance exceptionnelle a « pour ADN » ce que nous appelons la « *Toyota Way* ». Depuis l'origine, les deux piliers de la « *Toyota Way* » sont :

- le respect des personnes ;
- le développement du progrès continu.

La plupart des entreprises voulant adopter la démarche « Toyota » commettent l'erreur classique de focaliser leurs efforts sur l'application des outils de progrès continu, en négligeant la première dimension : le respect des personnes. Elles ne voient pas qu'il s'agit là d'une dimension managériale fondamentale, qui permet d'établir et de maintenir les conditions d'emploi des outils de progrès. Par conséquent, elles n'appliquent que partiellement la démarche sans obtenir les niveaux de créativité et de performance qu'elles espéraient.

Concrètement, chez Toyota Motor Manufacturing France (TMMF), le respect des personnes se matérialise par le développement de relations franches et directes, à tous les niveaux, et par l'établissement d'une confiance mutuelle entre l'entreprise et ses salariés.

Prenons un exemple : je consacre personnellement plusieurs heures par jour sur le terrain au développement de relations directes avec mes collaborateurs. Par ailleurs, je m'engage à rencontrer toute personne qui le souhaiterait, à son poste de travail, quelle que soit sa position hiérarchique et quel que soit le sujet, au plus tard le lendemain de sa demande. Être au service de mon équipe est un devoir pour moi.

Un autre versant du respect des personnes est contenu dans notre définition de l'exigence. En effet, à tout niveau de l'encadrement, les managers appliquent le même degré d'exigence tant à leurs équipes qu'à eux-mêmes. C'est ce que nous appelons, chez nous, le « principe d'exemplarité ».

Quand cette dimension managériale est devenue réalité, l'entreprise possède alors les conditions de mise en place des outils et des démarches pour faire émerger et réaliser des idées.

La démarche appelée « *kaizen* » chez Toyota est reconnue mondialement. Beaucoup d'entreprises ont mis en place des démarches basées sur un système de suggestions en apparence similaire. Pourtant, sans ce management différent fondé sur le respect des personnes, elles n'ont pas toujours réussi à impliquer *tous* leurs salariés dans la remise en cause quotidienne de leurs processus et de leurs modes de travail existants, à travers leurs idées.

Beaucoup d'entreprises ont cru que cette démarche managériale était surtout fondée sur les particularités de la culture japonaise. Par conséquent, elles ont douté de la possibilité de sa mise en œuvre en Europe, et n'ont pas vu que les valeurs humaines inhérentes à cette démarche étaient universelles et appréciées dans toutes les cultures. Nous avons démontré que cela était parfaitement possible lors du démarrage de TMMF, mais aussi dans d'autres sites du groupe Toyota dans des dizaines de pays. Ce mode managérial permet de rendre effective et permanente la créativité naturelle de tous en impliquant chaque jour l'ensemble des salariés dans la démarche de management des idées et de progrès continu.

Cette capacité de management des idées avec l'implication de tous les salariés devient ainsi un facteur clé de différenciation par rapport à la concurrence.

Une dernière incompréhension persiste : le management des idées générerait principalement des idées mineures. Or, une idée mineure n'existe pas ! Chaque petite idée, multipliée à l'échelle de l'entreprise par le nombre de ses salariés et par le nombre de jours de travail, devient très vite une formidable source de progrès. Parfois, ces idées qui paraissent d'emblée mineures peuvent au final générer de véritables ruptures. Nous en avons plus d'un exemple dans notre entreprise.

Cet ouvrage est basé sur l'étude approfondie des meilleures pratiques de management des idées en Europe, complétée de quelques exemples à travers le monde[1]. Il ne repose donc pas sur une analyse théorique des pratiques, mais bien sur l'observation de situations réelles. Les auteurs sont allés sur le terrain pour observer et comprendre les principes dont ils nous font part. J'ai pu vérifier la précision de leur démarche d'analyse… ainsi que leur détermination sans faille : ils ont réussi à me rencontrer et à m'interviewer dans une période aussi chargée que le démarrage de mon usine !

Pour les entreprises qui veulent passer d'une simple gestion de boîte à idées à un véritable système de management des idées, ce livre les guidera et leur donnera envie de franchir le pas.

Si le lecteur est convaincu que le progrès est « sans fin » et qu'il vise la réussite durable, les pratiques de management des idées exposées dans l'ouvrage l'aideront à éveiller le potentiel créatif qui sommeille dans l'entreprise.

Le slogan « *L'homme est le bien le plus précieux de l'entreprise* » commencera alors à devenir réalité.

Didier Leroy

Président de Toyota Motor Manufacturing France

Sommaire

Partie II

Acquérir la vision de la croissance

Partie III

Système de Management des Idées

Partie IV

Gérer l'innovation

Partie V

Éveiller le potentiel créatif de vos salariés

Partie I

Les idées des salariés

« *Vous n'imaginez pas la force énorme que les idées de tous peuvent représenter, ce type de progrès permanent au niveau de chacun, quand vous multipliez par le nombre de personnes dans une entreprise. Avec cette force, cette rapidité de mise en action des idées, je peux vous garantir que vous pouvez être vraiment très différents de vos concurrents.* »

Didier Leroy, président de Toyota Motor Manufacturing France[2]

LA NON-UTILISATION DES IDÉES

Lorsque nous sommes invités à animer un séminaire sur la créativité et les idées dans les entreprises, nous avons pour habitude de soumettre d'emblée notre auditoire, essentiellement composé de managers européens, à une sorte d'interrogation orale. Au demeurant, notre esprit potache peut surprendre, voire faire sourire : ce type d'exercice, très commun lorsqu'il s'adresse à des étudiants, est en effet plutôt inhabituel lorsqu'il est destiné aux managers. Mais le lecteur constatera qu'il est fort riche d'enseignements. D'ailleurs, notre assistance intriguée se prête assez facilement à ce jeu de devinette. Pour commencer donc, nous affichons l'extrait d'une citation sur l'écran, puis demandons à l'un des participants de le lire à haute voix. À charge ensuite pour le public de répondre à deux questions : de quand ce document date-t-il ? Quelle est la nationalité de son auteur ?

Ce texte, le voici :

« *Faire des suggestions dans un service conforte le personnel dans l'idée suivante : il faut que nous fassions des progrès. Cela facilite singulièrement l'action du chef dont c'est le métier de faire des progrès et qui sait qu'il sera jugé sur ceux qu'aura réalisés son service.*

C'est donc une partie importante du travail du chef que de pousser au développement des suggestions.

Un chef est généralement très absorbé par de grosses questions de production et de qualité. Il n'a pas le temps matériel de surveiller, autant qu'il le voudrait, tous les détails de son équipe ou de son service. L'exécutant qui fait des suggestions comble, au moins en partie, cette lacune.

Quelles réponses obtenons-nous ? Celles-ci sont invariablement les mêmes. Tous ou presque attribuent ces propos à un auteur japonais ou américain et pensent qu'ils ont été prononcés dans les années 1980. Mais tous se trompent ! La vérité est autre : ce document, nous l'avons découvert à l'occasion d'une série d'enquêtes de terrain que nous avons effectuées chez Michelin, à Clermont-Ferrand et à Paris, en France. Il figurait dans un numéro de leur revue *Prospérité* consacrée aux suggestions des salariés de la manufacture, datant de… 1933[3] ! Interrogés sur les raisons de leur erreur, nos auditeurs se sont dits surpris par la modernité du message. Puis, un peu gênés, ils ont avoué que, dans leur esprit, les entreprises européennes ne s'inscrivaient pas dans cette modernité en matière de suggestion d'idées.

Ce paradoxe nous a donc conduits à réaliser cet ouvrage. Nous n'ignorions pas l'importance de la créativité pour les entreprises japonaises et américaines et, sachant le niveau d'excellence et de réussite que les meilleures d'entre elles ont atteint dans ce domaine, nous avons décidé de débuter notre enquête par l'étude des meilleures pratiques en matière de créativité en Europe. Or, qu'avons-nous constaté ? Que la créativité et la promotion des idées de leurs salariés étaient des thèmes dépourvus d'intérêt pour la plupart des dirigeants !

Ce constat a transformé le cours de notre enquête. Celle-ci, conçue à l'origine comme un exercice classique, se fondant sur les meilleures pratiques en matière d'idées et de créativité, s'est transformée en une étude plus large, plus profonde et plus ambitieuse. Notre objectif premier étant dès lors de décrypter les raisons qui fondent le désintérêt de ces entreprises en matière de créativité, et d'expliquer pourquoi elles devraient s'y intéresser.

Selon nous, cette problématique comporte trois volets. D'abord, la majorité des managers et des dirigeants européens ne comprennent pas la portée des idées et de la créativité de leurs salariés. Ensuite, ils pensent que leurs propres collaborateurs n'ont pas la capacité nécessaire pour produire des idées utiles. Enfin, ils doutent de l'efficacité des actions destinées à encourager la production d'idées et à promouvoir la créativité. Par conséquent, ils ne mettent pas en place les démarches systématiques pour encourager, réaliser et reconnaître efficacement les idées de leurs collaborateurs, empêchant, de ce fait, l'essor de la créativité et de l'innovation au sein de leur entreprise. Ils gaspillent ainsi l'énorme capital créatif qu'ils possèdent. Comme le confirme Arno Wiedenroth, président d'Opel à Eisenach[4] :

> « Le dirigeant qui n'utilise pas les idées gaspille l'intelligence. S'il ne valorise pas les idées de ses salariés, s'il ne les documente pas pour qu'elles soient vraiment réalisées, alors il gaspille tout simplement de l'argent. »[1]
>
> 1. Entretien avec Arno Wiedenroth, 24 novembre 2000.

L'IMPORTANCE DES IDÉES CRÉATIVES : JOSEPH SCHUMPETER

Voilà plus d'un demi-siècle, l'économiste autrichien et américain Joseph Alois Schumpeter démontrait le rôle primordial de la créativité dans la croissance économique. En 1942, dans son ouvrage[5] *Capitalisme, socialisme et démocratie,* il écrivait ceci :

« L'impulsion fondamentale qui met et maintient le moteur capitaliste en marche provient des nouveaux produits de consommation, des nouvelles méthodes de production, des nouveaux marchés, des nouvelles formes d'organisation industrielle que crée l'entreprise. »

Né en 1883 en Moravie (province dépendant alors de l'empire austro-hongrois), Schumpeter († 1954) vécut la créativité jusque dans son quotidien. Diplômé en sciences humaines, c'est lors de ses études de droit et de mathématiques, à l'Université de Vienne, qu'il se passionna pour l'économie après avoir assisté, subjugué, aux cours dispensés par son professeur. En 1908, ses études achevées, il publie un premier ouvrage, *Nature et contenu principal de la théorie économique*, et rejoint l'université. En 1912, son essai *Théorie de l'évolution économique* deviendra par la suite un classique. Mais Schumpeter ne s'enferme pas dans la tour d'ivoire de la théorie. En 1919, après le démantèlement de l'empire austro-hongrois, il cherche à mettre ses idées et ses compétences au service de la reconstruction d'un nouvel État autrichien. Il sera ministre des Finances pendant un an, puis démissionne pour diriger la BidermannBank, jusqu'à sa faillite en 1928. Ces quelques expériences du terrain ont probablement nourri la pensée de Schumpeter, qui a centré sa réflexion sur la question de la dynamique économique et sur l'origine de la croissance.

En 1932, Schumpeter quitte l'Europe et accepte une chaire à Harvard. Durant les dix années suivantes, il écrit deux ouvrages dans lesquels il propose sa réponse. Pour Schumpeter, l'économie n'est pas statique. Elle obéit au contraire à un processus dynamique entretenu par les individus qui produisent et réalisent des innovations utiles à leurs entreprises. La créativité de sa pensée n'a pas été reconnue à sa juste valeur ni de son vivant, ni lors des années d'après-guerre dominées par le keynésianisme.

Aujourd'hui, en revanche, elle occupe une place bien méritée : pour ne prendre qu'un exemple, plus d'une centaine d'articles lui ont été consacrés au cours du premier semestre 2000. Alan Greenspan, à l'époque président de la Banque de Réserve Fédérale et architecte de la croissance ininterrompue des États-Unis pendant plus d'une décennie, lui rendait régulièrement hommage : « *L'économie américaine est en proie à ce que Joseph Schumpeter avait appelé "la destruction créatrice", processus continu par lequel les technologies émergentes chassent les anciennes... Celles-ci ont commencé à changer notre manière de faire des affaires ou de créer de la valeur, souvent par des voies qui n'étaient même pas imaginables, il y a seulement cinq ans.* »[6] De son côté, le comité Anti-trust – autre institution américaine – n'a-t-il pas fondé son argumentation contre le monopole de Microsoft en s'inspirant de la thèse de Schumpeter, selon laquelle le géant de l'informatique « *étouffe les nouvelles idées et les innovations qui constituent le moteur de l'économie* » ?[7]

On attribue même à Schumpeter l'idée de crise, puis de consolidation d'un secteur naissant, qui succède toujours à l'euphorie initiale, provoquée par des innovations radicales : « *Bien des gens agiront en se fondant sur l'hypothèse que les changements qu'ils observent dureront indéfiniment. Dans l'atmosphère de prospérité secondaire, se développent des entreprises malsaines, qui n'ont aucune chance de succès. Tout cela n'entraînera pas nécessairement une panique ou une crise, mais créera les conditions favorables d'une crise.* »[8] Ce qui s'est passé avec l'euphorie des chemins de fer en Grande-Bretagne dans les années 1840, celle de l'industrie automobile aux États-Unis au début du XXe siècle et celle des entreprises « dot com » dans le monde entier à la fin du XXe siècle lui a donné raison : dans chaque cas cité, des milliers d'entreprises stimulées par les promesses de richesses se sont créées. Cependant, une fois la fièvre retombée, quelques dizaines seulement ont survécu. Même si la majorité des entreprises qui s'engouffrent dans la brèche ouverte par une innovation radicale n'y survivent pas, quelques-unes réussissent, notamment celles qui ont créé, mais qui de surcroît ont su exploiter l'innovation, sujet que nous aborderons en profondeur dans la quatrième partie de l'ouvrage. Mais, surtout, l'économie dans son ensemble, ainsi que l'organisation du travail des entreprises en seront transformées de manière radicale, comme l'a reconnu Jack Welch, à l'époque P-DG de General Electric, en remerciant ses « *jeunes amis des start-ups* » d'avoir donné des idées à son entreprise pour changer ses « *modes de fonctionnement* » [9].

La reconnaissance, *a posteriori*, des travaux de Schumpeter, n'émane pas seulement de praticiens. Dans le cadre des théories « néo-schumpetériennes », également appelées « théories de la croissance endogène », plusieurs économistes ont approfondi son analyse. L'Américain Paul Romer, professeur à l'Université de Stanford, chef de file des néo-schumpetériens et souvent cité comme l'un des prochains prix Nobel d'économie, a développé une théorie de l'économie des idées pour expliquer la croissance permanente des entreprises. Selon lui, la production d'idées nouvelles est, depuis la révolution industrielle, à l'origine d'une croissance économique continue – en dépit de quelques ralentissements – et qui perdurera. Dans son article « *La croissance économique et l'investissement dans les enfants* »[10], Romer illustre d'abord la théorie de la croissance néo-classique grâce à la métaphore d'une usine. Dans l'agriculture, par exemple, la forte croissance observée depuis un siècle proviendrait d'un accroissement des « matières premières » (la terre arable), de l'équipement (tracteurs et autres machines agricoles) et des travailleurs (les agriculteurs). Puis, il décrit sa propre théorie de l'économie des idées à travers la métaphore d'un ordinateur. Toujours dans l'agriculture, la croissance, surtout pendant la période récente, résulterait non pas des progrès du *hardware* (la terre, les tracteurs et les machines), mais des progrès du *software* (les méthodes d'agronomie et de gestion, ainsi que les techniques de production d'équipements agricoles et de fertilisants plus efficaces). Selon cette métaphore, Romer conçoit ainsi l'économie comme la production d'idées de nouveaux éléments de *software*. Un autre économiste néo-schumpetérien, Weitzman, en conclut, pour sa part, que la croissance « *est déterminée par* [les] *idées réellement utiles et nouvelles* ».[11] D'autres économistes, comme Amartya Sen (prix Nobel 1998), insistent aussi sur le rôle primordial des idées nouvelles.

Les théories économiques sur l'importance des idées créatives constituent un apport intellectuel incontestable et d'une grande valeur. Toutefois, les managers qui ont mis ces théories en pratique parviennent aux mêmes conclusions : les idées ne sont pas simplement importantes, elles sont cruciales !

Pour notre part, nous allons encore plus loin. Nous pensons qu'il est indispensable de voir, de ressentir des idées réalisées et de jauger les résultats qu'elles apportent à l'entreprise, pour en comprendre le rôle au plan théorique. C'est pourquoi nous avons délibérément pris le parti de consacrer l'essentiel de ce projet et de cet ouvrage à l'observation sur le terrain et la présentation d'idées concrètes émanant directement de salariés, que nous sommes allés rencontrer dans les entreprises.

LA FORCE DES IDÉES CONCRÈTES

Nous avons sélectionné cinq idées, chacune d'elles illustrant un cas particulier qui démontre à quel point les idées créatives peuvent être bénéfiques pour l'entreprise :

- l'idée d'un petit morceau d'acier qui a permis de réaliser une économie de 3,5 millions d'euros ;
- l'idée du rangement de bureau qui a amélioré le cash-flow ;

- l'idée d'une étiquette autocollante qui a permis d'éviter de graves problèmes financiers et d'améliorer la qualité de service ;
- l'idée d'une quincaillerie qui a libéré 9 millions d'euros enfermés dans un rayonnage ;
- l'idée d'un logiciel qui a amélioré la productivité, les ventes et la satisfaction du client.

Dans les pages qui vont suivre, vous allez découvrir la force des idées des salariés, dynamisme auquel personne ne s'attendait.

Un petit morceau d'acier pour une solution géante

Ou comment économiser 3,5 millions euros en 2 heures.

En 1998, Delphi est le premier fabricant d'équipements automobiles dans le monde, avec un chiffre d'affaires de 28,5 milliards de dollars… Il n'empêche ! Les performances économiques du groupe ne le mettent pas l'abri d'incidents techniques. En 1998, justement, les ingénieurs et les techniciens du site de La Rochelle en France, qui emploie quelque 600 personnes et produit des injecteurs pour les moteurs diesels Ford, Peugeot, Renault ou autres doivent faire face à un grave problème concernant trois machines d'alésage[12]. De quoi s'agit-il ? Habituellement, chacune de ces machines reçoit neuf cylindres de 14 mm de diamètre avec un trou déjà percé au centre. L'alésage est réalisé par neuf forets qui pénètrent simultanément dans les neuf cylindres afin d'améliorer la qualité de la cavité. Or, il arrive que ces machines reçoivent des cylindres d'un diamètre inférieur à 13,9 mm, provoquant dès lors de graves dégâts, nécessitant l'arrêt de la machine et sa remise en marche. Donc, une perte de temps et des dépenses supplémentaires (380 euros à chaque incident). En effet, lorsqu'un cylindre d'un trop petit diamètre arrive dans la machine, elle ne peut pas le bloquer avec les pinces aussi fermement que s'il s'agissait d'un cylindre plus large. Quand le foret d'alésage pénètre dans le cylindre trop étroit, ceci provoque son extraction des pinces et casse les forets… et les pinces. L'opérateur, quant à lui, ne constate le problème que lorsqu'il contrôle la qualité des pièces sortant de la machine.

En 1998, la situation commençait donc à être gênante pour les opérateurs : ce type d'incident survenait en moyenne dix fois par 24 heures,

300 jours par an sur chacune des trois machines ! Didier Gaudin, opérateur sur l'une des trois machines d'alésage, nous a expliqué combien il était fastidieux de remettre l'engin en marche[13], tout comme il devenait délicat d'affronter le mécontentement de ses collègues, dont le travail était sans cesse perturbé par ces arrêts. Les opérateurs avaient, bien sûr, signalé depuis longtemps le problème au service de maintenance. D'ailleurs, les techniciens et les ingénieurs n'en ignoraient pas l'origine : il s'agissait tout simplement d'un copeau, qui, dans la chaîne d'usinage située en amont, s'enroulait autour de certains cylindres. Or, quand ces cylindres pénétraient la machine chargée d'enlever le métal sur sa surface, celle-ci en extrayait trop en raison de la pression due au copeau, d'où un cylindre de 13,9 mm de diamètre, voire inférieur, au lieu des 14 mm requis. Cependant, si le service de maintenance avait effectivement établi la cause du problème, il ne parvenait pas à trouver le remède. Didier Gaudin, pugnace, n'a pas lâché prise. Au lieu de chercher « *à éliminer la cause des trop petits cylindres* », comme tentait de le faire, en vain, le service de maintenance, il a cherché « *à empêcher ces cylindres trop petits d'arriver aux machines d'alésage* », et a rapidement trouvé une solution. « *Comment avez-vous fait ?* », lui avons-nous demandé. « *C'était logique* », nous a-t-il répondu.

D'abord, il a observé comment les cylindres étaient manipulés dans la machine juste avant l'alésage : il s'agit d'une machine qui gratte le trou à l'intérieur des cylindres, les lave et souffle dessus pour qu'ils soient très propres avant la phase suivante. Didier Gaudin a ensuite remarqué que la machine manipule les cylindres avec des pinces qui, une fois ces opérations terminées, les libèrent. Ces pinces, qui ressemblent à des pinces à linge, ont besoin d'une pression pour tenir chaque cylindre, et c'est en scrutant leur fonctionnement que Didier Gaudin a eu son idée : empêcher les pinces de se resserrer de plus de 13,9 mm (on peut imaginer une pince à linge, dans laquelle on introduit un petit caillou pour l'empêcher de se refermer complètement et de retenir un habit). Voilà exactement ce que Didier Gaudin a cherché à faire : il a vissé à l'intérieur des pinces un petit morceau de métal – faisant office de caillou – pour les empêcher de se refermer à plus de 13,9 mm, afin que les cylindres trop étroits partent au rebut. Réaliser son idée fut d'une extrême simplicité. En quelques heures, le problème était réglé. En janvier 1999, l'idée de Didier Gaudin était sélectionnée comme la meilleure du mois. En outre, voilà qui est encore plus notable, les gains ainsi réalisés se sont élevés à 3 420 000 euros par an.

Cette idée toute simple, qui a pourtant permis à l'entreprise de faire de grosses économies, est-elle importante ? Pour un équipementier automobile, comme Delphi, soumis à la pression permanente des fabricants d'automobiles qui exigent chaque année des prix à la baisse pour une même pièce, elle est, sans conteste, d'une extrême importance.

À votre avis, combien de personnes, à tous les niveaux hiérarchiques de cette entreprise, ont réalisé dans leur vie professionnelle une idée ayant fait économiser 3,5 millions d'euros ? Didier Gaudin est assurément le seul !

Le rangement de bureau qui améliore le cash-flow

L'idée d'une secrétaire aux pouvoirs surnaturels.

En 1998, Petra Hartmann[14], assistante au service juridique de Fleischerei-Berufsgenossenschaft (FBG), un organisme spécialisé dans l'assurance préventive de l'industrie allemande de la viande, en a assez. Depuis des années son bureau est engorgé. Des dizaines de dossiers en attente de pièces devant lui parvenir des autres départements sont entassés les uns sur les autres, ce qui empêche Petra de les retrouver facilement. Ces 2 000 dossiers font partie des 40 000 dossiers annuels concernant un paiement aux assurés suite à des dommages et en attente de la récupération des sommes versées par FBG aux autres assureurs. En effet, après vérification, FBG s'est parfois aperçue qu'elle avait payé pour un dommage (par exemple un accident de la route), mais que la faute n'incombait pas à son assuré mais à l'autre partie. Dans ce cas, FBG prépare un dossier, puis le transmet à l'assureur de l'autre partie pour qu'il rembourse les sommes en question. Or, la préparation d'un dossier implique la fourniture de pièces par d'autres départements de FBG, ce qui peut prendre jusqu'à trois mois pour certains. On comprend alors aisément pourquoi le bureau de Petra Hartmann est aussi encombré ! Elle décide donc d'agir pour accélérer le traitement de ces dossiers.

En deux heures, elle a trouvé la solution. Chaque fois qu'elle envoie une demande de fourniture d'une pièce pour un dossier à un autre département, elle lui donne un délai maximal de quatorze jours. Étant donné la culture de FBG, cela a suffi pour que toutes les pièces arrivent dans le délai imparti, permettant à Petra de traiter tous les dossiers au plus tard sous deux semaines, au lieu de trois mois auparavant.

Quels ont été les résultats de cette idée ? Tout d'abord, Petra Hartmann a finalement retrouvé un bureau rangé et ne perd plus de temps à chercher un dossier. Mais la grande surprise est ailleurs : le responsable de son service s'est aperçu de l'amélioration radicale du cash-flow grâce à cette idée. Il a découvert que 2 000 dossiers représentaient 3,5 millions d'euros à récupérer auprès d'autres assureurs, et que pour nombre de ces dossiers, il fallait récupérer les sommes concernées deux mois et demi plus tôt ! Même avec un taux d'intérêt très prudent de 3 % par an, cela équivaut à quelques centaines de milliers d'euros de gains par an pour FBG ! Quand nous avons montré nos calculs au management de FBG, ils ne croyaient pas qu'il s'agissait de sommes aussi importantes. Mais peu importe la somme exacte. Ce qui est remarquable, c'est que l'idée d'une assistante, réalisée en deux heures, a amélioré le processus de traitement des dossiers qui restait inefficace depuis des années. Le lecteur peut se demander pourquoi le management n'avait rien fait jusque-là. C'est exactement la question que nous avons posée au responsable du service et nous avons obtenu une explication.

Le processus existait déjà avant sa prise de fonction et était considéré comme aussi immuable que « *le soleil qui se lève et se couche chaque jour* ». Chez FBG et dans presque chaque entreprise, il existe des dizaines de processus qui, par l'inertie des choses, sont considérés comme des lois de la nature. Manifestement, les idées des salariés, comme celle de Petra Hartmann, possèdent des pouvoirs surnaturels. Ce qui est intéressant, c'est que chez FBG on accepte sans difficulté que ce soit les gens de terrain et non pas les managers qui possèdent ces pouvoirs. Nous y reviendrons plus tard, après avoir présenté d'autres idées. L'exemple de FBG est parlant. Il montre à quel point les salariés peuvent être innovants en matière de processus de traitement de l'information et de documents qui constituent le cœur des entreprises de services. Pourtant, on peut être une entreprise de service confrontée à la concurrence, viser la croissance et avoir des salariés qui innovent *via* des processus moins sophistiqués.

Voici maintenant l'idée d'un agent de La Poste en France qui a permis d'éviter de graves problèmes financiers et de changer radicalement la qualité de service offerte aux clients dans le marché extrêmement compétitif des colis.

L'étiquette autocollante

Ou comment une idée de papeterie permet d'éviter de graves problèmes financiers et de modifier radicalement la qualité de service.

En 1995, Philippe Roux[15] était responsable clientèle de la délégation départementale de La Poste dans le Val-d'Oise. Sa mission consistait à intervenir dès lors qu'apparaissait un dysfonctionnement avec les clients, en particulier avec les entreprises. Régulièrement, Philippe Roux devait se rendre au bureau de poste de Cergy-Pontoise (chef-lieu du Val-d'Oise), heureusement installé au pied de l'immeuble de la délégation, afin d'y récupérer l'argent des colis livrés « contre remboursement » d'une entreprise de vente par correspondance. En général, la plupart des entreprises de vente par correspondance confient directement leurs paquets à expédier au centre de traitement du courrier. Manifestement, ce client préférait les déposer au bureau de Cergy, proche de ses locaux. En revanche, Philippe Roux était contraint d'aller y récupérer les « contre remboursements » et de les lui reverser ensuite. Si, d'un point de vue financier, la livraison des colis « contre remboursement » (c'est-à-dire le fait d'expédier le colis, de collecter le paiement effectué par le destinataire du colis, puis de verser la somme à son expéditeur) constitue aujourd'hui une activité majeure de La Poste, depuis quelque temps, cette opération faisait l'objet de nombreux dysfonctionnements dans ce bureau.

En effet, chaque fois que Philippe Roux s'y rendait, les agents évoquaient leurs difficultés à obtenir le paiement de ces colis. En outre, il lui arrivait, en tant que responsable de clientèle, de recevoir des réclamations émanant des entreprises, qui se plaignaient notamment de ne pas recevoir les paiements contre les produits qu'ils expédiaient. Les plaintes étaient de plus en plus nombreuses : près de quarante réclamations en deux mois. La délégation du Val-d'Oise avait évalué le coût de traitement de chaque réclamation, notamment la seconde visite du facteur chez le destinataire, à 107 euros. De surcroît, ces problèmes n'étaient pas circonscrits à l'agence de Cergy. Régulièrement en contact avec d'autres bureaux de La Poste, afin d'intervenir en cas de réclamations, Philippe Roux s'était aperçu que les difficultés étaient les mêmes partout en France. À Libourne, par exemple, pour une seule année, 67 077 euros n'avaient pas été acquittés par les destinataires sur 304 900 euros de « contre remboursements », soit 22 % du montant total.

À la fois embarrassé par l'accumulation des réclamations et insatisfait de la qualité du service rendu par La Poste, Philippe Roux était résolu à mettre un terme à ces problèmes. Il en découvrit très vite la cause : les destinataires n'étaient pas de mauvais payeurs. D'ailleurs, lorsque le facteur exigeait le « contre remboursement », ils obtempéraient toujours. En revanche, l'agent ne leur demandait d'effectuer ce versement que si l'étiquette mentionnant le « contre remboursement » était bien apposée sur le colis. Or, ces étiquettes étaient à peine lisibles lorsqu'elles n'étaient pas inexistantes ! Par conséquent, l'entreprise était contrainte de réclamer le « contre remboursement » et, chemin faisant, la situation devenait ubuesque.

À la suite d'une réclamation, le facteur devait retourner chez le destinataire, lequel rechignait parfois à payer, au motif que si La Poste n'avait pas sollicité le paiement la première fois, ce serait à elle de le rembourser dorénavant. Face à ce refus, La Poste engageait automatiquement un contentieux, tout en assurant sa mission de service. Ce qui signifiait qu'en attendant, elle devait rétribuer sur ses propres fonds l'entreprise qui lui avait confié le colis. La situation devenait délicate dans le Val-d'Oise, où un directeur de la délégation avertit ses responsables que si La Poste devait continuer à rembourser à ses entreprises clientes les sommes que les destinataires n'avaient pas acquittées, ces sommes risquaient d'entamer sérieusement les bénéfices de l'ensemble des activités. De plus, La Poste courait le risque de voir les entreprises insatisfaites préférer les services d'un transporteur concurrent.

Philippe Roux constata rapidement que les étiquettes de « contre remboursement » étaient totalement inadaptées. Un responsable de La Poste à qui il les montra fut tellement choqué par leur aspect obsolète qu'il les qualifia ironiquement de « *datant du Jurassique* ». De surcroît, elles étaient quasiment impossibles à coller ; ainsi, il fallait les lécher avant de les coller sur des paquets de formes variées, grands et peu maniables pour cette opération. Par conséquent, les étiquettes étaient à peine visibles et se décollaient régulièrement, avant même que les colis parviennent à destination.

La solution proposée par Philippe Roux fut très simple : élaborer et produire des étiquettes autocollantes modernes, visibles et résistantes. Le succès fut complet, comme en témoigne la diminution spectaculaire du nombre de réclamations, qui chutèrent jusqu'à zéro.

Pour le seul bureau de Cergy, les économies liées à la disparition du traitement des réclamations s'élèvent à 25 680 euros par an. Or, la France compte 3 000 bureaux environ. Il est donc facile d'imaginer combien les gains potentiels générés par cette idée sont importants. Il suffit de comparer le coût de cette idée et ce qu'elle a rapporté pour s'en convaincre : 0,01 euro pour fabriquer une étiquette autocollante contre 107 euros pour traiter une réclamation de « contre remboursement ».

L'idée de Philipe Roux a aussi radicalement amélioré ce service, les entreprises clientes percevant désormais leur remboursement en temps et en heure. Par ailleurs, l'idée de Philipe Roux a fait son chemin, en provoquant d'autres, inattendues, qui ont contribué à améliorer le service aux clients.

Philippe Roux a aussi pensé présenter ces étiquettes sur les comptoirs et dans les bureaux de La Poste afin que l'agent les accole aux colis à expédier « contre remboursement ». Toutefois, les postiers se sont rapidement aperçus que les entreprises clientes s'étaient elles-mêmes constituées un stock d'étiquettes et apportaient au bureau leurs colis prêts à être expédiés. En faisant le travail des agents à leur place, ces derniers ont pu libérer du temps pour effectuer d'autres tâches. À la suite de cela, les délégués commerciaux ont eu, à leur tour, une idée : pourquoi ne pas offrir carrément ces étiquettes aux entreprises, accompagnées d'un message indiquant que, avec ce nouveau système, La Poste assurait le « contre remboursement » à 100 % !

Si l'idée de l'étiquette autocollante émanait d'un salarié qui passait tout son temps sur le terrain, des idées très peu sophistiquées peuvent provenir de n'importe qui dans l'entreprise à condition qu'il prenne un peu de temps pour s'intéresser à ce qui se passe sur le terrain.

Voici donc l'idée de deux ingénieurs de Siemens, spécialisés en haute technologie, qui se sont intéressés à la quincaillerie.

La passion de la quincaillerie

Ou comment libérer 9 millions d'euros prisonniers d'un rayonnage.

Non, la quincaillerie n'est pas exactement le domaine pour lequel Bruno Hoefer[16] et son collègue Winfried Henze, deux ingénieurs R & D en haute technologie chez Siemens, ont été formés et sont employés. Leur travail consiste à concevoir les équipements électroniques pour les stations de base de la téléphonie mobile. Ces équipements sont par la suite placés dans un rayonnage haut de quelques mètres et divisé en plusieurs compartiments. Courant 1997, Bruno Hoefer et Winfried Henze s'intéressent de très près à cet équipement somme toute banal. Ils commencent à compter le nombre d'éléments qui le composent et ont une première surprise : la pièce compte près d'une centaine d'éléments en aluminium, en plastique et en acier. Avec une telle quantité d'éléments, cette pièce banale ne semble plus si simple à fabriquer… Ils décident alors de la simplifier. Et là, deuxième surprise : ils s'aperçoivent que beaucoup d'éléments en aluminium ne servent qu'à renforcer la structure car ce métal n'est pas très solide. Ils proposent donc de fabriquer le rayonnage entièrement en acier.

Quand ils font part de leur idée aux responsables chargés de la fabrication de cette pièce, ceux-ci répondent que cela ne marchera jamais. Alors, nos deux ingénieurs retroussent leurs manches, et, après avoir contacté des fabricants d'éléments en acier, construisent un rayonnage composé essentiellement de quatre éléments en acier avec quelques accessoires en plus (toujours en acier). Le rayonnage est prêt et passe parfaitement le test. Les responsables sont convaincus. Mais la grande surprise de cette passion immodérée de deux ingénieurs en R & D pour la quincaillerie se situe encore ailleurs.

Quand le prix de fabrication du nouveau modèle, 26 euros, a été comparé à l'ancien, 118 euros, et la différence multipliée par le nombre de rayonnages fabriqués par an, 100 000, le management de Siemens a compris qu'il s'agissait là d'une idée offrant à l'entreprise sa plus grande réduction des coûts de l'année : plus de 9 millions d'euros. « *Et en plus* », comme nous l'a fait fièrement remarquer Bruno Hoefer, « *le nouveau rayonnage, tout en acier, est entièrement et facilement recyclable. Il signifie donc une meilleure protection de l'environnement par Siemens.* » Voilà ce qu'on appelle une petite idée (seulement 90 euros de réduction de coût par pièce) mais qui a rapporté très gros à l'échelle de l'entreprise et a renforcé de manière significative sa position sur le marché hautement concurrentiel de l'équipement de la téléphonie mobile.

L'idée des ingénieurs de Siemens était motivée par le souci de la réduction des coûts et a accessoirement contribué à améliorer l'environnement.

Voici une autre idée d'une filiale néerlandaise du leader mondial de progiciels Oracle, motivée au départ par le souci d'éviter un travail répétitif et ennuyeux à son auteur. Cette idée a fini par augmenter drastiquement la productivité de milliers de salariés de l'entreprise, accroître les ventes et améliorer la satisfaction des clients. Et ceci dans tous les pays où opère Oracle.

Pam's tool

Ou comment un petit logiciel est devenu un succès mondial de l'amélioration de la productivité, des ventes et de la satisfaction des clients.

Le 14 septembre 2001, Pam Koertshuis[17], une consultante chez Oracle Nederland, la filiale néerlandaise du leader mondial de progiciels, décide qu'elle en a assez. Pour la cinquième fois dans l'année, elle a dû effectuer un travail de programmation à la demande de ses collègues. Ce n'est pas tant la programmation qui la gêne. Pam aime aider ses collègues et étant la seule dans son service de conseil *pre-sales* sachant programmer, elle est prête à le faire. Ce qui la dérange, c'est que cette programmation spécifique est répétitive et ennuyeuse. Il s'agit d'adapter les écrans standard des applications à proposer aux clients. En effet, beaucoup de clients souhaitent, voire conditionnent l'achat de ces applications à l'obtention d'écrans d'accueil spécifiques à leurs besoins, ce qui est possible, mais nécessite une programmation ardue. Désireux d'apporter aux clients une démonstration d'écrans adaptés, mais ne sachant pas programmer, les consultants demandent donc à Pam d'effectuer ce travail ennuyeux.

Alors, elle décide d'agir. En l'espace de quelques soirées, en travaillant à la maison, elle crée un logiciel qui lui permet de générer très rapidement des écrans adaptés. Auparavant, pour adapter les écrans de la version de démonstration d'une application, il lui fallait une journée. Grâce à son logiciel, 10 minutes suffisent pour obtenir le même résultat. Mais ceci n'est que le début d'une cascade de bénéfices que son idée va apporter à l'entreprise.

En montrant l'outil à ses collègues, Pam réalise qu'ils n'ont plus besoin de la solliciter pour adapter les écrans. L'utilisation de l'outil est tellement simple que n'importe quel consultant peut s'en servir. De plus, en se rendant compte de la rapidité de l'outil, les consultants commencent à l'utiliser en direct lors des échanges avec les clients qui demandent souvent si telle ou telle modification de l'écran est possible. La réponse dorénavant n'est plus simplement « *oui, nous allons vous montrer lors de notre prochain rendez-vous* », mais « *voulez-vous qu'on le fasse maintenant ensemble ?* ». Même réponse à la question de clients sur la possibilité d'avoir des écrans offerts par un progiciel d'un concurrent. Mais, en faisant ces modifications en direct, les consultants découvrent un autre avantage : les clients demandant à utiliser l'outil eux-mêmes peuvent le faire, ce qui est possible grâce à sa simplicité. D'ailleurs, à partir de là, les applications d'Oracle avec l'outil de Pam ont présenté un avantage sur les concurrents, qui proposent bien des adaptations d'écrans mais effectuées par les constructeurs, pas par le client.

Une fois une application vendue sur la base de sa version de démonstration, sa version complète doit être construite par le personnel technique et il s'avère rapidement qu'eux aussi ont besoin de l'outil de Pam. Alors, elle l'installe sur l'intranet d'Oracle, afin que tout collaborateur de l'entreprise puisse le télécharger et l'utiliser. Mais Oracle n'opère pas qu'aux Pays-Bas. En effet, bien que chez Oracle le développement de nouveaux outils passe par l'unité technologique aux États-Unis et que cette activité ne soit pas attendue de la part des filiales — de surcroît de la part de consultants comme Pam Koertshuis — le responsable technologique américain n'a pas pu ignorer l'outil de Pam. En janvier 2003, notre consultante apprend qu'elle est invitée à présenter son idée lors d'une conférence téléphonique mondiale à laquelle le responsable américain a convié des homologues de toutes les filiales. Pam présente son outil, lequel devient dès le lendemain un succès mondial, vu le nombre de réactions positives et de questions affluant sur sa messagerie électronique. Déjà récompensée par un prix de la meilleure innovation dans sa filiale néerlandaise, elle est maintenant nommée aux prix régionaux de l'Europe, du Moyen-Orient et de l'Afrique. Pam Koertshuis va d'abord présenter son idée et gagner le prix à Athènes, puis reçoit le prix à Rome et enfin passe avec son mari un long week-end à Capri, en Italie, en compagnie de quelques autres meilleurs innovateurs d'Oracle.

Quand nous avons demandé à Pam ce que lui apportait ce statut de célébrité, elle a répondu : « *Beaucoup de travail !* » Puis, elle a expliqué en riant que suite au succès de son outil, elle avait dû écrire une notice d'utilisation puis faire plusieurs mises à jour pour tenir compte du *feedback* des utilisateurs. « *Mais,* a-t-elle ajouté, *je suis très contente.* » Satisfaite que le travail de ses collègues soit devenu beaucoup plus facile, fière d'avoir hissé le drapeau des Pays-Bas en haut du podium des vainqueurs, contente de la visibilité acquise au sein de l'entreprise qui fait que ses collègues la sollicitent souvent pour résoudre leurs problèmes. Et Pam aime aider les autres. Enfin, elle est amusée que les gens, un peu partout dans le monde chez Oracle, aient rebaptisé l'outil initialement nommé « *eBusiness Suite User Interface Modeler* » en un nom beaucoup plus simple : « *Pam's tool* ».

Cette idée d'un simple outil qui a permis au personnel technique d'augmenter drastiquement sa productivité, aux consultants d'effectuer rapidement des adaptations d'écrans désirées par les clients, à ces derniers d'être satisfaits par le produit, est-elle importante ? Pour une entreprise de service comme Oracle, soumise à la pression permanente des concurrents américains et européens et sous la menace des nouveaux entrants indiens, elle est certainement d'une importance cruciale.

Réduction des coûts de production chez l'équipementier Delphi, gains de productivité et amélioration du cash-flow chez FBG, réduction des coûts et avantage concurrentiel à La Poste, avantage concurrentiel mais également amélioration de l'environnement chez Siemens, amélioration de la productivité, des ventes et de la satisfaction des clients chez Oracle : voici quelques exemples rendant compte du poids considérable des idées émanant de salariés et illustrant les propos de Didier Leroy, cités en début d'ouvrage.

Nous n'avons présenté ici que cinq idées créatives. Imaginez un instant ce qu'une entreprise pourrait obtenir si chacun de ses salariés émettait *vingt idées par an* ! Mais avant cela, il nous faut d'abord déterminer qui sont les salariés qui produisent le plus d'idées et les meilleures.

LES IDÉES DES SALARIÉS DE PREMIÈRE LIGNE

Les cinq idées que nous venons d'étudier ont toutes un point commun : elles n'émanent pas de managers, mais de gens de terrain, c'est-à-dire de ceux qu'on appelle aujourd'hui des « *front-line employees* », ou salariés de première ligne comme les opérateurs, les facteurs, les secrétaires, les consultants (ou des gens comme les ingénieurs de Siemens, qui s'intéressent à ce qui se passe sur le terrain et s'y rendent en personne). Il existe des raisons profondes à cela.

À travers l'une de nos études[18] nous avons déjà démontré pourquoi la majorité de ces idées ne sont pas et ne peuvent pas être le fait de managers. Dans leur ouvrage, *Straight from the CEO*, Dauphinais et Price[19] font un constat identique, mais ils vont encore plus loin. « *Environ 80 % des innovations proviennent des gens qui sont au moins trois niveaux hiérarchiques au-dessous de la direction générale* », expliquent-ils. Nos propres observations dans les entreprises confirment leurs conclusions : par exemple, dans la filiale Centre-Est du Crédit Agricole — l'une des plus grosses banques européennes — environ 80 % des idées provenaient du réseau d'agences et 20 % du siège, en 1999 et en 2000. Si l'on tient compte du fait qu'il y a 2 260 employés en réseau et 1 023 au siège, on peut en déduire que les premiers produisent en moyenne 1,8 fois plus d'idées par personne que les seconds[20].

Pourquoi 80 % des idées d'innovation résultent-elles des salariés de première ligne, ceux-là même que la majorité des entreprises ne prennent pas la peine d'écouter et que la majorité des managers ignorent ?

Michelin nous apporte un premier élément de réponse. Il nous suffit de nous remémorer l'extrait, datant de 1933, cité en exergue de cet ouvrage : « *Si capable que soit le chef, il ne peut passer que 5 minutes sur un point que l'ouvrier a 8 heures par jour sous les yeux. Rien d'étonnant donc que l'ouvrier voie parfois mieux que le chef, ce qui ne va pas ou ce qui pourrait être fait plus économiquement.* » Cette même affirmation, nous la retrouvons chez Toyota — le constructeur automobile le plus performant de ces dernières décennies : « *Les meilleures idées de progrès viennent des gens qui font la tâche chaque jour – des gens de terrain – et non pas des managers.* »[21] Et chez Dana : « *Notre personnel est notre ressource la plus importante* », c'est lui qui « *trouve la meilleure voie* » pour améliorer et innover, le rôle du manager étant d'encourager des idées, de les écouter et de reconnaître leur réalisation[22]. Cela n'empêche pas les managers d'avoir de bonnes et de nombreuses idées. Mais dans les entreprises qui ont compris quelles richesses pouvaient leur apporter des gens du terrain, les managers ont appris à leur accorder une place prépondérante. Lorsque l'entreprise laisse libre court aux idées des salariés de première ligne, et que les managers ont eux-mêmes des idées intéressantes, que se passe-t-il ? Alain Brugier, *team manager* de quarante-neuf opérateurs chez STMicroelectronics – leader mondial de fabrication de semi-conducteurs – raconte[23] :

« *En tant que* team manager, *je n'émets pas de suggestions. Parfois j'ai des idées, mais j'en discute avec l'opérateur, parce que c'est lui qui est sur la machine. C'est donc lui qui est le plus à même de me dire si mon idée est bonne ou s'il faut l'améliorer. Nous dialoguons et c'est l'opérateur qui fait la suggestion.* »

La compréhension par les managers intermédiaires du rôle unique que jouent les idées des salariés de première ligne constitue la clé de voûte de leur implication dans le management des idées. Implication qui sera d'ailleurs l'un des thèmes principaux de cet ouvrage, car elle détermine en grande partie la réussite du management des idées dans l'entreprise.

Citons ici juste le principe de management affiché chez FBG qui montre clairement ce que cette entreprise attend de ses salariés de première ligne et ce qu'elle attend de ses managers :

« *Tous les salariés sont censés examiner continuellement l'efficacité de leur travail et proposer des améliorations de leurs conditions de travail et des processus. Les managers doivent établir un climat de dialogue, encourager la critique constructive de la part de salariés, recueillir des idées et faciliter leur réalisation là où elles sont utiles.* »

On comprend maintenant pourquoi les pouvoirs « surnaturels » nés de l'idée d'une secrétaire qui a amélioré un processus « immuable » n'ont surpris personne chez FBG.

Pourquoi les salariés de première ligne sont-ils mieux placés pour avoir et concrétiser des idées essentielles pour les entreprises ? Dauphinais et Price apportent une réponse pragmatique. Après avoir constaté que l'« *innovation se produit sur les frontières d'une organisation aussi souvent – et peut-être plus souvent – que dans son centre, dans les laboratoires de R & D* »[24], ils définissent ces frontières comme des régions où l'organisation interagit avec ses concurrents, clients et fournisseurs, ce à quoi nous ajoutons également les utilisateurs et les partenaires.

Que se passe-t-il de si particulier sur ces frontières pour qu'elles soient le creuset d'autant d'idées et des meilleures idées ?

ÊTRE SUR LA FRONTIÈRE DE L'ENTREPRISE

Là encore, nous sommes convaincus que la meilleure façon de répondre à cette question est de raconter ce qui se passe sur le terrain. Nous avons sélectionné deux exemples :

- l'idée d'un technicien qui, en une minute, a permis de résoudre un problème insoluble pour les ingénieurs et les techniciens d'un centre de maintenance et d'études depuis des mois ;

- l'idée d'une stagiaire qui a soulevé un grave problème pourtant ignoré de tous.

Les canons de 155 mm qui s'abîmaient si vite

L'histoire se passe à la fin des années 1990, quelque part en France[25]. Un grand groupe de matériel d'armement français livre, en présérie, à l'armée de Terre, un lot de systèmes d'artillerie – des canons de 155 mm – destiné à être testé pendant une semaine « *d'expérimentation tactique en conditions réelles* ». À leur grande surprise, les ingénieurs d'études, restés en base arrière, constatent à cette occasion que plusieurs canons tombent en panne en raison d'une anomalie : la tuyauterie hydraulique est abîmée, usée, râpée, coupée, ce qui entraîne des fuites rendant le canon inutilisable. Ces mêmes ingénieurs, aidés par des techniciens, procèdent alors à plusieurs examens afin de résoudre le problème. Ils appellent même à la rescousse les fournisseurs de la tuyauterie, puis se déplacent eux-mêmes au bureau d'étude, pour faire un diagnostic plus approfondi du matériel. En vain.

Quatre mois passent lorsque, par hasard, un technicien de maintenance qui n'ignorait pas ce problème de tuyauterie est requis pour dépanner un de ses canons encore en activité sur le terrain, mais dans le cadre d'une autre anomalie. Pour intervenir tranquillement sur ce matériel, il propose aux soldats de prendre leur pause. À peine commence-t-il la réparation qu'il remarque un soldat en train de décapsuler une bouteille de bière sur la tuyauterie de l'engin; puis un autre soldat fait de même, puis un autre, etc. Il n'est pas difficile d'imaginer la stupeur du technicien qui, à cet instant précis, comprit la cause du problème sur lequel les ingénieurs s'éreintaient depuis des mois. Combien de temps auraient-ils encore passé en base arrière et dans les bureaux d'études, avant de trouver la raison de cette altération ? Difficile à dire. Quoi qu'il en soit, il n'a fallu qu'une minute à ce technicien, présent sur le terrain et attentif à la manière de manipuler son produit par les utilisateurs, pour y parvenir : si les canons sont usés, râpés, coupés, c'est à force d'être utilisés comme des décapsuleurs ! Sa découverte est d'ailleurs aussi surprenante que la solution trouvée par l'entreprise, une vraie innovation : livrer ce système d'artillerie assorti d'un décapsuleur pour bouteilles de bière. Selon la personne que nous avons interrogée, nous sommes là en présence du premier canon au monde vendu avec un décapsuleur intégré ! (pas à l'exportation pour le moment.)

Cette anecdote montre comment, après une seule minute de présence à la frontière de l'entreprise, un homme de terrain a résolu un problème que des ingénieurs et des techniciens en base arrière tentaient de résoudre depuis des mois.

Les camions qui disparaissaient de la circulation

Bianca Mai[26] a tout juste 19 ans lorsqu'elle commence son apprentissage dans un service administratif, chez Degussa-Hüls AG, un groupe allemand, qui figure parmi les leaders mondiaux de produits chimiques spécialisés. Son supérieur hiérarchique, en plus du travail de bureau, lui confie une mission particulière : dresser la liste des camions-citernes que l'usine de Marl, située dans la région de la Ruhr, utilise pour livrer le latex liquide aux entreprises clientes. Ces camions appartiennent à un transporteur qui les met à la disposition exclusive de Degussa-Hüls, sous contrat de crédit-bail. Le supérieur de Bianca Mai souhaite disposer d'une liste de leurs va-et-vient au cas où un client aurait un problème quelconque ou subirait un retard de livraison.

Ainsi, chaque matin, Bianca Mai quitte le bâtiment administratif et passe une dizaine de minutes au dépôt pour répertorier les camions revenus de livraison. Un jour, alors qu'elle effectuait cette tâche quotidienne, Bianca Mai remarque un détail étrange. Pour toutes les destinations en Allemagne et dans les pays limitrophes, la tournée d'un camion-citerne dure environ une semaine, à l'exception d'une : l'Allemagne du Sud. Bianca Mai, se doutant que le transporteur n'utilisait pas ses camions de façon rationnelle, note sa découverte sur un formulaire et propose d'améliorer la gestion du parc de camions-citernes destiné à l'usage exclusif de Degussa-Hüls AG.

Imaginez la surprise de Bianca Mai lorsqu'elle reçut les félicitations accompagnées d'un gros chèque correspondant au pourcentage des gains réalisés par Degussa-Hüls grâce à la mise en application de son idée. En fait, celle-ci avait permis de mettre à jour un trafic frauduleux : le transporteur utilisait les camions en partance pour le sud de l'Allemagne pour livrer des produits à d'autres clients, totalement étrangers à Degussa-Hüls, alors que ce dernier en payait l'utilisation.

La découverte de Bianca Mai est d'autant plus remarquable qu'elle a permis de débusquer des fraudeurs dont personne ne soupçonnait l'existence chez Degussa-Hüls, une entreprise pourtant très attentive à la réduction de ses coûts. Cette stagiaire, grâce à 10 minutes passées chaque matin sur le terrain, a mis en évidence un grave dysfonctionnement qui n'avait pas été repéré par le système de contrôle de gestion. Cet exemple illustre les difficultés qu'ont les entreprises à détecter les fraudes, ce rôle n'incombant pas au management mais aux forces de l'ordre.

Bon nombre d'études sur les entreprises montrent que, si le fait de trouver la solution à des problèmes connus a des conséquences importantes, ceux-ci sont réglés tôt ou tard, au moins dans les entreprises performantes. En revanche, lorsque ces problèmes sont ignorés, les résoudre peut prendre des dizaines d'années. Ils peuvent même n'être jamais débrouillés, s'ils n'ont pas été découverts ! Ainsi, le fait, pour un salarié, d'être présent sur la frontière de l'entreprise, c'est-à-dire en contact direct avec l'utilisateur (comme dans les cas des artilleurs amateurs de bière) ou avec le fournisseur (comme dans le cas du transporteur fraudeur) permet de trouver des idées utiles pour l'entreprise. C'est d'ailleurs ce que confirme Woody Morcott, à l'époque P-DG de Dana Corporation, l'un des premiers équipementiers de l'automobile et des services financiers liés dans le monde, dans son article « *Igniting a firestorm of creativity* »[27] : « *Dans les trois mètres carrés où les gens de Dana passent au moins huit heures par jour, chaque jour de leur vie professionnelle, ce sont* eux *les experts. Ils voient les premiers les goulots d'étranglement…, les accidents qui vont se produire…, les économies qui peuvent être faites.* » Et ceci est aussi bien valable pour l'industrie que pour les activités de services, comme l'affirme José María Soria Espino, directeur général de la filiale commerciale en Espagne et au Portugal de Philips Lighting, leader mondial de produits d'éclairage et division de Philips NV: « *Les gens de terrain sont les seuls à être en contact permanent avec le marché. Ils sont les premiers à recevoir les demandes du client et si une erreur a été commise quelque part dans l'entreprise, ils sont les premiers à en subir les conséquences. Ainsi, ils sont les mieux placés pour résoudre une grande majorité de problèmes.* »[28]

Les salariés de première ligne, qui œuvrent sur la frontière, face à des clients, des utilisateurs, des fournisseurs, des partenaires, des concurrents, sont mieux placés que les managers, pour détecter les problèmes et trouver des solutions. Même s'ils n'y restent pas huit heures par jour, quelques minutes leur sont parfois suffisantes pour avoir une idée utile.

Le fait d'être à la frontière de l'entreprise permet justement au salarié non seulement de produire ses propres idées mais de recueillir également celles des clients, des utilisateurs, des fournisseurs, des partenaires ou des concurrents, idées qui autrement n'auraient jamais été portées à l'attention de l'entreprise. Un exemple dans le site allemand de Pirelli illustre bien ce bénéfice. Une équipe de seize opérateurs et techniciens de Pirelli et de quatre techniciens du fournisseur d'une nouvelle chaîne de fabrication de pneus ont travaillé ensemble à son lancement. En un mois, ils ont réalisé quatre cents idées d'amélioration et ont réussi le lancement. Il faut remarquer que les techniciens du fournisseur, bien que ne faisant pas partie de la démarche du management des idées de Pirelli, ont été à l'origine de beaucoup de ces idées et les ont partagées avec leurs collègues de Pirelli qui étaient volontiers preneurs de solutions d'amélioration.

Woody Morcott souligne aussi que, pour être à l'origine d'idées utiles, le salarié ne doit pas forcément être un grand expert. Il lui suffit d'être un bon professionnel, à l'aise dans ces « trois mètres carrés » que représente sa part de la frontière. Mais peut-être n'ont-ils que de petites idées, les grandes étant réservées aux experts justement, à ceux qui sont à l'extérieur de ces « trois mètres carrés » ?

EXPERTISE ET GRANDES IDÉES

Les études menées par les chercheurs en créativité contredisent l'opinion fort répandue selon laquelle les grandes idées procèdent des experts. Elles démontrent que, à l'inverse, la plupart des idées les plus innovantes proviennent de ceux qui possèdent une expertise suffisante, mais pas excessive, pour comprendre les situations qui surgissent dans leur domaine.

Dans ses travaux sur la créativité des entreprises nippones, notre collègue Sam Stern a choisi quelque 200 projets reconnus au Japon pour leur créativité et leur impact économique entre 1986 et 1990, et qui ont été récompensés par le prix national attribué par l'Agence pour la Science et la Technologie et par l'Institut pour l'Invention et l'Innovation[29]. Il les a ensuite comparés avec un échantillon de projets dont l'impact économique était similaire mais d'une créativité moindre. L'objectif de Sam Stern consistait à mettre à jour les différences entre les initiateurs des deux lots de projets. La comparaison en a effectivement révélé une, de taille : ce sont les salariés de terrain qui ont le plus souvent initié les projets créatifs, c'est-à-dire ceux du lot primé, tandis que les managers, les experts chargés de planifier et de produire des innovations dans leurs entreprises sont souvent à l'origine de projets peu créatifs, ceux du lot non récompensé. Les salariés de terrain se sont donc révélés suffisamment experts pour trouver des idées et pour initier les projets les plus innovants.

Dans une autre étude, Dean K. Simonton, chercheur spécialisé dans les phénomènes de créativité, qui figure parmi les plus reconnus, a analysé le lien existant entre la créativité de grandes idées et le niveau d'éducation formelle de leurs auteurs. En analysant les réalisations de 192 créateurs éminents sur quelques siècles, Simonton a établi une courbe qui ressemble à une lettre majuscule « U » inversée[30]. Lorsque le niveau d'éducation de cet échantillon augmente entre zéro et quelques années d'études universitaires, la créativité d'idées augmente elle aussi (la courbe est au sommet) ; toutefois, après le niveau d'une maîtrise universitaire, la créativité des idées baisse peu à peu. Le plus surprenant sans doute est qu'au niveau du doctorat, la créativité des idées est plus basse que chez les créateurs n'ayant aucune éducation formelle.[31]

On en déduira que c'est la diversité des connaissances suffisantes dans une multitude de domaines, et non la connaissance exceptionnelle dans un seul domaine, qui contribue à l'émergence de grandes idées, et cela au travers d'associations inattendues.

Voici comment cette conclusion peut être illustrée par l'idée qui a été jugée, en l'an 2000, par plusieurs panels de scientifiques, comme l'invention, et même l'événement le plus notable du deuxième millénaire : l'invention de Gutenberg.

L'invention du millénaire

Johannes Gutenberg était-il expert dans un domaine particulier ou possédait-il des connaissances suffisantes sur les diverses technologies de son temps ainsi qu'un sens aigu du terrain ? Dès 1433, Gutenberg était préoccupé par un besoin spécifique mais impossible à satisfaire, les outils techniques à sa disposition ne le lui permettant pas de produire en grande quantité la Bible et des imprimés sacrés, les « *Heilspiegel* », que les pèlerins pourraient emporter pour le pèlerinage d'Aix-la-Chapelle.[32] Gutenberg savait en effet que la Bible et les textes sacrés étaient très demandés. Mais comment faire pour reproduire le manuscrit en de multiples exemplaires ?

Gutenberg connaissait deux techniques de reprographie : le recopiage manuel effectué dans les officines spécialisées et les xylographes exécutés dans les imprimeries. Cette dernière technique, inventée en Chine au VIIIe siècle et qui utilise une planche d'impression unique en bois sur laquelle sont gravées des lettres et des images, était déjà fort répandue pendant la jeunesse de Gutenberg. Même si elle s'était révélée peu efficace pour imprimer des livres, tant la quantité de textes à graver était importante, Gutenberg n'ignorait pas son efficacité pour reproduire d'autres objets, comme des cartes à jouer.

Nous ne savons pas si Gutenberg connaissait la technique des caractères mobiles, réorganisés à chaque nouvelle page, caractères inventés d'abord en bois par un imprimeur chinois en 1040, puis en métal par les Coréens au XIVe siècle. Le métal était en tout cas une matière qui le séduisait, car le bois nécessitait un découpage laborieux des lettres. Il était par ailleurs au courant de l'existence d'un procédé, utilisant justement du métal, et servant à frapper les pièces de monnaie. C'est en s'inspirant de cette technique qu'il eut l'idée de fondre, en série, des caractères mobiles en métal, grâce aux instruments que les monnayeurs de son époque utilisaient pour fabriquer des pièces : les poinçons, les matrices et les moules.

Mais il lui restait toutefois à résoudre le problème du papier, qu'il fallait frotter, ce qui n'était guère efficace. Gutenberg s'appuya alors sur un autre procédé, celui du sceau, en décidant de « frapper » une planche entière sur le papier au lieu de le frotter. Mais comment « frapper » une planche composée de caractères en métal sur une feuille de papier ? C'est là qu'il eut l'idée d'utiliser une technique *a priori* fort éloignée du monde de l'impression : celle du pressoir dont se servaient les vignerons rhénans (remarquons que si les vignes sont présentes à quelques kilomètres à peine de Mayence, c'est Gutenberg qui y a vu une technique utile à son projet).

D'abord, la connaissance de ce procédé a permis à Gutenberg de trouver le chaînon manquant : au lieu de frotter une feuille, pourquoi ne pas y appliquer une presse ? Ensuite, grâce à sa connaissance des métaux, il a conçu un alliage très résistant et bon marché lui permettant de fondre des caractères en série. Enfin, grâce à sa connaissance des matières chimiques, il a élaboré une encre non salissante. Voici comment, en 1452, Gutenberg a parachevé sa technologie d'impression.

Nul document, parmi les actes officiels de justice relatifs à sa faillite qu'on peut trouver dans les archives[33], ne mentionne un niveau d'éducation particulier de Gutenberg (comme tous les enfants de patriciens, il alla probablement dans une école latine où il fit des études élémentaires), ni qu'il ait fait preuve d'une expertise exceptionnelle dans un seul domaine. Ce qui a permis à Gutenberg de faire la plus grande invention du deuxième millénaire, c'est l'acquisition progressive de connaissances techniques suffisantes, et cela dans divers domaines : impression, monnaie, viticulture, alliages de métaux, matières chimiques... ainsi que son indéniable « flair » du terrain. N'a-t-il pas pressenti l'un des besoins les plus forts de ses contemporains : posséder chacun leur propre exemplaire de la Bible, rapidement et à un prix abordable ?

Aujourd'hui, les entreprises les plus créatives, dans lesquelles les salariés sont à l'origine de nombreuses idées d'amélioration, voire d'innovation, ont manifestement assimilé la leçon de Gutenberg : elles font en sorte de s'assurer que ces derniers possèdent bien des connaissances suffisantes et variées. Par exemple, Toyota Motor Manufacturing France n'a pas cherché à recruter ses *team members* (opérateurs), ni ses *groups leaders* (managers de proximité) dotés d'une expérience dans l'industrie automobile : « *Nous n'avons absolument pas donné la priorité aux personnes issues du secteur automobile. L'expérience professionnelle et les diplômes n'ont pesé que très faiblement dans le recrutement.* »[34] Toyota Motor Manufacturing France a embauché des opérateurs et des managers de proximité ayant, certes, une expérience de l'industrie, donc des connaissances suffisantes dans ce domaine, mais ce qui comptait avant tout, était qu'ils sachent adopter une attitude et un comportement (lesquels étaient testés lors de mises en situation pendant le recrutement) extrêmement positifs vis-à-vis des idées. Les grandes idées qu'un groupe comme Toyota attend de ses salariés peuvent concerner, par exemple, le génie industriel, le but étant d'améliorer les processus de production : « *Nous apprenons aux gens comment réfléchir. Toyota n'a pas d'ingénieurs spécialistes de génie industriel. Nous voulons que tous nos 7 900* team members *soient comme ces ingénieurs pour concevoir leur propre process.* »[35]. Remarquons que la majorité des salariés de terrain dans le site de Toyota au Kentucky viennent du milieu agricole et n'ont pas d'expérience industrielle. La même attitude est adoptée chez Pirelli Höchst, où nombre de salariés allemands sont issus du milieu agricole, et surtout près de 50 % du personnel vient de Turquie ou d'ex-Yougoslavie. Voici ce que nous a confié à propos de ces derniers Matthias Sommer, responsable de l'efficacité industrielle : « *La majorité de ces personnes n'ont pas d'éducation, mais elles sont intelligentes. Les gens qui sont assez forts pour quitter leur maison, leur famille, leur pays pour venir dans un pays étranger doivent avoir un sens certain de l'initiative. Nous les formons, leur expliquons comment marchent les machines, les parties électroniques.*

Avec ce bagage, ils deviennent de vrais experts car ils restent huit heures par jour sur leur machine et comprennent l'essentiel de son fonctionnement. Ils sont donc les premiers à remarquer des bruits étranges, à sentir une odeur bizarre et ainsi identifier des problèmes et trouver des solutions. »[36]

En ce qui concerne les entreprises de services, dans quels domaines des connaissances sont-elles nécessaires aujourd'hui pour susciter de grandes idées ? D'abord, les technologies de l'information. Thierry Condou, conseiller clientèle chez Orange France connaissait suffisamment les outils informatiques (bien que n'ayant pas le niveau d'un informaticien) pour créer un petit logiciel de simulation de tarifs en direct. C'est aussi un homme de terrain. Ces deux seuls atouts lui ont permis de trouver une idée qui a libéré 3 880 800 heures – équivalant à 2 205 postes de travail – qui étaient auparavant nécessaires à Orange France pour la simulation manuelle des tarifs[37]. Bien sûr, dans une entreprise de service comme Oracle Nederland, la connaissance par sa consultante Pam Koertshuis du langage de programmation était nécessaire. Mais remarquons que, comme pour Thierry Condou, elle n'était pas censée programmer. Son atout est d'être une consultante, c'est-à-dire d'être sur le terrain, ce que lui a permis de proposer un outil qui a amélioré drastiquement la productivité, les ventes et la satisfaction des clients. Dans d'autres cas, de simples connaissances en papeterie ou en quincaillerie, couplées d'une présence sur le terrain, peuvent aussi aboutir à renforcer la qualité de service. Rappelons-nous l'exemple de l'étiquette autocollante de La Poste ou celui des rayonnages en acier de Siemens.

Ainsi, qu'il s'agisse de la plus grande idée du deuxième millénaire ou des idées à grande échelle dans l'entreprise, tout salarié est capable d'en être à l'origine, dès lors qu'il peut acquérir une somme suffisante de connaissances variées.

Mais, s'il est nécessaire de posséder des connaissances variées pour avoir de grandes idées, cela ne suffit pas à expliquer la créativité de certains individus. Ceux-là ont encore autre chose en commun, ils bénéficient d'un atout, inhérent à leur fonction, mais dont beaucoup d'autres ne disposent pas.

FRIEDRICH VON HAYEK ET LE SECRET DES GENS DE TERRAIN

Pourquoi un technicien a-t-il résolu l'anomalie du système d'artillerie, à laquelle le bureau d'études ne trouvait pas de solution depuis quatre mois ? Pourquoi Bianca Mai a-t-elle mis à jour une fraude massive, découverte que personne n'avait faite avant elle ? Pourquoi, enfin, Johannes Gutenberg a-t-il inventé la presse révolutionnaire aux caractères métalliques mobiles, rendant alors possible la circulation de l'information dans le monde ? Parce que ces individus se sont retrouvés à la frontière de leur entreprise – en contact direct avec les clients, les utilisateurs, les fournisseurs, les partenaires ou les concurrents ; frontière qui, par sa nature même, favorise les idées des individus qui s'y trouvent en permanence (ou même seulement de temps en temps).

L'économiste austro-britannique et prix Nobel, Friedrich August von Hayek, dans son article « *The use of knowledge in society* »[38], a fourni une explication théorique au constat énoncé ci-dessus. Hayek cherchait déjà à comprendre qui, de l'autorité centrale ou de l'homme de terrain, était le plus à même de remarquer et de résoudre les problèmes économiques qui survenaient « toujours et uniquement » en conséquence de changements extérieurs[39]. Il conclut donc en faveur de l'homme de terrain, salarié de première ligne, au détriment de l'autorité centrale :

« *Les statistiques qu'une telle autorité centrale devrait utiliser… ne pourraient être obtenues qu'en faisant abstraction… d'éléments qui diffèrent en ce qui concerne leur localisation, leur qualité et autres particularités… importantes pour la décision spécifique. Par conséquent, la planification centrale fondée par sa nature même sur l'information statistique ne peut tenir compte directement de ces circonstances de temps et de lieu, et le planificateur central sera obligé de trouver une manière ou une autre par laquelle les décisions, qui dépendent de ces circonstances, pourraient être laissées à un homme du terrain* (man on the spot). »

En d'autres termes, Hayek, en partant du constat que les problèmes d'entreprise, toujours déclenchés par un changement extérieur, apparaissent *d'abord* à la frontière de celle-ci, en conclut que les managers ou les ingénieurs traditionnels sont moins bien placés que les salariés de première ligne pour les remarquer, car :

- ceux-là ne verront pas les petits problèmes isolés qui disparaissent dans les statistiques agrégées ;
- le temps passera avant que l'effet cumulatif d'un certain nombre de petits problèmes se manifeste dans le type de statistiques et rapports que les managers ou les ingénieurs analysent.

Voici deux cas, parmi d'autres, que nous avons observés dans les entreprises et qui illustrent la perspective de Hayek : une opératrice, grâce à son sens de l'observation du terrain, a permis de simplifier de façon significative le processus de contrôle qualité élaboré au niveau central ; un technicien de service, grâce à cette même faculté, a permis d'éliminer un module du produit, de baisser son coût de revient et d'augmenter ses ventes.

En 1998, Christelle Forestier[40], opératrice chez STMicroelectronics, groupe franco-italien leader mondial de fabrication de semiconducteurs, reçoit sur son poste un nouvel équipement plus performant. Son travail exige d'envoyer deux fois par semaine trois plaquettes de silicium parmi celles qu'elle fabrique, pour qu'elles soient contrôlées par le système de densité de défauts. En observant les plaquettes produites par ce nouvel équipement, Christelle Forestier note un changement : les plaquettes sont quasiment de la même qualité et les marges d'erreurs sont faibles, alors qu'auparavant, les défauts étaient assez nombreux. Après vérification, elle constate que cette marge est même inférieure à celle tolérée par le service de contrôle, d'où son idée : envoyer chaque semaine à ce service une plaquette, au lieu de trois habituellement.

Son idée étant acceptée, l'entreprise modifie la procédure de contrôles. Pour STMicroelectronics, cette idée a évité de détruire 1 664 plaquettes et permis d'économiser environ 25 000 euros par an.

Voici ce que nous a confié l'un des managers de STMicroelectronics, à propos de cette initiative : *« Les ingénieurs qui ont conçu les procédures de contrôles ne suivent pas de très près le remplacement des équipements par de nouveaux, plus élaborés. Par conséquent, ils ne pensent pas toujours à réduire le nombre de contrôles. »*[41] On peut donc raisonnablement supposer que si cette opératrice n'avait pas profité de cet équipement plus performant pour modifier la procédure, le service des contrôles aurait continué encore longtemps à détruire inutilement deux bonnes plaquettes par contrôle.

En 1999, lors d'une visite de service annuel, un technicien chinois qui travaillait pour un grand groupe industriel allemand en Chine remarque une chose bizarre. L'équipement de communication qu'il doit vérifier, installé à l'extérieur, possède une protection intégrée contre la foudre. Or, en même temps, un module de protection séparé est ajouté à l'équipement, ce qui fait double emploi. Effectivement, les premiers modèles de cet équipement livrés en Chine quelques années auparavant ne possédaient pas une telle protection. Les clients chinois la réclamant étant donné le risque élevé de foudre dans plusieurs régions du pays, le management local l'ajoutait aux modèles vendus sur ce marché. Mais quelques années plus tard, les nouveaux modèles sont livrés en Chine avec cette fois la protection intégrée. Or, le management local continue de leur ajouter le module externe de protection.

Notre technicien, constatant cette redondance, propose de ne plus installer le module externe. Son idée étant acceptée, ce grand groupe allemand n'a plus fourni le module externe, ce qui lui a permis d'économiser 9 millions d'euros par an sur le marché chinois et d'améliorer significativement sa compétitivité en tant qu'acteur mondial dans son secteur.

Il faut remarquer que cette idée n'a pas été acceptée immédiatement par le management en Chine, car les contrats pluriannuels spécifiaient la fourniture de ce module externe et ne prévoyaient pas une clause d'arrêt de sa fourniture en cas de protection intégrée. Il a fallu toute la persévérance du technicien, qui avait constaté que les modules externes continuaient à être livrés, et du coordinateur des idées de sa division qui suivait cette idée (soumise par le technicien et jugée bonne par le management) pour qu'elle soit enfin réalisée.

L'idée de Christelle Forestier, elle, illustre parfaitement le constat de Hayek : il est peu probable que cette amélioration ait été remarquée par les statisticiens du contrôle de qualité, ou par ceux du gaspillage (chez STMicroelectronics, personne ne semblait analyser les gaspillages liés à des contrôles excessifs). L'idée du technicien chinois l'illustre de manière encore plus éclatante : même après qu'il a averti son management d'un problème, il est resté vigilant, ce qui lui a permis de constater que le management n'avait pas agi et de le relancer afin que la solution soit effectivement réalisée.

Le « secret » que partagent ces inventeurs réside dans le fait qu'ils sont sur la frontière de l'entreprise, quotidiennement ou même seulement dix minutes par jour. Ce secret permet aux salariés de première ligne d'aller au-delà des idées que l'on pourrait qualifier « d'améliorations », même si elles sont importantes.

En effet, plus l'entreprise s'améliore et moins elle a de problèmes évidents (comme nous l'avons vu avec l'exemple des canons d'artillerie), voire ignorés (le cas des camions-citernes est éloquent), de dysfonctionnements. Parmi les entreprises leaders, l'impact stratégique se fait davantage par une découverte très rapide des problèmes qui ne provoquent pas de dysfonctionnements, multipliant ainsi les occasions d'améliorer, voire de changer radicalement des situations *satisfaisantes*. Dans ces cas-là, les salariés de première ligne ne repèrent pas des problèmes concernant quelque chose qui « ne va pas », mais savent saisir des « opportunités », après avoir entendu tel client souhaiter un service qui n'existe pas encore ou tel fournisseur affirmer qu'il serait bientôt en mesure de réduire ses délais. Les solutions qu'ils proposeront alors ne seront pas seulement importantes en termes de résultats : elles vont être stratégiques, car de nature à permettre à l'entreprise de conquérir de nouveaux marchés et lui permettre de développer de nouveaux processus de production et de service. Le problème révélé par le technicien chinois a non seulement permis la baisse du prix sur le marché local mais aussi l'augmentation des ventes. Le même problème s'est produit dans un autre pays en voie de développement très sensible aux prix, le Maroc, où pareillement, des économies ont été réalisées et les ventes ont augmenté grâce à l'idée du technicien.

En résumé, ces salariés sont les premiers à découvrir des solutions à des problèmes évidents, mais ils sont aussi souvent les seuls à découvrir des opportunités stratégiques pour leurs entreprises. Opportunités qu'elles ignorent et pourraient continuer d'ignorer longtemps.

Que se passe-t-il une fois que l'entreprise a compris l'importance des idées de ses salariés de première ligne ? Celle-ci se heurte à l'évidence : cette force formidable qu'elle possède – les idées de ses employés – est en sommeil. La question se pose alors de faire en sorte que cette force s'éveille.

SMI : UN SYSTÈME POUR ENCOURAGER, RÉALISER ET RECONNAÎTRE LES IDÉES DE TOUS

Nous étudierons par la suite ces *best practices,* que les entreprises créatives utilisent pour éveiller la force des idées de leurs salariés. En anticipant, précisons que celles-ci répondent toutes sans hésitation : *« Oui, il existe une démarche pour mettre en éveil cette force, c'est le Système de Management des Idées. »*

Revenons un instant sur l'exemple de Delphi Diesel relaté précédemment. Nous avons sciemment caché jusqu'ici la fin de l'histoire racontée par Didier Gaudin. Lorsque nous lui avons demandé quand il avait eu son idée concernant la réparation de la machine d'alésage, idée qu'il avait soumise en janvier 1999, il nous a répondu : *« voilà quatre ans, en 1995 ». « Et pourquoi l'avez-vous soumise uniquement en 1999 ? »*, avons-nous immédiatement rétorqué. *« Parce que, le Système a démarré seulement en 1999 et j'étais le premier à soumettre une idée. »* Voyant sans doute notre étonnement, Didier Gaudin a précisé : *« Avant, on n'avait pas le droit de toucher aux machines, de suggérer comment les réparer… »*

En d'autres termes, Didier Gaudin savait depuis quatre ans comment faire économiser à son entreprise 3 420 000 euros par an, mais il n'y avait pas au sein de l'entreprise de « système » pouvant recueillir et appliquer son idée. Par conséquent, en ne possédant pas de Système de Management des Idées pendant ces quatre années, l'entreprise (qui n'appartenait pas encore à Delphi) a gaspillé la somme de 13,68 millions d'euros.

Les entreprises ont généralement une attitude très positive, dès lors qu'il s'agit d'écouter les idées de leurs managers – qui n'auraient d'ailleurs jamais imaginé devoir les conserver en mémoire durant des années sans les exprimer. En revanche, les propositions émises par les salariés de base leur paraissent dépourvues d'intérêt. Elles les enterrent sans l'ombre d'un regret, ratant ainsi des occasions sans commune mesure avec celles qui pourraient découler des idées de managers.

Rappelons-nous la citation du P-DG de Dana, Woody Morcott : *« Dans les trois mètres carrés où les gens de Dana passent au moins huit heures par jour, chaque jour de leur vie professionnelle, ce sont* eux *les experts. Ils voient les premiers les goulots d'étranglement..., les accidents qui vont se produire..., les économies qui peuvent être faites.* » Là encore, nous avons délibérément gardé sa conclusion pour illustrer cette partie du chapitre :

« Mais sans un mécanisme pour recueillir ces idées d'experts, les améliorations n'auraient jamais vu le jour. »

Combien d'argent l'entreprise gaspille-t-elle, de combien de bénéfices se prive-t-elle, faute d'avoir mis en place un système de nature à recueillir et à réaliser les idées de tous ses salariés de première ligne ? Il lui suffit de calculer le nombre de ses salariés et de garder à l'esprit qu'un bon Système de Management des Idées (SMI) permet de recueillir et d'exécuter au moins vingt idées par salarié et par an et d'économiser jusqu'à 5 000 euros par salarié, sans compter d'autres bénéfices tels que l'augmentation des revenus, de la qualité, de la sécurité, etc.

De bons Systèmes de Management des Idées (SMI)

Quelles sont les fonctions d'un bon SMI ? Un bon SMI doit permettre :

- d'encourager la production d'idées ;
- de traiter et de réaliser des idées ;
- de promouvoir la reconnaissance des idées ;
- d'impliquer le management dans la gestion des idées.

Est-il possible de disposer d'un bon SMI ? Les exemples d'entreprises montrent que c'est effectivement le cas et que ces systèmes peuvent même être d'une qualité exceptionnelle. Chez Toyota Motor Manufacturing, à Georgetown, Kentucky, les salariés ont, en 1999, soumis chacun vingt-et-une idées, en moyenne. Le taux de participation a atteint 68,7 % (au moins une idée par an) et le taux de réalisation, 99,4 %.

Toyota Kentucky attribue à son SMI de nombreux résultats : le *J. D. Power N°1 Quality Award* que le modèle Camry – la voiture la plus vendue aux États-Unis dans les années 1990 –, a obtenu en 1993 et 1994 ; une part de marché sans cesse croissante aux

États-Unis ; ou encore 36,5 millions de dollars d'économie nette liée aux idées, soit plus de 4 500 dollars d'économie par salarié, réalisée en 1999. En termes de performances, le SMI de Toyota Kentucky n'est pas très différent du SMI des autres unités de Toyota dans le monde, comme celle de Derby au Royaume-Uni que nous avons étudiée en 2000. De manière générale, c'est au management des idées que Toyota attribue ses plus belles performances : pas de licenciement, des bénéfices continus depuis les années 1950 et le titre de la meilleure société industrielle du monde depuis plusieurs années. Même lors des périodes de lancement de nouveaux sites, le rôle, capital, des idées du personnel des usines du constructeur s'en ressent.

En novembre 2000, nous nous sommes rendus sur le site de production français de Toyota, qui fabrique des petits modèles destinés au marché européen. Située à Valenciennes, dans le nord de la France, cette usine, la plus moderne du groupe nippon de l'époque, est vouée à devenir le bateau amiral de Toyota en Europe continentale. Comment ? Didier Leroy, à l'époque vice-président, explique qu'en 1998, l'équipe dirigeante de la future unité (qui à l'époque n'était pas encore construite) a analysé tous les atouts de Toyota et en a retenu deux, appelés à faire la différence, à faire « *le break* » par rapport aux concurrents européens :

- le mode de relation dans l'entreprise (comportement, relation entre les managers et les salariés, type d'échange d'informations) ;
- l'implication de *tous* dans les idées d'amélioration.

Selon Didier Leroy, le premier atout permet d'atteindre le second, qui constitue le véritable objectif : « *Comment faire que non seulement nous développions le système des idées d'amélioration, mais que nous soyons sûrs que tout le monde sera profondément impliqué dans ce système.* »[42]

Le SMI d'amélioration qui permet d'encourager, de réaliser et de reconnaître les idées de tous les salariés, et cela, bien mieux que chez les concurrents européens, était lancé. En mai 2001, nous avons de nouveau rencontré Didier Leroy et pu constater la qualité des démarches déjà mises en place pour acquérir cet avantage concurrentiel. Pour n'en citer que quelques-uns : Toyota Motor

Manufacturing France a d'abord recruté les seuls « *team members* » capables, une heure durant et par groupes de trois, de proposer de nombreuses améliorations à une procédure standard ; elle a fait de même pour les managers, ne recrutant que ceux capables de faciliter les idées de leurs subordonnés. Pour s'assurer que ce potentiel d'idées d'amélioration sera utilisé de façon permanente par tous les « *team members* », Toyota Motor Manufacturing France stoppe, pendant une demi-heure chaque semaine, la chaîne d'assemblage et demande à toutes ses équipes d'analyser leurs procédures et de proposer des améliorations.

Mais Toyota n'est pas la seule entreprise à posséder un SMI de qualité en Europe. Rappelons qu'en 1932, Michelin obtenait vingt-deux idées par personne par an dans l'une de ses usines en France. Même si aujourd'hui le manufacturier peut difficilement se prévaloir de ce vertueux passé, aucune autre entreprise dans le monde, à notre connaissance, ne s'est approchée à ce point de la performance de créativité de ses salariés au cours des quarante années qui ont suivi.

Voici toutefois une panoplie de SMI exemplaires en Europe que nous avons pu analyser récemment.

De bons SMI européens

Grâce à plusieurs équipes produisant plus de vingt idées par personne et par an, le SMI du site de Rousset de STMicroelectronics met en application chaque année sept idées par salarié. Le dispositif qui permet d'améliorer en permanence la qualité, la sécurité, la productivité, les services, l'environnement, etc., contribue aux performances impressionnantes de l'entreprise. S'agissant de la qualité, STMicroelectronics est la seule entreprise européenne qui, à ce jour, ait obtenu le Prix européen de la Qualité (en 1997) et le *Malcolm Baldrige National Quality Award* aux États-Unis (en 1999) ; elle a aussi été le numéro 1 (en 1999) parmi les fabricants de semi-conducteurs dans le monde, en ce qui concerne le service et la protection de l'environnement. En outre, la productivité a augmenté de 15 % en moyenne au cours des sept dernières années. Le groupe, qui affichait 20 % de pertes en 1987, a réalisé 10 % de bénéfices en 1999, tandis que le taux de satisfaction des salariés passait dans le même temps de 47 % à

70 %. Enfin, grâce à une croissance continue, STMicroelectronics figurait, en 2002, au 3ᵉ rang mondial, raflant dix places en dix ans à ses principaux concurrents mondiaux. En 2001, alors que tous les fabricants de semi-conducteurs affichaient des résultats à la baisse, STMicroelectronics fut consacrée, par *Business Week,* comme l'entreprise la plus compétitive du secteur et l'un des groupes européens les plus compétitifs au monde[43].

Le SMI de GKN Gelenkwellenwerk Mosel, une usine de fabrication de joints de transmission et fournisseur de Volkswagen et de PSA Peugeot Citroën notamment, a obtenu en 2002 vingt et une idées par personne et par an, avec un taux de participation de 75 %. Le SMI a contribué aux performances de cette usine et à celle du groupe GKN plc., équipementier britannique et européen de constructeurs automobiles et de fabricants d'hélicoptères numéro 1 mondial des joints de transmission. Construit en 1978-1982 par Citroën dans l'ancienne Allemagne de l'Est, le site a été acquis par GKN en 1991 et a vécu deux années difficiles. Le chiffre d'affaires stagnait autour de 45 millions d'euros, tandis que le nombre des salariés a été réduit de 35 %. C'est à ce moment critique que l'entreprise a décidé de lancer son SMI. En 1993, il a permis de recueillir un peu plus de deux idées par salarié, mais depuis, ce nombre, ainsi que les performances de l'usine, n'ont cessé de progresser. Ainsi, en 2002, le site a quintuplé son chiffre d'affaires pour atteindre 248 millions d'euros et a presque doublé le nombre de ses salariés, dépassant celui de 1991. Depuis 1998, GKN Mosel obtient en moyenne vingt-trois idées par salarié et par an et son SMI est régulièrement classé parmi les meilleurs d'Allemagne. Ce SMI contribue significativement aux excellents résultats de l'entreprise avec plus de 750 euros de gains par salarié, moins de dix défauts par million de pièces, et à l'amélioration annuelle de la productivité de 5 %, de la sécurité, de la protection de l'environnement, etc. Remarquons que comme pour Toyota Motor Manufacturing France, GKN Mosel identifie son SMI comme le facteur clé de son succès. Pour la première, il s'agissait de s'imposer dans le secteur des petites voitures, le plus concurrentiel en Europe. Pour GKN Mosel, il s'agissait de renverser dès 1993 la mauvaise performance de l'ancienne usine d'Allemagne de l'Est et de la transformer en l'une des meilleures du pays : en 1998 GKN Mosel était consacré meilleur site industriel d'Allemagne.

Le SMI d'Opel Eisenach GmbH, usine d'assemblage des modèles Corsa et Astra, a obtenu en 2000 quelque vingt-quatre idées par personne, avec un taux de participation supérieur à 90 %. Le SMI concourt au dynamisme de cette usine, filiale de General Motors et d'Opel, construite en 1990 près du site de feu Wartburg, l'ancien constructeur automobile est-allemand devenu obsolète après la chute du mur de Berlin en 1989. Le SMI, comme l'ensemble du site, s'est inspiré des meilleures pratiques de Toyota, pratiques déjà expérimentées par General Motors dans certaines de ses unités (l'une d'elles a d'ailleurs obtenu soixante idées par employé et par an). Depuis 1995, Opel Eisenach obtient plus de vingt idées par salarié et par an – grâce à un taux de participation d'environ 90 % –, et son SMI est régulièrement classé parmi les trois meilleurs d'Allemagne par l'Institut allemand de Business Management (DIB). Ce SMI contribue effectivement aux excellents résultats de l'entreprise. Celle-ci, bien qu'opérant sur un segment de marché dégageant de faibles marges – celui des petits modèles –, réalise néanmoins des gains conséquents grâce aux idées (environ 1 500 euros par employé et par an) et bénéficie d'une meilleure qualité, d'une meilleure sécurité, etc.

Le SMI du site de Milliken, leader international du textile et de la chimie, situé à Roisel (France), obtient en moyenne cinquante-cinq idées par personne et par an, depuis 1993 ; le taux de participation moyen s'élève à 84 %. Le SMI permet de renforcer la compétitivité de l'entreprise grâce à des progrès continus dans tous les domaines : qualité, sécurité, productivité, service, environnement, etc. S'agissant de la qualité, Milliken est le seul groupe américain à avoir obtenu le Prix Européen de la Qualité, le *British Quality Award* ainsi que le *Malcolm Baldrige National Quality Award* aux États-Unis. En ce qui concerne la sécurité, aucun accident du travail ne s'est produit sur le site de Roisel depuis sept ans, et ce site a été consacré numéro 1 chez Milliken pour ses performances en matière de qualité et de sécurité.

Le SMI du site de Pampelune (Espagne) de Dana, leader mondial de l'équipement automobile et des services financiers liés, obtient plus de quinze idées par personne et par an avec plus de 85 % de taux de réalisation. Le SMI permet à Dana Automoción d'être compétitif au point de remporter des contrats face aux concurrents allemands tout en payant ses salariés presque au même niveau. Il permet des progrès continus dans tous les domaines : qualité, processus, coûts, sécurité, environnement… S'agissant de qualité, le site a obtenu de nombreux prix, y compris le prix *Premio Navarro a la Excelencia Empresarial.*

Mais le SMI le plus étonnant est celui qui a été développé au sein d'un autre site de Dana, à Bruges, en Belgique. Malgré l'objectif affiché par la direction américaine d'obtenir deux idées par salariés et par mois, Dana Bruges ne tient pas de statistiques. Il n'en a nul besoin. Avec l'ensemble des salariés, divisés en soixante-dix équipes autogérées et dont l'une des principales fonctions consiste à proposer en permanence des idées, Dana Bruges montre la voie aux entreprises européennes encore dépourvues de SMI, mais qui seront contraintes d'en adopter un lorsqu'elles auront pris conscience d'une telle nécessité. Chez Dana Bruges, il suffit de réunir une équipe de neuf personnes pendant moins d'une heure pour faire émerger vingt-huit idées. En outre, les personnes responsables de leur réalisation sont immédiatement désignées et passent à l'action dans les jours qui suivent.

Avant que le SMI soit totalement intégré au travail des équipes, le directeur de la production Thierry Tant[44] passait le plus clair de son temps (selon lui 80 %) à prendre des décisions en matière d'investissements : quel équipement devait être renouvelé ? quel nouvel équipement choisir ? comment l'installer ? Aujourd'hui, de tout cela, il ne se préoccupe guère. Les équipes proposent elles-mêmes des idées dans ce domaine : elles se rendent dans les salons, sélectionnent les fournisseurs potentiels, organisent des rendez-vous avec eux, en Allemagne ou ailleurs. Ce sont elles aussi qui réclament aux fournisseurs des adaptations, qui réalisent les évaluations, qui soumettent les propositions, qui établissent une *shortlist* et qui organisent le classement final. À charge pour le directeur de choisir, au sein de cette liste, le fournisseur qui lui convient, et qui correspond presque toujours au premier choix de l'équipe. Enfin, celle-ci réceptionne et installe elle-même le nouveau matériel.

Depuis le lancement de son SMI, intégré au travail des équipes en 1990, Dana Bruges n'a procédé à aucun licenciement. L'entreprise a doublé son chiffre d'affaires entre 1994 et 1999 et envisageait de faire de même entre 2000 et 2004. Enfin, le SMI de Dana Bruges a été choisi comme *benchmark* pour les trente-deux autres unités de Dana en Europe.

Il n'existe donc pas que des SMI de bonne facture en Europe : certains sont d'une qualité exceptionnelle !

LES ASPECTS CLÉS D'UN BON SMI

Dès que l'entreprise décide de vouloir bénéficier des idées de tous ses salariés *via* un SMI, une autre interrogation s'impose : comment réaliser cet objectif ? Même avec la meilleure volonté, il est possible de rater quelque chose d'essentiel ou de commettre une bévue. Durant les cinq années de ce projet, nous avons étudié, en nous rendant sur place, les meilleurs systèmes en Europe ; bien qu'ils soient différents, ils reposent tous sur des principes similaires.

Issus d'une démarche d'amélioration continue, ou *kaizen,* pratiquée par les leaders industriels japonais, comme Toyota, les Systèmes de Management des Idées sont des dispositifs spécifiques au sein des pratiques managériales destinés à encourager, à réaliser et à permettre la reconnaissance des idées de chaque salarié quelle que soit la nature de son activité — industrielle, commerciale, de service ou autre. Ils sont parfois appelés aussi « systèmes de suggestions de la deuxième génération » pour les distinguer de ceux de la première, qui eux sont centralisés, ne constituent *aucunement* un dispositif de *pratiques* destinées aux *managers* et dont l'exemple le plus connu est la boîte à idées. Voici un bref exposé, qui sera développé par la suite dans l'ouvrage, des principes de base d'un bon système.

Le benchmarking profond

Avant de déployer un tel dispositif, la direction et le futur responsable du SMI doivent acquérir la vision et les principes sous-jacents aux meilleurs systèmes. Pour y parvenir, ils vont tout d'abord se familiariser avec ces principes en participant à des séminaires, en lisant des ouvrages sur le management des idées, en visitant les entreprises présentant d'excellents SMI, à l'échelle mondiale. L'objectif étant d'élaborer ensuite une politique de management des idées adaptée à leur entreprise. Notre expérience démontre qu'une direction qui ne fait pas ce travail en amont n'arrive pas à discerner toutes les implications et les retombées d'une telle démarche. Elle a tendance à se reposer complètement sur le « responsable SMI » et ne voit pas clairement pourquoi et en quoi consiste sa propre implication. Elle ne mesure donc pas correctement l'importance de son rôle, pourtant essentiel au succès de la démarche.

Un processus très simple et rapide de traitement des idées

Dans l'idéal, le salarié communique son idée à son « N + 1 » oralement, à l'aide d'un petit formulaire ou sur son écran d'ordinateur ; le « N + 1 » rencontre et dialogue avec l'auteur, dans un délai d'un à trois jours maximum : soit l'idée est utile, soit une discussion s'ouvre sur les possibilités pour l'améliorer ou pour en trouver une autre. Si l'idée est effectivement utile :

- soit elle est immédiatement réalisable (ce qui est le cas d'environ 80 % d'idées qui sont simples et locales), et l'auteur reçoit automatiquement l'autorisation de consacrer une partie de son temps de travail à sa réalisation et bénéficie pour cela d'un support nécessaire (coin outils, assistance des services techniques, petit budget achats) ;
- soit elle nécessite une recherche complémentaire, et l'auteur forme ou rejoint et pilote une équipe ou un projet pour l'élaborer et la réaliser.

Enfin, une fois l'idée réalisée ou sa réalisation lancée, l'auteur l'enregistre dans la base de données.

Les entreprises qui n'apprécient pas à sa juste mesure la nécessité d'un traitement simple et rapide des idées, s'aperçoivent très vite que la majorité de leurs salariés arrêtent de les produire.

La reconnaissance

Dans les meilleures pratiques, l'auteur ne reçoit rien en contrepartie de ses idées, tout au plus une gratification symbolique. De nombreuses études montrent en effet que les compensations financières directes (par exemple proportionnelles aux gains réalisés grâce à l'idée) font obstacle à l'émergence d'idées créatives. Dès lors, les employés préfèrent soit multiplier les petites idées répétitives, soit ne proposent que des idées extraordinaires, dans le sens propre du terme et donc très rarement et parfois même jamais. Les mêmes études complétées par nos observations montrent, par ailleurs, que l'auteur se sent davantage reconnu lorsque son idée a été réalisée dans les plus brefs délais. Cette reconnaissance doit néanmoins être assortie de mesures complémentaires destinées aux auteurs. Si un bon schéma de reconnaissance peut encourager les salariés à émettre des idées, un mauvais en revanche, peut provoquer des effets pervers. Enfin, rien n'empêche l'entreprise, dans le cadre de son dispositif général de rémunération et de valorisation des salariés, de récompenser par une prime exceptionnelle une idée aux retombées exceptionnelles. Il suffit d'adopter la procédure normalement existante pour ce dispositif pour valoriser des performances exceptionnelles réalisées par les salariés dans le cadre de leurs missions statutaires et de l'appliquer aux performances créatives exceptionnelles.

L'implication complète du management de proximité

Dans les meilleures pratiques, les managers « N + 1 » sont explicitement évalués en fonction du nombre moyen d'idées soumises et mises en pratique par leur équipe, ainsi que par le taux de participation des salariés de leur unité. Ces managers savent que ces indices d'évaluation sont aussi importants pour leur promotion que ceux de la production ou de la qualité. Par conséquent, ils prennent des dispositions (ils ont été formés au préalable à le faire) pour encourager, reconnaître et faciliter la réalisation des idées de leurs équipes. Ils savent aussi que le nombre moyen d'idées par mois et le taux de participation de leurs équipes sont scrutés par la direction, qui, le cas échéant, interviendra pour les soutenir, si les résultats ne sont pas satisfaisants. S'il est une chose d'avoir de bonnes procédures et de bonnes démarches, il en est une autre de les appliquer. Pour cela, les managers intermédiaires doivent être convaincus qu'encourager et aider à réaliser les idées de leurs subordonnés constituent une partie importante de leur mission. Plutôt que d'ignorer les idées, ils doivent parvenir à les susciter en permanence, afin de les favoriser.

L'implication démontrée par la direction

La direction doit montrer concrètement que les idées de tous les employés sont une priorité. Sa première action, illustrant cette priorité, consiste à lancer la démarche d'un management des idées, tel qu'un SMI. Mais la direction doit aussi participer au pilotage du système. Le directeur ira, par exemple, chaque semaine ou chaque mois à la rencontre des auteurs des idées et prendra le temps d'écouter leurs explications. Ces visites constituent un moyen très efficace, voire un moment unique, pour « aller à la frontière » de leur entreprise. Woody Morcott, le P-DG de Dana, déjà cité, a rencontré pour la seule année 1999 neuf mille employés dans le seul but d'écouter leurs idées.[45] Un autre moyen démontrant clairement l'implication de la direction réside dans l'analyse périodique des indices de la performance créative des managers, de leurs services et de leurs équipes ainsi que des idées elles-mêmes. Par exemple, Jorge Zubialde[46], directeur de Dana Automoción à Pampelune, analyse plusieurs fois par an l'ensemble des idées du mois précédent. Il peut ainsi sentir profondément les problèmes de l'entreprise et voir comment les salariés les résolvent. Mais surtout, cette implication active et profonde du directeur, comme de tous les managers, constitue un levier puissant de leur propre implication. Une direction qui veut que son entreprise soit créative doit s'impliquer dans le suivi des performances et le pilotage de son Système de Management des Idées, avec la même application que lorsqu'il s'agit de ses systèmes de management de production, de service ou de qualité.

Nous avons décrit ici les caractéristiques des SMI performants, non pas selon leur ordre d'importance, mais de la façon dont on peut les observer dans les entreprises. Par la suite, nous détaillerons ces caractéristiques, en commençant par la première, c'est-à-dire celle qui constitue un préalable à la mise en place d'un Système de Management des Idées performant : le *benchmarking* profond. Celui-ci constitue la première étape pour les équipes dirigeantes qui ont assimilé chacun des trois points essentiels présentés dans cette partie de l'ouvrage.

Les idées des salariés sont importantes pour leur entreprise.

Tous les salariés d'une entreprise sont en mesure de produire des idées utiles.

Un Système de Management des Idées transforme le potentiel créatif en action créative. Il réveille ce capital humain formidable qui le plus souvent sommeille et est gaspillé dans l'entreprise.

Partie II

Acquérir la vision de la croissance

« Le capital humain devient le plus important. La manière dont les nouvelles idées sont créées et traitées va continuer à se substituer au capital physique comme un déterminant de la croissance économique. »

Jeff Madrick, éditorialiste économique du *New York Times*[47]

« Notre bien le plus important, ce sont nos idées. Nous ne voulons pas être les plus grands, mais les meilleurs. »

Oliviano Spadotto, président de Claber[48]

« Nous avons senti que l'évolution n'était pas bonne et avons décidé de changer la manière dont nous travaillons avec les gens, de trouver comment les impliquer pour penser mieux, différemment... Cela nous a pris deux ans pour les impliquer tous à donner leurs idées... Dans les cinq années qui ont suivi, nous avons doublé notre chiffre d'affaires. »

Herman Vandaele, DRH de Dana Bruges[49]

REGARD SUR L'EUROPE

En 2006, l'association *Europe's 500-Entrepreneurs for Growth* a fait paraître son classement annuel de la croissance des entreprises en

Europe en 2005[50]. Le « top 50 » des entreprises, classées en fonction de leur croissance et de leurs créations d'emplois, montre que seules cinq entreprises françaises y figurent[51].

Pourquoi un tel déséquilibre entre la richesse économique d'un pays et la faiblesse de ses entreprises en termes de croissance ? La France constitue un excellent exemple d'un pays européen permettant d'étudier cette question.

Rappelons qu'à l'aube du XXe siècle, l'industrie française était au pinacle, et les Expositions universelles ont, à chaque édition, consacré sa prédominance mondiale. À l'époque, le Crédit Lyonnais était la plus grande banque mondiale. Michelin, première manufacture à produire des pneumatiques pour automobiles, disposait d'usines, dès 1908, en Angleterre, en Italie, aux États-Unis. De Dion Bouton, le numéro 1 mondial automobile en 1900, a équipé les taxis et les bus de New York. En effet, en 1912, l'industrie automobile française – la plus puissante – exportait plus de véhicules que les États-Unis, la Grande-Bretagne et l'Allemagne réunis[52].

Cette période de prospérité économique a été étudiée par Marc Giget[53]. Selon, lui, l'esprit entrepreneurial, les innovations et la créativité sont à l'origine des succès français, et c'est grâce à l'ensemble de ces atouts que les entreprises sont devenues des géants. Pour s'en convaincre, on peut lire dans l'encadré ci-après comment Édouard Michelin a fait, au début du XXe siècle, de sa manufacture le leader mondial du pneumatique.

Michelin, enfant de la Belle Époque

En 1889, André Michelin réussit à convaincre son frère, peintre dans l'atelier de Bouguereau à Paris, d'abandonner son métier et de rentrer à Clermont-Ferrand pour « *sauver de la ruine une petite fabrique qui constitue tout l'avoir de la famille.* »[1] Si la manufacture produisait beaucoup, ses ventes, à l'exception de balles en caoutchouc pour les enfants et de patins de frein pour les bicyclettes, restaient faibles. Or, au printemps 1889, un cycliste qui passait par hasard dans la région, débarque dans la cour de la manufacture : le pneu de sa bicyclette était crevé. À l'époque de tels pneus (des boudins gonflables de Dunlop collés à la jante en bois) étaient difficiles et longs à réparer. En cas de crevaison, ils devaient être entièrement démontés, à l'aide d'outils compliqués. Mais les ouvriers de la manufacture, intrigués par ces pneus, entreprennent de dépanner ce cycliste en trois heures en utilisant du caoutchouc, qu'ils firent ensuite sécher pendant la nuit. Dès le lendemain, Édouard Michelin apercevant, dans la cour, la bicyclette montée de pneumatiques dernier cri décide de l'essayer. Mais le pneu crève à nouveau. De cet épisode banal, Édouard Michelin va tirer profit. Visionnaire, il pressent la portée stratégique que cette découverte peut avoir pour l'avenir de son entreprise : inventer un pneumatique permettant « *de remplacer en un quart d'heure une chambre à air crevée, et cela par des moyens mécaniques et non par l'intervention d'un spécialiste... En somme, un pneu démontable que le premier venu puisse réparer.* »[2]

1. Darmon, Olivier, *Le grand siècle de Bibendum*, éd. Hoëbeke, 1997, p. 12.
2. *Op. cit*

Michelin – qui figure toujours parmi les leaders mondiaux du pneumatique – n'est pas le seul à avoir survécu à la Belle Époque ; c'est aussi le cas de 30 % des plus grandes entreprises françaises contemporaines.

Ainsi, la Belle Époque illustre bien les théories de Joseph Schumpeter (avant même d'ailleurs qu'il ne les ait formulées) que nous avons développées précédemment afin de démontrer le rôle primordial de l'esprit entrepreneurial et créatif. Or, que s'est-il passé en France, depuis le début du XXe siècle, pour que si peu de groupes français figurent désormais au palmarès des plus grands en Europe et dans le monde ?

DE LA BELLE ÉPOQUE À NOS JOURS

Entre 1914 et 1918, la Première Guerre mondiale entraîna la faillite des deux premières puissances économiques les plus dynamiques au monde. Ce conflit, long et coûteux, pompa toutes leurs ressources économiques disponibles, les empêchant, de ce fait, d'investir. Au passage, notons que la France, comme l'Allemagne, n'ignoraient sans doute pas l'existence de stratégies permettant de réduire considérablement les dépenses militaires, de même que les pertes humaines. Ces stratégies n'avaient-elles pas étaient expérimentées à la fin de la guerre de Sécession aux États-Unis, opposant les États du Sud confédérés à ceux du Nord ? (voir encadré ci-après pour un bref aperçu des stratégies militaires dont nous nous servirons par ailleurs pour illustrer d'autres points de cet ouvrage.) Quoi qu'il en soit, le fait est que, depuis 1918, les entreprises françaises n'ont jamais retrouvé le dynamisme et la croissance qu'elles ont pu connaître durant la Belle Époque.

L'indice de confiance – ou plutôt de méfiance – des salariés français à l'égard de leurs entreprises nous éclaire aussi sur le manque de dynamisme et de croissance de celles-ci. D'après une enquête réalisée en 2002, 71 % des Français estiment que les intérêts des entreprises et ceux des salariés « *ne vont pas dans le même sens* » ; de plus, 40 % seulement pensent que les chefs d'entreprise sont attentifs « *à la satisfaction de leurs salariés* »[54]. D'après une autre étude, réalisée auprès des populations européennes, les salariés français sont ceux, qui, en Europe, s'identifient le moins à leur entreprise[55].

Pourtant, toutes les entreprises françaises n'ont pas renoncé à la croissance. Si le groupe Michelin est parvenu à perpétuer l'esprit de la Belle Époque après la Grande Guerre, c'est à la fois grâce à l'esprit entrepreneurial de son dirigeant et à la possibilité laissée au personnel, encore dans les années 1930, de proposer et de mettre en place leurs idées.

Autre exemple plus récent, celui de Toyota, qui a créé une unité de production dans le nord de la France, en 2001. Le constructeur automobile nippon qui, rappelons-le, n'a procédé à aucun licenciement depuis 1951, a adopté une politique de croissance et d'emploi identique dans toutes ses usines, quel que soit le pays d'origine. Ce faisant, il a fait du site de Valenciennes l'un des plus compétitifs : en 2002, un an après le démarrage, le site s'est déjà classé au troisième rang par sa productivité en Europe dans le secteur automobile. Il n'est pas surprenant donc qu'à peine installé en France, Toyota envisageait déjà de doubler ses capacités de production au cours des prochaines années, prévision effectivement réalisée[56].

L'invention de la stratégie militaire de pénétration sur plusieurs directions

Pour le général américain William Sherman, commandant des forces du Nord pendant la guerre de Sécession aux États-Unis, le nombre de soldats, morts et blessés, lors des batailles au front était devenu insupportable. Au point qu'il décida de mettre en œuvre une stratégie permettant de battre l'ennemi sans lui livrer bataille ou presque. Sa tactique, élaborée en 1864, a consisté à pénétrer rapidement, et dans différentes directions, le cœur du dispositif rival, puis, au dernier moment et au gré des événements, à diriger ses troupes de sorte qu'elles l'encerclent et lui coupent tout accès au ravitaillement. Ce stratagème permit aux forces du Nord de tourner à leur profit une situation militaire pourtant favorable aux sudistes, de prendre Atlanta, capitale de la Géorgie et de gagner la guerre civile, en 1865. Cette victoire a permis aussi, un mois et demi plus tard, à Abraham Lincoln d'être élu président alors qu'il n'avait au demeurant que peu de chances face à son adversaire, partisan d'un accord d'apaisement avec les sudistes.

Ces résultats, Sherman les a obtenus à un coût humain extrêmement bas : parmi les dix-sept armées engagées dans la guerre civile, la sienne fut l'une de celles où l'on enregistra le plus petit nombre de victimes. En revanche, les troupes de son adversaire principal, le général sudiste Lee, ont, elles, été décimées.

L'invention de Sherman eut aussi des conséquences considérables en Europe, non pas durant la Grande Guerre, mais lors la Seconde Guerre mondiale. Basil Liddell Hart[1], expert britannique en stratégie militaire, qualifié par Raymond Aron « *de plus grand écrivain militaire de notre temps*[2] » et qui a participé à la bataille de la Somme – où il fut gazé – s'est inspiré de Sherman pour élaborer une stratégie fondée sur l'utilisation des forces motorisées. En 1927, il contribua ainsi à la création de la Force motorisée britannique, première du genre en Europe. Plus tard, ses ouvrages auraient inspiré Heinz Guderian, qui fut à l'origine de la Panzer Stratégie de la Wehrmacht, ainsi que le stratège militaire russe, le général Toukhatchevski. Les Soviétiques ont d'ailleurs été les premiers à utiliser ses méthodes contre les Japonais, avec succès, le conflit s'étant soldé, en 1938, par la cuisante défaite de l'armée nippone en Mongolie, suivis des Allemands en 1939 qui les ont utilisées dans les Ardennes. Avec la banalisation des chars, cette approche a radicalement changé le caractère des opérations militaires dans les conflits en Europe et dans le monde. Cependant, les états-majors de l'Allemagne et de l'URSS – le nazisme et le stalinisme –, furent les premiers à utiliser la puissance de cette nouvelle approche.

1. Voir les ouvrages de B. H. Liddell Hart, *Strategy : The indirect approach,* Praeger, 1954 ; *Sherman : Soldier, realist, american,* Dood, Mead, 1929 ; réédité par Da Capo, 1993.
2. Cette expression ouvre l'ouvrage de R. Aron, *Penser la guerre, Clausewitz : l'âge planétaire*, éd. Gallimard, 1976.

LES BÉNÉFICES DE LA CROISSANCE

Quels bénéfices les entreprises peuvent-elles tirer de la croissance ? Une étude récente, conduite par le cabinet Deloitte Consulting en Australie – pays comparable par son héritage industriel et son niveau de développement aux pays européens –, baptisée « *Fast 100* »[57] et analysant cent entreprises qui sont en tête pour ce qui est de la croissance, fournit quelques réponses. S'agissant du retour sur investissement, la moyenne des entreprises australiennes cotées est de 10 % par an, mais il atteint 37 % par an chez ces cent entreprises. Plus significatif encore, le nombre d'emplois créés par des entreprises australiennes cotées augmente d'environ 1,5 % par an (même chiffre que la moyenne dans les économies développées), mais ce pourcentage atteint 5,5 % par an chez les cent en tête en termes de croissance, et 61 % par an pour les dix entreprises en tête en termes de croissance.

Si les pays européens souhaitent retrouver durablement un niveau d'emploi et de bien-être satisfaisant, ils doivent donc renouer avec une croissance identique à celle de la France de la Belle Époque. Comment faire ? Pour Philippe Lemoine[58] : « *Ce qui compte c'est que les économies occidentales dégagent à nouveau des capacités de croissance, que les stratégies d'entreprise se donnent d'autres projets qu'une conception étroite de la rationalisation.* » Autrement dit : privilégier la croissance plutôt que la rationalisation est une condition, avoir une attitude entrepreneuriale en est une autre.

La majorité des entreprises peut parfaitement promouvoir la croissance. Il s'agit essentiellement de faire des choix : pour ou contre la croissance, adopter ou pas une attitude entrepreneuriale.

LES CONDITIONS DE LA CROISSANCE : CHOIX ET ATTITUDE

Le fait est que la majorité des entreprises – en Europe comme ailleurs – ont préféré au cours de ces dix à vingt dernières années, consolider leurs positions en augmentant leur productivité plutôt que de favoriser la croissance. Une attitude qui a suscité, de la part de Tom Doorley, consultant et auteur de *Value-creating growth*, le commentaire suivant : « *Il y a cinq ans, nous avons constaté que nos clients accentuaient l'amélioration de leurs gains de productivité et ceci pendant dix ans. Mais, s'il est nécessaire d'être productif avec ses ressources et ses biens, il est aussi indispensable d'accroître ses revenus. Or, les entreprises ont privilégié le premier point au détriment du second. Aujourd'hui seulement, la croissance est pleinement reconnue en tant qu'objectif prioritaire.* »[59]

Une entreprise ne peut-elle développer une politique de croissance que si la conjoncture lui est favorable ? La réponse est non ! Nous avons vu des entreprises, notamment GKN Mosel ou Dana Bruges, qui ont délibérément privilégié la croissance alors que la situation économique ne s'y prêtait guère. Comme nous l'a expliqué Herman Vandaele, DRH de Dana Bruges, cité en introduction de cette seconde partie de l'ouvrage, c'est justement la situation difficile de quasi-faillite et le licenciement de la moitié du personnel qui a amené les dirigeants à changer radicalement leur politique et à choisir la croissance.[60] Il s'agit d'un choix fondamental inhérent à chaque entreprise et cela indépendamment du contexte économique, de l'état du marché et de la situation du pays. Pour autant, choisir pour sa seule entreprise l'option de la croissance n'est guère suffisant pour réussir.

Au début de l'année 2001, l'embellie économique observée en France ou en Allemagne, et qui a permis d'accroître l'activité dans bon nombre de secteurs, a conduit une majorité d'entreprises à privilégier la croissance. Mais une fois cette stratégie adoptée, ces mêmes entreprises ont constaté que leurs dirigeants n'étaient pas en mesure de l'appliquer[61]. Convertis depuis des années à la rationalisation et obnubilés par la course à la productivité, ceux-ci ont adopté une attitude anti-entrepreneuriale.

Adopter une attitude entrepreneuriale, ce n'est pas seulement être un entrepreneur, c'est aussi être perpétuellement insatisfait des résultats et prendre des risques pour introduire de nouveaux procédés, produits ou services. L'attitude entrepreneuriale consiste à être à la recherche du progrès permanent.

Comme nous l'a confié Oliviano Spadotto, président de Claber, leader italien et européen de systèmes d'irrigation, son entreprise cherche toujours être la meilleure. Il a ajouté : « *Nous ajournons la célébration. Nous ne sommes jamais satisfaits de nos accomplissements.* »[62] Ceci reste vrai même après que l'entreprise a gagné des contrats aussi prestigieux que le système d'irrigation du stade olympique d'Athènes pour les jeux de 2004. Rationaliser est important et nécessaire, surtout là où de nombreuses inefficiences se sont accumulées depuis des années. Mais une fois la rationalisation achevée, pour passer à la croissance durable, l'entreprise se doit d'adopter une attitude entrepreneuriale.

Qu'est-ce qu'une attitude entrepreneuriale ?

Il convient de préciser que l'attitude entrepreneuriale n'est pas comparable au mécanisme de *continuous improvement,* ou *kaizen*, processus que l'on pourrait traduire par « amélioration continue » ou « progrès permanent », qui a été importé du Japon dans les années 1980. L'attitude entrepreneuriale est bien plus que cela. Elle consiste, pour ceux qui l'ont adoptée, à vouloir faire toujours mieux en innovant, et elle est omniprésente dans les entreprises les plus performantes. Ne parlait-on pas déjà de « volonté de progrès » chez Michelin… en 1932 ! À l'inverse, lorsque les dirigeants d'un groupe de service français (bien que possédant un mécanisme d'amélioration continue) nous déclarent sans l'ombre d'une hésitation : « *Pourquoi casser quelque chose qui marche ?* », cela signifie qu'ils ont, à l'évidence, une attitude anti-progrès, donc anti-entrepreneuriale… Bref, qu'ils sont bien loin des théories de Schumpeter. L'inventeur du concept de la « destruction créatrice » ne considère-t-il pas en effet que l'attitude entrepreneuriale passe par la destruction de procédés, de produits et de services qui souvent « marchent », mais qui sont bien moins performants que ceux développés par une entreprise entreprenante ? Ajoutons à cela que la démarche de qualité totale est partie prenante de ce progrès permanent car elle vise à décrire les processus dans l'entreprise afin de contribuer à leur amélioration.

L'attitude entrepreneuriale est bien plus nécessaire aux entreprises européennes actuelles qu'à celles de la Belle Époque. Aujourd'hui, rares sont les sociétés qui peuvent attendre en se croisant les bras que les dividendes tombent : aucun procédé, aucun produit ni service – ou presque – ne peut désormais leur assurer une rente à vie. Par conséquent, plutôt que d'avoir à *subir* les changements dans l'urgence, mieux vaut adopter d'emblée une attitude entrepreneuriale : progresser en permanence en améliorant et en renouvelant les processus, les produits et les services. Claber, par exemple, progresse en permanence et même par rapport aux concurrents chinois qui copient l'ensemble de ses produits, catalogue compris. L'entreprise garde toujours son attitude entrepreneuriale. Elle améliore, elle innove et se lance *sur* le marché chinois pour concurrencer sur place les imitateurs locaux.

Ainsi, pour les entreprises ou leurs divisions qui ont fait le choix de la croissance, et qui sont dirigées par des hommes à la fois audacieux et pragmatiques, favoriser la croissance est un objectif parfaitement accessible. Reste à savoir par quels moyens, par quels mécanismes, elle peut être obtenue. Lorsqu'on observe les pratiques des entreprises, on constate que ce sont justement ces moyens et ces mécanismes qui font défaut.

Bien que la croissance soit de plus en plus reconnue comme un objectif prioritaire par les entreprises, la plupart d'entre elles, habituées aux mécanismes de rationalisation, ne savent pas comment l'obtenir de manière durable.

Pour les sonder, commençons par une incursion dans l'une des multinationales, qui, au cours des deux dernières décennies du XXe siècle, a présenté le plus fort taux de croissance en Amérique, en Europe et partout où elle est présente : General Electric.

Peut-être y découvrirons-nous l'un des secrets universels de la croissance...

GENERAL ELECTRIC : LA CROISSANCE ET JACK WELCH

En 2000, General Electric (GE) était connue de tous : plusieurs années de croissance spectaculaire lui ont permis de devenir le premier groupe mondial, pour ce qui est de la capitalisation. Lorsque Jack Welch[63] devient le P-DG de General Electric en avril 1981, les revenus de l'entreprise s'élevaient à 27 milliards d'euros. Dix-neuf ans plus tard, GE est présent dans plus de cent pays et ses revenus atteignent 130 milliards d'euros. Jack Welch n'est certes pas un ennemi de la valeur pour les actionnaires, parmi lesquels il se cite souvent lui-même ainsi que sa famille. D'ailleurs, entre 1981 et 2000, le cours de l'action

GE est passé de quelques dollars à plus de 160 euros et a progressé de 565 % entre 1986 et 2000[64]. Pas étonnant, si, en 1999, GE figurait au palmarès des sociétés les plus rentables au monde et qu'il était fortement conseillé d'y investir au cours des trente prochaines années ![65] On pourrait ici énumérer la liste de ses résultats exceptionnels. Mais passons directement à la conclusion, qui s'impose d'elle-même : à la fin du XXe siècle, General Electric était indéniablement l'entreprise la plus performante au monde.

Comment GE a-t-elle pu bénéficier d'une croissance aussi soutenue ?

La plupart des observateurs accordent un rôle prépondérant au style de management de Jack Welch. Ils mettent en avant l'initiation périodique de changements, dans la réalisation desquels Welch s'est totalement et personnellement impliqué et qui ont transformé radicalement son entreprise en remettant en question les modes et les processus existants. Par exemple, GE a opéré avec succès des changements dans l'entreprise comme la globalisation, les services, les Six Sigma et même le e-business — le must de la fin des années 1990. Si on considère seulement ce dernier changement, connu également sous le nom de « *destroy your business.com* », les résultats sont impressionnants : 2,59 milliards de dollars de bénéfices au premier trimestre 2000, ce qui correspond à une hausse de 20 % par rapport à la même période de l'année précédente[66]. En outre, en 2000, 30 % du chiffre d'affaires de GE a été réalisé à travers le réseau Internet, soit 35 fois plus qu'en 1999[67].

Dans son ouvrage, Jack Welch résume en vingt pages et en trente points son style et son travail de P-DG.[68] Joseph Bower de Harvard Business School, spécialiste de GE, décrit l'homme de manière plus succincte :

« *Jack Welch possède une très forte personnalité, un formidable caractère de nature à pousser ce type d'organisation propre à GE, et des capacités de leadership nécessaires pour changer périodiquement cette organisation de manière efficace, pour donner à ses équipes un coup de pied dans le derrière afin de les déstabiliser et les faire réagir.* »[69]

Au sein de GE, comme nous avons pu l'entendre, le style de Jack Welch est même comparé à celui d'un hockeyeur adepte de la formule : « *Cogner les autres d'abord et boire un verre avec eux ensuite.* »

C'est aussi Jack Welch qui, dit-on, a créé les conditions nécessaires – choix et attitude – au progrès. À son arrivée à la tête du groupe, délibérément, il a misé sur la croissance en s'imposant une mission ambitieuse : « *Devenir numéro 1 ou 2 dans chacun des marchés que nous servons…* ». Son attitude entrepreneuriale est à la mesure de l'objectif qu'il s'est fixé : « *Révolutionner cette entreprise afin d'avoir la rapidité et l'agilité d'une petite entreprise.* » Jack Welch ne laissait jamais ses managers s'installer dans la routine, dès lors qu'ils avaient le sentiment d'avoir accompli leur mission. Ce n'est d'ailleurs pas un hasard si le nom donné à sa dernière stratégie de changement « *destroy your business.com* » a été modifié une fois les premiers bons résultats engrangés en « *grow your business.com* », l'idée étant d'encourager les managers à avoir, encore et toujours, une attitude de progrès.

Tout cela montre bien que la personnalité et le style de management de Jack Welch ne sont pas étrangers à la réussite du groupe. Mais, si tous les observateurs semblaient être d'accord sur ce point, certains pensaient que l'interdépendance entre la croissance de GE et la personnalité de Jack Welch n'était pas forcément une bonne chose. Ainsi, les analystes de Wall Street se sont inquiétés des performances à venir de GE après le départ de Jack Welch, en octobre 2000.[70]

Parmi les spécialistes de GE, il y avait aussi quelques sceptiques, qui estimaient que la corrélation entre le succès du groupe et la personnalité de Jack Welch était sans fondement et qui démontraient qu'il ne s'agissait en vérité que d'un mythe.

LES LEÇONS DES ENTREPRISES LES PLUS PERFORMANTES À LONG TERME

Collins et Porras, dans leur ouvrage[71], présentent une analyse approfondie de dix-huit entreprises américaines dont la compétitivité sur le long terme ne s'est jamais démentie. Ces entreprises bénéficiant d'une croissance permanente et définitivement leaders sur leurs secteurs ont dépassé l'indice boursier d'un facteur 50 en moyenne, depuis 1926. Les auteurs soulignent que ces sociétés ont traversé des moments difficiles, mais, grâce à leur étonnante capacité de résistance, elles sont parvenues à rebondir, garantissant ainsi leur réussite.

Mais à quoi est dû leur succès durable ? Pour le savoir, Porras et Collins ont comparé ces entreprises à dix-huit autres, elles aussi leaders sur leur marché, mais qui n'ont pas une telle aura dans le monde économique et social : 3M est ainsi mesuré à Norton, Hewlett-Packard à Texas Instruments, Disney à Columbia Pictures, Sony à Kenwood, etc.

Quels sont les principaux facteurs qui les distinguent ? Ceux-ci peuvent être classés en deux catégories :

- l'idéologie, une mission (raison d'être de l'entreprise) et ses valeurs fondamentales, que l'entreprise découvre et qu'elle définit elle-même ;
- les mécanismes de progrès (changement auto-stimulé et non provoqué par l'extérieur) qu'elle construit.

En revanche, et c'est le résultat le plus inattendu de l'étude de Collins et Porras, la personnalité des P-DG ainsi que leur style de management ne constituent pas un facteur de réussite pour leur entreprise. Par exemple, ils ont constaté que les dix-huit entreprises les moins performantes de leur étude ont eu, paradoxalement, comme P-DG des dirigeants bien plus charismatiques et médiatiques, tandis que peu de gens peuvent citer le nom des P-DG de la majorité de dix-huit entreprises les plus performantes. Collins, dans son dernier ouvrage *Good to great*[72], qui analyse les facteurs de réussite durable des entreprises les plus performantes aux États-Unis durant quinze ans, a confirmé ce constat : la personnalité humble du P-DG s'est révélée comme l'un de ces cinq facteurs de réussite exceptionnelle des entreprises.

La personnalité des P-DG, leur charisme, leur médiatisation ne constituent pas un facteur de réussite pour leur entreprise.

Avec Collins et Porras, nous allons démystifier le mythe du dirigeant charismatique, avant de déterminer les vrais facteurs de réussite et de croissance.

LE MYTHE DU HÉROS CHARISMATIQUE

Le lecteur se demande sans doute comment notre analyse concernant Jack Welch peut s'accommoder des conclusions de l'étude menée par

Collins et Porras, d'autant que General Electric – nous ne l'avions pas précisé à dessein – figure parmi les dix-huit entreprises les plus performantes, au même titre que 3M ou Sony. Le cas Welch n'a cependant pas échappé à Collins et Porras, et voici ce qu'ils révèlent dans leur ouvrage analysant, entre autres, l'histoire de GE.[73]

Devenu le P-DG de GE en 1981, Jack Welch obtiendra, douze ans plus tard, le titre de « *plus grand maître du changement en entreprise de notre époque* », décerné par le mensuel *Fortune*. Mais son prédécesseur immédiat, Reginald Jones, parti à la retraite, n'en avait pas moins été loué : la presse le qualifiera de « *chef d'entreprise le plus admiré de l'Amérique* », et il sera désigné, à deux reprises, comme « *la personnalité la plus influente du monde économique* ». Lorsque Jones était aux commandes, le taux de croissance moyen des bénéfices était de 14,06 % par an alors qu'il atteignait à peine 8,49 % durant la période Welch (l'étude de Collins et Porras s'arrêtant à 1993).

Welch ne fut d'ailleurs pas le premier grand P-DG à conduire des changements chez GE : tous l'ont fait. Par exemple, Gerald Swope (1922-1939) a introduit GE sur les marchés des produits ménagers et est l'initiateur du « *management éclairé* ». Ralph Cordiner (1950-1963) a multiplié par vingt le nombre de marchés servis par GE, décentralisé l'entreprise et figure parmi les premiers au monde à avoir mis en place un « *management par objectifs* ». Il a aussi créé le fameux centre de formation et de développement de managers de GE, véritable université d'entreprise, situé à Crotonville (État de New York). Enfin, Fred Borch (1964-1972) a propulsé GE sur les marchés des moteurs d'avions et de l'informatique et a impulsé la créativité dans son entreprise.

Lorsque Collins et Porras ont dressé un tableau comparatif des sept P-DG de GE, ils ont classé Jack Welch :

- en 5e position, en ce qui concerne sa performance sur le taux moyen annuel de retour sur investissement ;
- en 2e position, quant à ce même taux, mais cette fois pondéré avec la situation du marché à chaque période ;
- en 5e position, toujours pour ce même taux, proportionnellement aux performances de Westinghouse – qui est comparé à GE dans l'étude – pour chaque période.

À la lumière de ces classements, nous constatons que Welch n'a pas mieux réussi que ses prédécesseurs, mais parfois moins bien qu'eux. En revanche, tous les dirigeants de GE ont été meilleurs que leurs homologues de Westinghouse. Ce qui est donc surprenant chez GE, ce n'est pas Jack Welch, mais le fait que tous ses P-DG aient été étonnants.

LE MYTHE EN SPORT, EN POLITIQUE ET EN ÉCONOMIE

En effet, le mythe du héros – très populaire en Occident et dont les figures emblématiques sont Alexandre le Grand, Jules César ou encore Napoléon – continue d'inspirer les médias et influence même les théoriciens du management. Pourtant, les historiens ont démontré, à de multiples reprises, qu'en politique, en économie comme en sport, ce sont rarement les héros qui sont à la source des plus belles réussites, mais des systèmes d'organisation. Les Américains, passionnés de baseball, prétendent que la star incontestée dans ce domaine à la fin des années 1990 fut le batteur Mark McGwire. Or, si ce dernier a battu tous les records, il n'a cependant jamais fait gagner de championnat à son équipe. Pour les Européens, passionnés de football, le Français Éric Cantona fut l'idole incontestée des stades au début des années 1990. Cantona qui, rappelons-le, a néanmoins été écarté de l'équipe de France. En revanche, l'équipe de France, malgré les critiques acerbes de la presse visant son sélectionneur, qui n'était guère charismatique, a gagné le Mondial 1998 en écrasant, en finale, le Brésil et sa star, Ronaldo. Puis, après avoir remplacé le sélectionneur par son assistant – tout aussi peu charismatique – et une partie des joueurs, cette même équipe a remporté, deux ans plus tard, le championnat d'Europe 2000. Quel est le secret de réussite de l'équipe de France d'alors ? À l'évidence, c'est son système de jeu, le meilleur système défensif du monde à l'époque.

Il en va de même en politique. Alexandre le Grand a profité d'un système : une armée professionnelle créée par son père, Philippe. Auparavant, les cités grecques mobilisaient les armées uniquement le temps d'une guerre. Philippe estimait cependant que l'entraînement permanent des troupes était gage de réussite pour une armée. Mais, pour atteindre cet objectif, il lui fallait former des soldats de métier. C'est grâce à ce système militaire que Philippe conquit la Grèce, avant de le transmettre à son fils.

Jules César s'est lui aussi reposé sur un système : la construction d'infrastructures. Élèves attentifs d'Alexandre le Grand, tous les empereurs romains n'ont pas hésité cependant à le critiquer. Tel Auguste qui disait de lui : « *Alexandre n'a pas pu considérer que l'organisation d'un empire qu'il a conquis est une tâche plus importante que de le conquérir.* » Rome, qui disposait aussi d'un système militaire, possédait de surcroît celui de grands travaux, construisant des routes (assorties de panneaux de signalisation), des chaussées, des ponts, des aqueducs. Ces infrastructures ont permis aux Romains de consolider leurs conquêtes, car elles permettaient aux troupes comme aux marchandises de circuler à travers l'empire. Napoléon, à l'instar des Romains, a fait de même. Ce qui lui vaut d'ailleurs la sympathie d'un certain nombre de pays européens, qui estiment que ces infrastructures leur ont permis de devenir des États modernes.

Le mythe du héros a aussi ses revers : par exemple, lorsqu'un pays perd la guerre, la faute en incombe forcément à ses généraux. Certains historiens, spécialistes des guerres franco-prussiennes comme Michael Howard, font cependant un constat différent : « *L'incompétence du commandement général... explique beaucoup, mais les raisons principales de la défaite sont plus profondes... La débâcle des Français à Sedan en 1870, comme celle des Prussiens à Iéna, en 1806, n'étaient pas le résultat d'un simple mauvais commandement, mais d'un mauvais* système *militaire.* »[74]

Enfin, l'histoire économique des entreprises montre que, là aussi, les systèmes priment. Rappelons-nous les sept P-DG extraordinaires de General Electric. Comment l'entreprise a-t-elle réussi à s'attacher de telles compétences ? Grâce à un mécanisme interne de développement des managers, assorti d'un système efficace de succession pour les postes importants. Cette organisation a permis de « fabriquer » les sept P-DG de General Electric.

Concrètement, pas moins de quatre-vingt-seize candidats ont été préparés en interne pour succéder à Jones. C'est à l'issue d'une sélection rigoureuse, engagée sept ans avant son départ, que Welch a été désigné pour le remplacer. Ces mécanismes sont probablement les plus performants. Pour preuve : les quatre derniers candidats en lice pour le poste de Welch sont respectivement devenus P-DG de GTE, de RCA, de Rubbermaid et d'Apollo Computer. On compte aussi parmi les P-DG des entreprises américaines plus d'anciens de GE, que de toute autre entreprise. Et durant la période de Welch, General Electric a effectivement utilisé ces mécanismes pour choisir son successeur, Jeffrey Immelt.[75] Tour cela montre bien que Jack Welch, « *le plus grand maître du changement en entreprise de notre époque* », n'est pas un homme providentiel. Il est plus un mythe médiatique que le facteur déterminant de la réussite de General Electric.

Les dispositifs décrits ci-dessus ne représentent que deux des nombreux mécanismes de progrès fonctionnant chez General Electric, ainsi que dans les dix-sept autres entreprises identifiées par Collins et Porras comme les plus performantes[76]. Mais il ne s'agit pas de n'importe lesquels : ce sont des mécanismes de progrès. Voici ce que nous a affirmé José María Soria Espino, directeur général de Philips Lighting Division chez Philips Ibérica : « *Le concurrent peut toujours vous voler la vedette ou votre meilleur manager, mais il ne pourra jamais vous enlever votre système d'amélioration des processus... Cette multitude de petites améliorations réalisées très rapidement par des gens motivés instaure la dynamique du changement, l'esprit, la culture qui assurent à l'entreprise un véritable avantage concurrentiel.* »[77]

Les mécanismes de progrès assurent la pérennité de l'entreprise et sa croissance à long terme. Ils possèdent, de surcroît, une autre caractéristique : ils sont reliés entre eux en *systèmes* afin de se soutenir mutuellement.

SYSTÈME : DES MÉCANISMES QUI SE RENFORCENT MUTUELLEMENT

Qu'est-ce qu'un système ? Un système est constitué de mécanismes que se renforcent mutuellement. Une entreprise qui privilégie les systèmes, privilégie la construction et le long terme, à la différence des entreprises qui favorisent des mécanismes isolés, souvent sous l'effet d'une mode, privilégiant les solutions miracles et le court terme.

Pour reprendre l'exemple de l'équipe de France de football, détaillons son système de défense à la fin des années 1990. Il est bâti sur un mécanisme de deux lignes défensives, renforcé par un système de récupération de la balle très en amont, lui-même renforcé par la forte reconnaissance des compétences défensives (les joueurs défensifs, en particulier le capitaine, ont le plus d'influence sur le sélectionneur), encore renforcé par la sélection de défenseurs dans les meilleurs clubs européens, enfin renforcé par la formation de jeunes dans toute la France.

Voici ce que disait Aimé Jacquet, l'entraîneur des Bleus, lorsqu'ils ont gagné la Coupe du Monde 1998, pour souligner l'importance de la formation dans les clubs de football professionnel : « *Les clubs commencent par s'appuyer sur le centre de formation... Dans un club, l'homme le plus important est le responsable de la formation. L'entraîneur de l'équipe première n'est qu'un technicien de passage.* »[78] Remarquons d'ailleurs l'humilité d'Aimé Jacquet, cette caractéristique capitale des dirigeants des entreprises les plus performantes qu'a révélée Collins dans son ouvrage précité.

On comprend dès lors pourquoi Aimé Jacquet a toujours refusé d'avoir un rôle charismatique et pourquoi, lorsqu'il a passé la main à son assistant – lui aussi refusant ce rôle – l'équipe de France a gagné en 2000. Au Mondial 2002 d'ailleurs, cette équipe qui réunissait les plus grands attaquants vedettes de l'Europe (les meilleurs buteurs des championnats anglais, italien et français) s'est fait éliminer dès le premier tour sans marquer le moindre but. Malgré cet échec de l'équipe de France, Aimé Jacquet continue à faire confiance au système du football français : « *Compte tenu de notre organisation, du travail fourni depuis des années, nous sommes en mesure d'assumer ce revers. Le vivier se renouvelle automatiquement et les générations vont continuer à se succéder très naturellement... C'est vrai, l'équipe de France est la vitrine... mais les fondations sont bien solides et... notre système est pérennisé.* »[79] Cette confiance n'a pas été démentie par l'équipe du Mondial 2006, laquelle, sous la houlette d'un autre sélectionneur anti-charismatique, est devenue vice-championne du monde.

Jacquet n'est pas le seul à le penser, comme en témoigne Franz Beckenbauer, ancienne star et entraîneur de l'équipe d'Allemagne dans les années où elle fut l'une des meilleures au monde : « *La France est un modèle. Avec les sections sport-études et les centres de formation. Nous essayons de la copier... mais il nous faudra dix ans pour rattraper notre retard.* »[80]

Ce qui est vrai en football l'est aussi en management. Chez Ford par exemple, le système de qualité est basé sur un mécanisme statistique de contrôle de qualité, renforcé par un mécanisme de management participatif, renforcé par un mécanisme de promotion et de reconnaissance fondée en partie sur la compétence en management participatif.

Aujourd'hui, les entreprises leaders ont toutes développé des systèmes de gestion des coûts ou de management de qualité.

Toutefois, ce ne sont pas ces outils, même s'ils sont indispensables, qui caractérisent les grands leaders, comme les entreprises étudiées par Collins et Porras. Ce sont des systèmes de progrès. Toutes les entreprises leaders les ont utilisés, mais pas leurs concurrents.

Voyons dès lors quels sont ces systèmes de progrès.

LES SYSTÈMES DE PROGRÈS

Les deux systèmes de progrès que l'on retrouve invariablement dans les entreprises les plus performantes sont le système d'investissement en salariés et le système d'innovation.

S'agissant du système d'investissement en salariés, nous avons déjà évoqué quelques mécanismes, comme le développement des managers et celui de la succession.[81] C'est ce principe qui permet de perpétuer les valeurs fondamentales de ces entreprises chez les salariés recrutés ou chez ceux des entités nouvellement acquises. Toutefois, à lui seul, ce dispositif, même au travers d'acquisitions, n'assure ni le progrès, ni la vraie croissance (à distinguer de la croissance « sur papier »). Ainsi, Rupert Gasser, P-DG de Nestlé, affirmait lors d'un colloque à Zermatt que « *les deux tiers de la croissance* [de Nestlé] *viendront de l'innovation, alors que, dans le passé, ils provenaient d'acquisitions.* »[82]

Voilà qui nous conduit à évoquer le second système de progrès utilisé par les entreprises, et le plus performant : le système d'innovation.

Le système d'innovation

En préambule, précisons que, comme dans le cas du système d'investissement en salariés, il ne s'agit pas d'un mécanisme isolé d'innovation technologique que l'entreprise va utiliser parce que c'est à la mode et qu'elle pense avoir trouvé une recette miracle. Il s'agit au contraire d'un système complexe (ce qui ne veut pas dire nécessairement lourd) qui se construit et s'améliore en permanence. Nous tenons à le souligner, car la perception de l'innovation en tant que mécanisme isolé est fortement répandue.

Dauphinais et Price, dans leur ouvrage précité, le confirment en rappelant que la plupart des P-DG entretiennent « *le rêve quasi freudien de faire un jackpot grâce à l'invention technologique* ». Sony ou 3M doivent toutefois leur réussite pendant des décennies à un système d'innovation complexe, élaboré pendant des dizaines d'années et qui a abouti à la succession ininterrompue d'innovations. On est donc loin d'un mécanisme isolé d'innovation technologique connue aujourd'hui sous le nom de « *closed innovation* » car assurée par l'élite de la R & D uniquement. Sony, par exemple, ne se repose pas sur ce type d'élite. N'importe qui au sein du groupe, qu'il soit manager ou ingénieur dans un tout autre domaine, peut intégrer, s'il le souhaite, une équipe de développement de produit où il sera formé sur le tas. C'est une pratique courante et naturelle, car une partie de l'équipe de développement va régulièrement suivre le projet, dès qu'il entre dans sa phase de production. Par conséquent, les équipes de développement pallient leurs lacunes en recrutant de nouveaux venus issus d'autres divisions du groupe. 3M possède aussi un système complexe d'innovation. Pour qu'une idée d'innovation soit acceptée, elle doit d'abord obtenir le soutien d'un des membres du *board* ; puis l'entreprise lance une *venture team* multidisciplinaire composée de chercheurs, d'ingénieurs, de comptables et de spécialistes du marketing afin de promouvoir et de développer l'idée[83].

Il n'est donc pas surprenant que les entreprises qui ne consacrent ni le temps ni les efforts nécessaires pour construire de véritables systèmes, soient souvent déçues par leurs performances en matière d'innovation technologique (le jackpot est statistiquement très rare).

Pour conclure, notons qu'il est extrêmement difficile de construire des systèmes d'innovation équivalents à ceux de 3M ou de Sony. Pour preuve, nombreuses sont les entreprises qui ont tenté de les imiter et qui ont échoué. Par exemple DuPont, le concurrent de 3M sur certains produits, l'inventeur du Nylon et du Lycra et dont le P-DG, Charles Holliday, affirme « *nous sommes une* science company », n'a produit aucune innovation de rupture depuis 1986.[84] Et ceci, malgré son légendaire et centenaire centre de R & D, l'*Experimental Station,* dans l'État du Delaware qui emploie 2 000 chercheurs et ingénieurs avec un budget annuel de 1,6 milliard de dollars. Mais cela signifie-t-il pour autant qu'il n'existe pas d'autres formes de systèmes d'innovation ?

Dans la quatrième partie de l'ouvrage, nous présenterons un système qui vise spécifiquement le flux continu des innovations de rupture. Cet outil est radicalement nouveau, car il remet en question l'idée largement répandue selon laquelle la seule option qui s'offre à l'entreprise pour obtenir un flux continu d'innovations passe par un investissement important dans son propre service de R & D. Nous verrons que ce système, en dépit de sa nouveauté, n'est pas éloigné de certaines pratiques en cours dans certaines entreprises.

En effet, parallèlement au système d'innovation spécifiquement orienté vers les innovations de rupture, il en existe un autre, complémentaire et plus fondamental. Avec Collins et Porras, qui ont identifié les systèmes d'innovation, nous considérons que ce ne sont pas les formes spécifiques des systèmes qui comptent, et qui d'ailleurs varient largement d'une entreprise à l'autre, mais leur finalité. Dans l'épilogue de leur ouvrage, ces auteurs résument ainsi les finalités des deux dispositifs qui doivent co-exister en entreprise :

- un système pour stimuler l'auto-amélioration continue ;
- un système pour stimuler la créativité et l'innovation.

Collins et Porras encouragent donc les managers à ne jamais figer leurs systèmes : « *Utilisez les mécanismes qui ont fait leurs preuves et créez-en des nouveaux. Faites les deux.* » Par exemple, depuis les années 1980, Sony semble moins privilégier les innovations technologiques radicales que les améliorations incrémentales de produits, qui correspondent aux attentes des consommateurs.[85] De son côté, à la même époque, General Electric a transformé ses séminaires de management dans son université d'entreprise en une « fabrique à idées » destinée à l'échange des idées et des meilleures pratiques[86]. Le succès de ces séminaires a amené General Electric dans les années 1990 à déployer toute une série de mécanismes de progrès : *Work-Out* ! en 1990, *Boundarylessness* en 1991, *« Action »(Kaizen) Work-out* ! en 1992, *CAP (Change Acceleration Program)* en 1994 et enfin *Six Sigma* en 1996. Selon Jan Willem de Cler, à l'époque manager chez General

Electric aux Pays-Bas et dans d'autres pays, l'entreprise utilisait ses mécanismes à la fois pour stimuler l'auto-amélioration continue, la créativité et l'innovation.[87] La même chose s'observe chez Claber, numéro 1 en Italie et numéro 3 en Europe de la fabrication de systèmes d'irrigation et d'arrosage. L'entreprise a déployé une série de mécanismes de progrès comme la qualité totale, *lean manufacturing* et la formation systématique de ses fournisseurs et de ses distributeurs. Un peu comme chez GE, Claber a construit la *Fiume Water Academy* qui n'est pas seulement un centre de formation mais une vraie fabrique d'idées, car Claber teste beaucoup de ses innovations sur le terrain.

Dans le cadre de notre étude, nous avons observé comment plusieurs dizaines d'entreprises européennes ont construit un système de progrès à la fois d'un nouveau type et différent en plusieurs points de ceux examinés par Collins et Porras, mais qui permettent néanmoins d'atteindre les finalités qu'ils ont désignées : l'auto-amélioration continue et l'innovation. L'élaboration de cet outil nécessite des efforts, mais des entreprises très diverses – comme Toyota, EADS CASA, Opel, GKN, Pirelli, Dana (y compris Dana Commercial Credit), Delphi, STMicroelectronics ou Milliken – l'ont toutefois mis en place, pour certaines très rapidement : il s'agit du Système de Management des Idées (SMI), déjà évoqué dans la première partie de cet ouvrage.

CROISSANCE PAR LE SYSTÈME DE MANAGEMENT DES IDÉES

L'équipementier Dana, déjà mentionné, annonce dans son objectif 10 % de croissance annuelle dont 3,5 % doivent provenir des acquisitions. Mais le reste représente 6,5 % de croissance interne. 6,5 % de croissance interne ! Qu'est-ce qui autorise Dana à afficher son ambition avec tant d'assurance ? Son Système de Management des Idées, qui est l'un des meilleurs au monde.

Les idées sont l'affaire de tous

La thèse fondamentale sous-jacente au SMI est que les idées, tout comme les coûts ou la qualité, doivent être gérées. Cette thèse paraît radicale. Elle ne l'est pas tant que cela, si l'on se souvient comment les inspecteurs assuraient la qualité dans les années 1950. Quand W. Edwards Deming déclarait, déjà, qu'il souhaitait que la qualité soit assurée par chacun et estimait qu'un ouvrier pouvait, si nécessaire, arrêter une chaîne d'assemblage de voitures, n'était-ce pas radical ?

Or, aujourd'hui, n'est-ce pas la norme dans les entreprises performantes ? Chez Toyota Motor Manufacturing à Burnaston (R.-U.), les membres des équipes des chaînes d'assemblage tirent environ 330 fois par jour sur la corde pour signaler des problèmes de qualité. La plupart sont résolus le temps d'un cycle[88], pour ne pas arrêter la chaîne. Toutefois, plusieurs fois par jour, le problème n'est pas réglé à temps, et la production doit être stoppée. Ces actions, prises à l'initiative des salariés de première ligne, sont évidemment prévues (5 % de temps d'arrêt en moyenne sont tolérés sur les chaînes d'assemblage) et font partie d'un système, celui du management de la qualité.

Ainsi, comme pour la qualité, le changement de paradigme est en place dans nombre d'entreprises : les idées sont l'affaire de tous et l'entreprise doit mettre en place un système pour les gérer.

Les idées et l'environnement mouvant

Dans la première partie de cet ouvrage, nous avons constaté qu'il était impossible de tout anticiper et de tout planifier au niveau central. L'industriel d'armement pouvait difficilement imaginer que les militaires utiliseraient la tuyauterie des canons pour décapsuler des bouteilles de bière ; Degussa-Hüls ne pensait pas que son transporteur pourrait frauder. Au XIXe siècle déjà, Carl von Clausewitz, grand théoricien en stratégie militaire, assurait que « *les plans détaillés font habituellement faillite car les circonstances changent inévitablement* ». Ces circonstances changent encore plus rapidement aujourd'hui, l'environnement économique étant plus mouvant que les théâtres militaires du XIXe siècle. Rappelons-nous quel fut le stratagème du général Sherman qui a permis aux forces du Nord de gagner la guerre de Sécession aux États-Unis : manœuvrer, explorer plusieurs directions en profondeur et laisser aux officiers de terrain le soin de décider, selon les circonstances, du moment et du lieu propice pour attaquer et encercler l'ennemi.

Prenons un autre exemple, celui de la débâcle française, en mai 1940. L'historien Marc Bloch[89], qui y a participé et l'a analysée, explique que les deux adversaires – la France et l'Allemagne – disposaient de chars et d'armement de qualité comparable. Toutefois, si la stratégie militaire française, mise en place par le commandement général, a préparé les officiers de terrain à suivre les ordres et les plans détaillés, celui déployé par les généraux allemands, Guderian et Rommel, a encouragé les officiers à prendre des initiatives sur le terrain, en fonction des occasions qui se présentaient, ce qui leur a permis de traverser les défenses de l'ennemi. L'échec français n'incombe donc pas aux généraux français qui commandaient l'action, mais au système militaire ainsi qu'à ceux qui l'ont construit.

La concurrence économique n'est certes ni une compétition sportive ni une guerre. D'ailleurs, nous ne sommes pas des spécialistes en la matière. Notre domaine concerne l'entreprise. Cependant, ces trois champs ont des aspects communs fort utiles pour comprendre le rôle du « système » : l'adversité, un environnement qui change et une organisation complexe (celle d'une équipe, d'une armée, d'une entreprise), tous inhérents aux systèmes. Les meilleurs d'entre eux peuvent faire émerger et réaliser très rapidement des idées provenant de gens de terrain, de même qu'ils peuvent les explorer en profondeur et dans plusieurs directions. Les mauvais systèmes, en revanche, s'apparentent à ces plans détaillés et rigides, qui reposent sur les ordres décrétés d'en haut et entretiennent le mythe du dirigeant héros ou le respect sans faille envers tout ce qui représente l'autorité formelle.

Ainsi, comme le constatent Collins et Porras, la majorité des entreprises, confrontées à un environnement économique mouvant, n'exploitaient que très rarement les évolutions et subissaient les changements. Toutefois, celles qui étaient performantes considéraient ces évolutions comme une chance qu'il fallait saisir et sur laquelle il était nécessaire de rebondir. Pour cela, nous l'avons déjà constaté, elles utilisaient des systèmes d'innovation, conçus pour la plupart dans les années 1980 et composés d'un nombre variable de mécanismes selon que l'on considère le système de Sony, de 3M, de Motorola ou de Hewlett-Packard. À partir de nos travaux sur les entreprises européennes leaders en matière de créativité et d'innovation ainsi que sur leur marché, nous avons constaté qu'elles privilégient aujourd'hui un groupe de mécanismes réunis dans un système spécifique, le Système de Management des Idées.

Dans la lignée de ce qu'affirmait Schumpeter, ces entreprises utilisent leur SMI pour créer en permanence de nouveaux procédés, produits et services, et donc pour mobiliser la formidable force des idées de tous leurs salariés pour le progrès et la croissance.

ACQUÉRIR LA COMPRÉHENSION PROFONDE PAR LE *BENCHMARKING* PROFOND

Lorsque l'entreprise a acquis la vision de la croissance par le management des idées de l'ensemble des salariés, il lui restera à répondre à une question fondamentale : comment concevoir le Système de Management des Idées ?

Si les dirigeants d'entreprise, en s'appuyant sur leur formation et sur leur expérience, maîtrisent la gestion des coûts ou de la qualité, en revanche, la majorité d'entre eux ne possèdent ni la formation ni l'expérience en matière de management des idées. Ainsi, la première phase de la conception d'un SMI consiste à faire en sorte qu'ils possèdent une compréhension profonde dans ce domaine. La façon la plus efficace d'y parvenir est le *deep benchmarking*, ou *benchmarking* profond.

Le but du *benchmarking* profond consiste à faire comprendre à la direction les principes sous-jacents aux meilleures pratiques de management des idées et le rôle des dirigeants dans celui-ci.

Avant toute chose, précisons que le *benchmarking* profond se distingue d'un simple *business process benchmarking* – démarche structurée permettant d'examiner ce qui se fait de mieux à l'extérieur pour identifier, analyser et adopter ces pratiques[90]. L'exemple d'Opel Eisenach illustre bien les différences qui existent entre ces deux démarches.

Lorsqu'en 1990 Opel décide de construire une usine à Eisenach, en ex-RDA, il choisit délibérément d'utiliser les meilleures pratiques en cours dans l'industrie d'automobile. À l'époque, l'entreprise de référence était Toyota. General Motors, société-mère d'Opel, avait déjà adopté les pratiques du constructeur nippon, *via* une filiale commune, Nummi, fondée au début des années 1980 par Toyota, en Californie, mais détenue par le groupe américain. Quelques années plus tard, GM étendra ces systèmes à sa nouvelle usine, Cami, au Canada. C'est d'ailleurs dans cette unité que les managers d'Opel Eisenach seront envoyés. Les cadres du constructeur se familiariseront ainsi avec diverses pratiques utilisées par Cami, dont un Système de Management des Idées.

Au début de l'année 1992, la direction d'Opel propose à Thomas Seidenstricker, jeune ingénieur ouvert et enthousiaste, de concevoir et de gérer ce système, et, avec son accord, l'envoie se former au Canada. Chez Cami, le dispositif est très performant : il permet de susciter environ soixante idées par personne par an ; il repose à la fois sur la confiance et sur l'autonomie de chaque employé.

De retour à Eisenach, Thomas Seidenstricker est chargé de présenter à la direction sa conception du nouveau SMI. Ce qu'il a pu observer chez Cami l'a convaincu d'être ambitieux. Selon lui, il faut viser un maximum d'idées par salarié par an (plus d'une trentaine.) Il n'est pas certain toutefois que ces systèmes, qui reposent sur la confiance de chacun et sur le droit pour chacun de réaliser ses idées, soient adaptés à l'ensemble du personnel, qui est constitué d'anciens salariés, comme lui, d'une usine de Wartburg – naguère, le plus grand constructeur automobile est-allemand. Par conséquent, il conçoit un dispositif fort différent de celui de Cami, fondé sur un service centralisé de traitement et de réalisation des idées, un peu comme ces boîtes à idées qu'il a connues auparavant. Mais lorsque Thomas Seidenstricker présente son projet à la direction, le président d'Opel Eisenach, Jürgen Gebhardt, à sa grande surprise, le rejette en bloc. Gebhardt affirme qu'il veut un système produisant à la fois beaucoup d'idées et reposant sur la confiance absolue en chaque salarié pour réaliser ses idées. De surcroît, il veut limiter les coûts de gestion du SMI. Thomas Seidenstricker, après avoir revu sa copie, lance, en juin 1992, un SMI totalement décentralisé, dont l'objectif est d'atteindre trente-six idées par employé par an, et dont la coordination nécessite une seule personne[91].

La différence d'appréciation existant entre Thomas Seidenstricker et Jürgen Gebhardt sur le management des idées montre ce que l'on peut obtenir avec un simple *benchmarking* et ce qui découle d'un *deep benchmarking*. Thomas Seidenstricker a analysé ce qu'il avait vu chez Cami, afin d'assimiler l'une des meilleures pratiques en matière de management d'idées. Et comme le requiert le *benchmarking,* il a aussi essayé d'*adapter* ce qu'il a observé à la spécificité de son entreprise. Ce faisant, il a dénaturé les principes fondamentaux et sous-jacents au management des idées. À ce stade, il n'avait pas encore compris le rôle capital que jouent les salariés de première ligne dans la créativité, ni leurs motivations à être créatifs. Ce qui n'était pas le cas de Jürgen Gebhardt. Celui-ci, à partir de l'analyse et de l'observation des meilleures pratiques de management dans l'industrie automobile, a fait sien un principe capital qu'il respecte religieusement : « *La confiance totale dans les salariés.* » C'est son adhésion profonde à ce principe qui lui a fait immédiatement rejeter le projet de SMI de son collaborateur[92].

S'il ne connaissait pas précisément le SMI dans le détail, Jürgen Gebhardt savait pertinemment que toute démarche de ce type, dans son entreprise, ne devait pas aboutir à violer cette confiance totale dans les salariés. Or, le premier projet proposé par Thomas Seidenstricker était une preuve flagrante de méfiance à l'égard du personnel avec tous les contrôles et vérifications, par l'autorité centrale, que le projet impliquait. Il n'avait d'autre choix que d'empêcher immédiatement la réalisation d'un dessein voué à l'échec.

Faisons une fois encore une analogie avec le domaine militaire. Dans *L'invention de la stratégie militaire de pénétration sur plusieurs directions*, nous avons montré quelle fut l'influence du système militaire d'exploration en profondeur inventé par Sherman (et promulgué par Basil Liddell Hart) sur l'état-major britannique et qui, à la suite de cela, a conçu en 1927 la première force motorisée. Or, ce nouveau système militaire, les généraux allemands l'ont adopté dès les années 1930, avant de l'étendre aux *Panzers divisions.* Ces militaires avaient parfaitement assimilé cette nouvelle approche qui repose aussi sur la confiance absolue en leurs officiers de terrain. Selon l'historienne Nicole Jordan[93], lorsque le commandement général français conçut la ligne Maginot – censée empêcher les troupes adverses de franchir la frontière franco-allemande – ainsi que les plans d'interception de l'avancée de l'ennemi en livrant bataille en Belgique, celui-ci était incapable d'envisager une guerre rapide de manœuvre. Il était incapable également de comprendre la stratégie de son adversaire, et cette profonde incompréhension l'empêchait même d'interpréter correctement les renseignements militaires dont il disposait au printemps 1940, en ce qui concerne les préparatifs allemands.

Ainsi, des historiens de cette période expliquent que la cause principale de la débâcle de l'armée française, en 1940, n'est ni la qualité de son matériel, souvent supérieur à celui des Allemands, ni son nombre d'unités, mais son ignorance concernant le nouveau mode d'opérations militaires adopté par ces derniers. Cette ignorance empêcha l'armée française de concevoir un système similaire pour ses propres besoins.

Si nous avons fait appel à l'histoire militaire, ce n'est pas en tant qu'historiens, mais bien pour en tirer les leçons nécessaires et montrer que ce ne sont pas toujours des régimes ou des organisations aux buts démocratiques qui s'emparent les premiers des moyens les plus puissants. En revanche, il est utile de comprendre pourquoi, par exemple, les militaires français ne sont pas parvenus à adopter un système déjà connu des Britanniques, alors que les Allemands y sont arrivés.

Nous ne possédons pas d'éléments permettant de savoir comment les Allemands se sont appropriés ce nouveau système. Les renseignements obtenus sur la Force motorisée de l'armée britannique leur ont peut-être servi d'impulsion ; à moins que ce ne soit les traductions en allemand des ouvrages de Liddell Hart, dans les années 1920, qui aient attiré l'attention de généraux comme Guderian, bien avant d'ailleurs l'accession au pouvoir des nazis. Il n'est pas exclu non plus que la *chance* et la persévérance d'un général en particulier aient permis à telle ou telle autre armée d'appréhender dans le moindre détail cette stratégie originale.

Or, voilà exactement ce que les entreprises cherchent à éviter : reléguer la compréhension profonde du management des idées et le succès d'un futur SMI à la simple *chance*.

> Seule une démarche de *benchmarking* profond peut permettre à une direction de comprendre les principes sous-jacents aux meilleures pratiques de management des idées et le rôle qu'elle a à jouer. En ceci, cette démarche constitue la garantie à la fois de la justesse de la conception initiale du SMI et de ses modifications postérieures.

LES PRINCIPES DU *BENCHMARKING* PROFOND

Qu'implique la démarche de *benchmarking* profond ? Voici celle que nous conseillons :

- un séminaire introductif sur la vision du management des idées dans l'entreprise ;
- une lecture guidée de plusieurs textes pertinents qui traitent du « pourquoi » du management des idées ;
- quelques observations guidées de SMI d'entreprises, dont un mauvais et un autre excellent.

Ces éléments forment un tout indissociable. L'objectif, encore une fois, consiste à faire comprendre à la direction les principes du management des idées et son rôle dans celui-ci, de sorte qu'elle soit en mesure de piloter la mise en place d'un SMI dans son entreprise et de refuser systématiquement une mauvaise démarche — car violant les principes fondamentaux. Il peut s'agir, par exemple, de boîtes à idées, de concours d'idées, de système centralisé du type de celui qui a été proposé à l'origine par Thomas Seidenstricker, d'un système géré par un réseau de coordinateurs qui contourne les managers, voire d'autres mauvais dispositifs, qui perdurent dans de nombreuses entreprises en Europe et ailleurs.

À notre connaissance, la méthodologie de *benchmarking* profond est encore nouvelle pour les entreprises. Toutefois, ces fondements sont proches de la méthodologie éducative[94] que certains groupes, à l'instar de leaders japonais avec le management des idées, utilisent pour en faire comprendre les principes sous-jacents aux dirigeants de leurs nouvelles entités. Jürgen Gebhardt, président d'Opel Eisenach, a bénéficié d'une telle « éducation », de même que Didier Leroy. Ce dernier a qualifié cet enseignement de « théorico-pratique », c'est-à-dire de démarche éducative associant la réflexion à l'action.

En 1998, Didier Leroy, ancien sous-directeur d'usine chez Renault, est le premier à être recruté dans la future entité de Toyota Motor Manufacturing France. Dès lors, alors que la première pierre de l'usine française n'est pas encore posée, il s'apprête déjà, avec le président venu du Japon, à construire l'usine du groupe la plus sophistiquée du monde. Comme le constructeur organise systématiquement un *benchmarking* approfondi dans ses meilleures unités pour les nouveaux dirigeants de ses différents systèmes (production, qualité, idées, etc.), Didier Leroy séjourne au Japon, pendant deux semaines, afin d'être formé aux principes de la toute dernière démarche d'idées spontanées que Toyota cherche à développer chez tous ses salariés (idées de mode opératoire, ou *motion kaizen*). Pour l'entreprise, ces idées sont en effet la clé de la réussite de la nouvelle entité, celle qui leur procurera un avantage par rapport à ses concurrents. Comme l'a expliqué Didier Leroy, les constructeurs automobiles européens connaissent tous la démarche des idées spontanées *kaizen*, mais tous méconnaissent la signification des idées du mode opératoire. En 1998, Didier Leroy l'ignore aussi. Dans le témoignage qui suit, Didier Leroy raconte son immersion dans la philosophie et la pratique de ce dispositif.

Ce récit est long, mais nous avons voulu le restituer dans son intégralité car Didier Leroy a, lors de notre entretien, accordé à cette expérience éducative une importance considérable, et nous savons pourquoi. D'une manière générale, Toyota fait de cette démarche de *benchmarking* une priorité. Tous les dirigeants du groupe et un certain nombre de salariés y sont soumis, et cette expérience est la première chose dont ils vous parlent, vous assurant que, sans elle, ils n'auraient jamais été aussi bons. De façon plus pragmatique, le fait d'observer et, plus important encore, de ressentir personnellement un phénomène dans le détail est essentiel. Ce n'est qu'après que les explications de l'éducateur peuvent provoquer une « révélation », contribuer à la compréhension profonde des principes sous-jacents au phénomène.

« Comment j'ai acquis la compréhension profonde de *motion kaizen* » [1]

« Nous avons débuté un lundi matin. Chez l'un de ses fournisseurs, on nous a demandé de démarrer le chantier kaizen. *Grâce à mon expérience, nous avions imaginé, dès la fin de la journée, un nouveau plan d'implantation : les machines étaient rapprochées, et nous avions supprimé le stock intermédiaire. Dès le lendemain, mes collègues, éducateurs japonais me disent :* "Que pourrions-nous améliorer maintenant ? Il est possible de travailler davantage sur les gestes, la précision, etc."

Je me souviens très bien avoir observé l'opérateur durant une heure. Puis, l'éducateur est venu me voir et m'a dit : "Bon, qu'est-ce que tu as trouvé ?" "Quelques petits détails", *ai-je répondu.* "C'est bien, continue", *m'a-t-il demandé. L'opération était très simple. J'allais d'un côté à l'autre de la machine, l'éducateur à mes côtés, pour être sûr de bien comprendre.*

J'ai poursuivi l'observation durant une ou deux heures de plus. Mais lorsque vous avez regardé le même opérateur faire la même opération pendant plusieurs heures, vous parvenez à apporter quelques petites idées d'amélioration. En revanche, mon collègue japonais répétait sans cesse : "C'est bien, continue, regarde."

J'avais donc l'impression d'avoir fait le tour du problème. Puis, mon éducateur m'a conduit dans une petite salle et m'a demandé : " On fait la synthèse de ce que tu as vu comme amélioration." *Je lui ai présenté mes quelques améliorations. Il m'a répondu :* "C'est bien, mais ça doit représenter 10 % de ce qu'on peut améliorer sur le poste, pas plus." *À la fin de la journée, il m'a proposé de nous rendre à nouveau le lendemain matin, devant le même poste, pour que je l'observe encore quelques heures.*

Dès lors, je me suis dit : "Ce n'est pas possible, j'ai passé quatre heures à regarder le poste, je pensais avoir vu tout et voilà qu'il me dit que je n'ai vu que 10 %." *Le lendemain matin, il m'a de nouveau laissé deux ou trois heures devant le poste, en observation. Je me suis dit :* "Cette fois c'est enfin fini." *Mais il m'a encore laissé deux heures. Le surlendemain matin, j'ai repris mon observation du même opérateur. À chaque fois que celui-ci prenait sa pause, je prenais son poste de travail et j'essayais de faire un certain nombre de choses moi-même. Cette attitude a surpris mon éducateur, qui pensait que les Français n'étaient pas très pratiques. Cela lui faisait plaisir. Il m'a encouragé à continuer à le faire.*

Je crois que j'ai compris ce qu'il attendait de moi, lorsqu'il m'a expliqué ce que lui pensait pouvoir potentiellement améliorer sur ce poste.

J'ai effectivement été extrêmement surpris par la multitude d'idées complémentaires qu'il énonçait. L'énorme différence concernait la synchronisation des éléments de base.

Ses idées étaient fort simples, mais elles transformaient chacun des gestes de l'opérateur en une espèce de ballet d'une remarquable fluidité. De surcroît, elles ne représentaient pas de contraintes supplémentaires pour l'opérateur. Cet aspect révèle d'ailleurs l'un des principes essentiels de la motion kaizen. *Quel est l'impact final et que pense l'opérateur lorsqu'il doit faire face à ce type de circonstances ? J'ai senti ce que l'opérateur ressent, et cela m'a ouvert les yeux, ce mercredi après-midi, quand mon éducateur japonais m'a donné cette étonnante leçon :* "Maintenant, tu recommences", *m'a-t-il dit en précisant* : "Je te propose de faire la même chose sur le poste connexion."

Je me suis dit : "Je ne vois vraiment plus ce que je peux apporter par rapport à tout ça." *Puis d'un seul coup, tout devint limpide :* "Je n'ai pas vu ça, je n'ai pas vu ça, je n'ai pas vu ça et ça." *Et ce fut le déclic.*

Lorsqu'on n'a aucune expérience professionnelle ou industrielle, qu'on découvre un métier, trois, quatre, cinq déclics de ce type sont sans doute nécessaires. Mais lorsqu'on dispose déjà de tout cela, je peux vous assurer qu'il vient très rapidement. Quand mon éducateur japonais m'a dit : "Maintenant tu réattaques sur le poste suivant", *j'ai trouvé des dizaines d'idées d'amélioration, tant et tant que je n'ai pas eu assez de ma journée.*

Je voyais les choses exactement comment si je venais d'entrer dans une nouvelle dimension. Une telle expérience vous transforme totalement et vous ne pouvez plus voir les choses comme avant. »

1. Extraits de l'entretien avec Didier Leroy, 22 novembre 2000.

De la même façon que la démarche éducative a fait comprendre à Didier Leroy et à d'autres managers la *motion kaizen*, le *benchmarking* profond fait comprendre à une direction le management des idées. Ce dernier ne peut pas non plus faire abstraction d'une étape d'observation concrète : les observations guidées de SMI en entreprise. Mais, rappelons-le, il ne s'agit en aucun cas d'un simple *benchmarking* des meilleures pratiques. Ce dernier, même s'il est utilisé de façon optimum, ne vise pas et ne permet pas d'acquérir la compréhension profonde de principes sous-jacents au management des idées (voir l'encadré ci-après).

La démarche traditionnelle de *benchmarking*[1]

La démarche structurée qui consiste à examiner ce qui se fait à l'extérieur afin d'identifier, d'analyser et d'adopter les meilleures pratiques est qualifiée, par le monde de l'entreprise, de *benchmarking*. L'objectif étant de déceler les meilleures pratiques pour un business process que l'entreprise a besoin de concevoir, d'améliorer ou de reconfigurer.

Pour être efficace, une étude *benchmarking* doit débuter par quatre étapes :

- déterminer la cible de l'étude (par exemple, un SMI à coût minimal, produisant plus de vingt-cinq idées par personne et suscitant 90 % de taux de réalisation et de participation) ;
- identifier le destinataire des résultats de l'étude (directeur, comité de direction, etc.) ;
- déterminer les besoins du destinataire (par exemple décrire le meilleur SMI à coût minimal, produisant plus de vingt-cinq idées par personne et suscitant 90 % de taux de réalisation et de participation) ;
- développer les spécificités d'une étude pour satisfaire les besoins du destinataire ; les communiquer à ce destinataire (exemple de spécificités : examiner le SMI actuel de l'entreprise, puis faire l'étude des systèmes d'un échantillon d'autres entreprises).

Il est impératif de suivre pas à pas ces étapes pour s'assurer que l'étude *benchmarking* suscitera un soutien constant, que l'entreprise a besoin de ses résultats et que ceux-ci seront appliqués. Les étapes de l'activité *benchmarking* proprement dite sont les suivantes :

- décider de l'objet de l'étude (par exemple, exclusivement le SMI, ou également les activités de R & D, en matière d'innovation, ou les méthodes de résolution de problèmes en groupe, etc.) ;
- identifier des entreprises participant à cette étude (par exemple trouver les entreprises ayant les meilleurs SMI grâce aux associations professionnelles, à la presse économique, aux médias traditionnels et à Internet, aux bases de données en ligne, aux rapports gouvernementaux, à ceux qui compilent données financières et boursières et, tout simplement, au bouche-à-oreille) ;

- planifier et mener l'étude (par exemple, déterminer les données à recueillir, les personnes à interviewer, les sites à visiter ; puis, observer sur le terrain les SMI et se documenter sur les meilleures pratiques que l'on aura pris soin de recenser en utilisant des enregistrements audio et vidéo quand c'est possible) ;
- mesurer les écarts de performance (rassembler les meilleures pratiques dans un SMI qui sera idéal pour votre entreprise ; puis identifier les écarts de performance entre votre système actuel, s'il en existe un, et le système idéal) ;
- faire des projections des futurs niveaux de performance (proposer, de façon innovante, de mettre en place les recommandations de l'étude, de sorte que le nouveau SMI ne soit pas une simple copie des meilleures pratiques, mais qu'il les assimile de manière créative afin de devenir le meilleur des systèmes) ;
- communiquer les conclusions de l'étude et obtenir l'approbation du destinataire de l'étude.

On peut raisonnablement penser qu'une personne au moins – le manager du système – doit travailler sur l'étude. De fait, la visite et l'analyse des meilleurs SMI constituent une méthode idéale pour s'entraîner et se préparer à administrer un SMI aux performances exemplaires.

1. Pour plus de détails sur le *benchmarking*, le lecteur peut consulter les ouvrages de Robert C. Camp (*Business process benchmarking : Finding and implementing best practices*, Milwaukee, Wisconsin, ASQ Quality Press, 1995) et de Michael J. Spendolini (*The benchmarking book*, New York, Amacom, 1992).

Bien que le *benchmarking* traditionnel ne vise pas et ne permette pas de comprendre les principes sous-jacents au management des idées, il ne s'agit pas d'en déconseiller l'emploi aux entreprises. En effet, le *benchmarking* traditionnel est un mécanisme de progrès en lui-même[95]. De plus, s'il est utilisé de façon intelligente, il peut constituer, selon les mots d'Alexander Janssen du Juran Institute aux Pays-Bas[96], « *un levier puissant pour secouer la direction, en fournissant des faits qui l'auront convaincue d'entreprendre un programme d'amélioration soutenu par des ressources appropriées* ».

Toutefois, en observant les pratiques de plusieurs dizaines d'entreprises européennes, nous avons constaté qu'elles sont peu nombreuses à utiliser le *benchmarking* traditionnel à bon escient, comme le montre le texte qui suit.

La sous-utilisation du benchmarking en Europe

Les SMI de beaucoup d'entreprises que nous avons étudiées ne présentaient pas des performances exemplaires, et elles n'en avaient pas conscience. La première raison pour laquelle elles n'ont pas conçu un très bon SMI est qu'elles tiraient leurs références en la matière non pas des SMI de Toyota ou de Milliken, par exemple, mais d'entreprises aux SMI très médiocres. Voici quelques détails de cette sous-utilisation du *benchmarking* :

- dans la majorité de ces entreprises, les managers (généralement issus du même réseau d'entreprises) ne se rendaient pas sur place pour étudier les différents SMI. Au lieu de cela, ils se rencontraient une ou deux fois par an pour partager leurs tâtonnants « retours d'expérience », à l'occasion de courtes présentations ;
- les entreprises visitées se situaient toutes dans le pays d'origine de l'entreprise qui effectuait le *benchmarking*. Malgré tous les problèmes linguistiques et culturels que cela suppose, nous n'insisterons jamais assez sur la nécessité de rechercher des entreprises aux *best practices,* où qu'elles soient ;
- ces entreprises jugeaient que les comparaisons menées hors de leur propre secteur ou de leur propre type d'activité se révélaient souvent inutiles. Les arguments récurrents sont les suivants : les activités de service et de production sont différentes, le travail qualifié n'a rien de commun avec le travail non qualifié, etc. ;
- les managers des SMI ne connaissaient pas toujours les mesures et les niveaux de performance d'un bon système de management des idées : certaines entreprises industrielles étudiées se méfiaient des niveaux de performance des meilleurs SMI japonais ; le manager d'une banque européenne ignorait même s'il était bon ou mauvais d'avoir beaucoup d'idées, et une autre banque a supprimé son système car il recueillait *trop* d'idées

(trop car le système n'avait prévu aucun processus efficace de réalisation des idées !)

- les études *benchmarking* étaient conduites pour des raisons et des destinataires imprécis, et impliquaient les mauvaises personnes. Souvent, les managers des SMI ne connaissaient pas le véritable destinataire des conclusions de l'étude et ce qu'il attendait de cette étude. Le véritable destinataire d'une étude *benchmarking* est la personne qui a besoin du SMI en tant que facteur stratégique de réussite pour l'entreprise, conformément aux objectifs qu'elle s'est fixée, et qui le considère comme tel.

Toutefois, même si le *benchmarking* traditionnel est initié par un membre de la direction et conduit à sa pleine mesure, cette démarche comporte une lacune fondamentale : elle *n'exige* pas la participation de membres de la direction. Or, pour « être secouée », la direction doit observer elle-même de bons SMI.

Pour mesurer la portée d'une telle expérience, on cite souvent la réaction du président de Toyota, qui, après avoir visité l'usine de Ford à Detroit, en 1951, est rentré totalement transformé. Il avait observé *de visu* le fonctionnement de l'un des meilleurs systèmes de production de l'industrie automobile de l'époque et compris jusqu'où ce système pouvait conduire l'entreprise. De la même façon, des entreprises comme Pirelli Allemagne ou WeberHaus ont construit de très bons SMI après que leur P-DG les ait découverts, à l'occasion d'une visite d'étude. Précisons que toutes ces visites sont guidées, comme c'est presque toujours le cas des visites organisées pour des dirigeants. Par conséquent, celles-ci s'apparentent beaucoup au *benchmarking* profond que nous proposons[97].

Il n'est pas aisé de décrire les effets du *benchmarking* profond, tant l'expérience *de visu* est fondamentale. Nous allons néanmoins tenter de restituer les différentes étapes des *benchmarking* profonds que nous avons effectués dans les meilleurs SMI en Europe, comme ceux d'Opel Eisenach et de GKN Mosel (Allemagne), de Milliken Fabrics et STMicroelectronics (France), de Dana Bruges (Belgique) et Dana Pampelune (Espagne), de Toyota Motor Manufacturing (R.U.) et de quelques autres.

LE *BENCHMARKING* PROFOND DES MEILLEURS SMI EN EUROPE

Voici les étapes d'une visite type de *benchmarking* profond :

- rencontrer le directeur qui pilote le SMI (P-DG, directeur de l'usine, vice-président, DRH, etc.), afin de mesurer l'importance du SMI pour son entreprise et connaître l'historique et les raisons de son déploiement ;
- rencontrer le responsable du SMI (dont le titre peut être « *Idea Manager* », responsable du système de suggestion ou d'amélioration, responsable innovation, responsable qualité, responsable d'implication du personnel, etc.) pour comprendre le fonctionnement du SMI ;
- rencontrer plusieurs auteurs d'idées sur leur lieu de travail, de préférence des salariés de première ligne, pour observer et analyser leurs idées, leurs motivations et le fonctionnement concret du SMI ;
- rencontrer des managers intermédiaires pour évaluer leur rôle et leur implication dans le management des idées ;
- rencontrer de nouveau le responsable du SMI pour comprendre comment il envisage le futur de son système ;
- rencontrer le directeur de l'établissement pour apprécier la part qu'il accorde aux idées dans les résultats de son entreprise et comment il envisage le futur de son SMI.

Rencontrer le directeur qui pilote le SMI

Lorsque vous visitez une entreprise pour la première fois, si c'est le directeur qui vous accueille et si c'est lui qui pilote son SMI, voilà qui est déjà très bon signe. Cela signifie que la direction s'est impliquée d'emblée dans le management des idées. Dès l'origine, les bons systèmes peuvent démarrer pour différentes raisons :

- soit naître d'une volonté *corporate,* comme chez Milliken, Toyota, Dana ou Toshiba ;
- soit dépendre d'une démarche qualité d'excellence, qui exige toujours le management des idées, comme chez STMicroelectronics ;

- soit résulter de la pression exercée par la concurrence qui est déjà dotée d'un bon SMI, comme chez Opel Eisenach ;
- soit naître de la volonté d'un directeur (général, de production, des RH, de qualité, de marketing...), comme celui de Delphi La Rochelle ou de GKN Mosel.

Le fait que la direction soit impliquée bien en amont du projet garantit qu'elle a une vision claire du management des idées et que, tout en laissant au responsable du système le soin d'en mener la conception, elle pilote sa mise en place et valide ses principes fondamentaux. Voilà pourquoi le projet de système centralisé d'abord proposé chez Opel Eisenach a été rejeté par la direction. Cette dernière ne voulait pas que s'instaure une démarche bureaucratique, développant des activités de vérification, symboles de méfiance à l'égard des auteurs. C'est aussi pourquoi les directions de Milliken ou de Toyota Motor Manufacturing R.-U. refusent d'offrir à leurs salariés une récompense en contrepartie de la production d'idées, car elles estiment que cette activité, partie intégrante du travail de chacun, ne doit pas faire l'objet d'une rémunération particulière.

L'implication de la direction dans le pilotage de la performance du système, une fois qu'il est mis en place, se traduit par la visite régulière du directeur qui rencontre lui-même les auteurs des idées environ une fois par semaine, comme chez Delphi La Rochelle, ou une fois par mois, comme chez Toshiba Europe. En outre, le directeur et son manager des idées se réunissent périodiquement (par exemple une fois par mois) et même en présence de l'ensemble des managers comme chez GKN Mosel pour analyser les indices de performance créative de toutes les unités et choisir les meilleures idées afin de les promouvoir, comme c'est le cas chez Delphi ou chez Milliken. Enfin, tel ou tel directeur vous affirmera que le management des idées dans son entreprise n'est pas un simple outil, mais l'un des axes stratégiques, sans lequel l'entreprise n'aurait pas atteint ses objectifs, en termes de réduction des coûts (Delphi, GKN), de qualité (Milliken) ou de croissance et de qualité (Dana Bruges et Pampelune, Toyota, GKN).

Rencontrer le responsable du SMI

Une fois que le directeur vous a fait part de son avis et a défini son degré d'implication dans le système, vous êtes prêt à rencontrer le responsable du SMI afin d'en comprendre le fonctionnement, notamment le processus de traitement des idées et le schéma de reconnaissance.

Ainsi, chez Opel Eisenach et GKN Mosel, les salariés doivent proposer à la fois le problème et la solution, tandis que chez Milliken une idée peut être un problème sans solution, voire une simple information sur l'opportunité d'amélioration. Chez Delphi, l'auteur demande systématiquement l'aval de son « N + 1 » pour réaliser l'idée, tandis que chez Milliken, il juge lui-même si son idée nécessite une autorisation. Chez Air France Industries, l'autorisation du « N + 1 » doit arriver au plus tard dans les 72 heures qui suivent l'idée ; en revanche, chez Dana Bruges, le délai ne doit pas excéder 24 heures. Enfin, dans la plupart des SMI, toute idée doit être formulée par écrit pour être enregistrée par la suite. Souvent, l'énoncé est saisi sur ordinateur par l'auteur lui-même, comme chez Dana Bruges, ou par son « N + 1 », comme chez Faurecia, l'objectif étant d'assurer le suivi informatique des indices de performance créative, c'est-à-dire le volume d'idées, les taux de participation et de réalisation, ainsi que la diffusion des idées.

En ce qui concerne la gratification du salarié auteur de l'idée par l'entreprise qui lui manifeste ainsi sa reconnaissance, cette dernière peut prendre la forme d'un petit cadeau offert pour la première, la cinquième et la dixième idée soumise, comme c'est le cas chez Milliken. Air France Industries ou Pirelli Allemagne offrent un bon d'achat à l'inventeur. Chez Delphi, Dana Pampelune ou GKN, les meilleures idées du mois sont affichées ou publiées ; chez STMicroelectronics, ce sont celles du trimestre et chez Toshiba Europe, celles de l'année. À quoi s'ajoutent des cadeaux parfois conséquents : voyages dans d'autres sites de l'entreprise assortis de quelques jours de congés, comme chez STMicroelectronics, visite du siège social de Toshiba à Tokyo, où l'auteur ira présenter son idée. GKN Mosel invite les meilleurs auteurs de l'année à un week-end à la campagne et Philips organise un séminaire européen, par exemple en Crète, pour les équipes auteurs des meilleurs projets de l'année. STMicroelectronics ou Air France Industries organisent des grand-messes annuelles pour primer et projeter les meilleures idées, préalablement filmées. Ces événements sont parfois précédés d'un salon, où une centaine d'auteurs présentent leurs idées sur des stands, comme c'est le cas chez France Telecom.

Rencontrer plusieurs auteurs d'idées

Ainsi préparé et parfaitement informé sur le fonctionnement du SMI local, vous êtes prêt à rencontrer les auteurs pour qu'ils expliquent, comment, en pratique, ils ont émis, réalisé et ont été reconnus pour leurs idées. C'est probablement l'aspect le plus important du *benchmarking* profond. À cet instant, vous allez réellement mesurer la force des idées des salariés. C'est pour cette raison que, lorsque nous préparons des visites et que nos hôtes nous précisent qu'ils ne pourront pas organiser l'ensemble des entretiens pendant le laps de temps qui nous est imparti, nous insistons toujours pour voir, en premier lieu, les auteurs des idées. En effet, c'est par l'observation des salariés, sur leur lieu de travail, qu'on peut véritablement comprendre la stratégie de la direction, le fonctionnement du SMI et l'implication du management intermédiaire. Il nous est arrivé d'avoir des surprises quand, après avoir écouté le directeur, puis le responsable du SMI, nous avons rencontré les auteurs des idées. Quant aux entreprises qui, sous divers prétextes, ne vous font pas rencontrer les auteurs des idées (cela nous est arrivé également), au mieux elles vous empêchent de connaître leur système, au pire elle reconnaissent par là que le système ne fonctionne que sur le papier.

Évidemment, si votre *benchmarking* concerne un bon SMI, il y aura une cohérence entre la description qui en est faite par le management et ce que les auteurs des idées racontent et montrent.

Comment choisir les auteurs et combien faut-il en interviewer ? Généralement, une fois le principe de la visite accepté par l'entreprise (souvent à l'issue d'une conversation téléphonique, toujours préférable pour prendre un premier contact), la personne chargée de l'organiser va demander les détails de votre programme. C'est par courrier ou par e-mail (voir encadré ci-après) qu'il faudra préciser le nombre de rencontres souhaitées, soit quatre à cinq salariés sur leur lieu de travail, là où leurs idées été réalisées.

Lettre type de demande d'une visite de *benchmarking* avec les détails souhaités

À XX

Société XYZ

Cher(e) Monsieur (Madame),

Comme convenu lors de notre entretien au téléphone, je vous envoie ci-joint des précisions concernant la visite que je souhaiterais effectuer dans votre entreprise, si possible les 22 ou 23 juin.

Plusieurs membres de la direction et du management de mon entreprise réfléchissent actuellement à une démarche destinée à encourager les idées de nos salariés et aux moyens de faire davantage pour atteindre ce but. Dans le cadre de notre étape de *benchmarking,* nous nous sommes déjà rendus dans quelques entreprises réputées pour leur management des idées.

(Citez ici les entreprises que vous avez déjà visitées ou qui ont partagé avec vous des informations sur leur approche du management des idées.)

Nous savons que la vôtre a mis en place un très bon système et nous aimerions vous voir figurer dans notre panel de *benchmarking.*

Par conséquent, nous aimerions obtenir un entretien avec la (les) personne(s) directement responsable(s) de la démarche système de management des idées / système de suggestion / amélioration continue, ainsi qu'avec un certain nombre de vos salariés, à l'origine de suggestions ayant eu un impact important pour votre entreprise, afin de les interviewer et d'observer en détail leurs idées.

Je vous prie de trouver ici quelques précisions concernant cette visite :

- rencontre de 45 min à 1 h avec le directeur qui pilote le management des idées ou des suggestions ;
- rencontre de 1 h 30 à 2 h avec le responsable de la démarche management des idées / suggestion d'idées / amélioration continue / progrès permanent / *kaizen* ;
- quatre ou cinq rencontres de 30 min chacune avec les salariés, dont les idées ont été particulièrement intéressantes et qui ont eu un impact important sur votre entreprise ;
- deux ou trois rencontres de 15 min chacune avec les managers de proximité pour comprendre leur rôle et leur implication dans la réalisation et l'encouragement des idées ;

• rencontre de 30 à 45 min avec le directeur de l'établissement.

(Ne demandez pas ici à voir le responsable du SMI une deuxième fois. Après avoir rencontré les auteurs des idées, vous avez généralement l'occasion de le revoir soit dans son bureau soit en rencontrant le directeur de l'établissement.)

Je vous remercie, Monsieur (Madame) XX, de votre intérêt. Je reste en attente de la confirmation de notre visite. Vous pouvez me joindre au (numéro de téléphone), par fax au (numéro) ou par e-mail (adresse).

Je vous prie de croire, Monsieur (Madame) XX, en l'expression de mes salutations distinguées.

YY

Responsable de la démarche
de management des idées

Qu'allez-vous y voir ? La créativité et l'innovation telles qu'elles sont vécues par les salariés. Dans la quasi-totalité des cas, les exemples illustrant cet ouvrage proviennent de nos rencontres avec les auteurs. Nous espérons que vous aurez aussi l'occasion d'étudier autant de cas édifiants. À l'issue de l'entretien avec l'auteur, n'oubliez pas de lui demander :

- les circonstances dans lesquelles cette idée lui est venue à l'esprit ;
- ce que le fait de l'avoir réalisée lui procure personnellement.

La première question vous permettra de comprendre comment les idées sont nées et la seconde à quelles motivations profondes la réalisation de ces idées répond chez les salariés. L'un d'eux nous a déclaré qu'avant le déploiement du SMI par son entreprise, il avait le sentiment d'être traité comme un paillasson, mais que depuis qu'il pouvait améliorer ses outils, il se sentait reconnu en tant qu'individu dans l'entreprise. Un autre, qui a reçu un chèque de 30 000 euros pour son idée (son entreprise lui a versé un pourcentage des gains réalisés grâce à l'idée) nous a déclaré que l'argent ne constituait pas du tout sa motivation, mais plutôt la volonté de montrer que l'on est capable d'inventer quelque chose personnellement, de laisser sa marque dans l'entreprise. Ces témoignages vous aideront sans doute dans la démarche de management des idées, dans votre propre entreprise.

Rencontrer des managers intermédiaires

Ces rencontres vous permettront de comprendre le rôle de l'encadrement intermédiaire et de mesurer son degré d'implication dans le management des idées. Ces aspects sont primordiaux car le management des idées dans les SMI de qualité est totalement décentralisé et assuré par les managers de proximité.

Quelle est l'attitude du manager quand son subordonné fait une suggestion ? Comment s'y prend-il lorsque l'auteur ne peut pas réaliser son idée seul ? Comment réagit-il avec ses collaborateurs qui n'émettent pas d'idées ou proposent une solution insatisfaisante à un problème ? Quelle priorité attache-t-il à la créativité de son équipe ? Est-il lui-même évalué sur la performance créative de son équipe ? Que fait-il quand les idées proviennent de lui ?

Chez STMicroelectronics, le chef d'une équipe de quarante-neuf personnes explique que, dès qu'il a une idée personnelle, il demande d'emblée l'avis de l'opérateur qui travaille avec l'outil concerné, car ce dernier est mieux à même de l'évaluer et de se l'approprier. Chez Dana Bruges, un manager dira que, dès l'instant où une idée apparaît sur l'écran pour lui être soumise, il prend aussitôt la peine de rencontrer l'auteur, le remercier, dialoguer avec lui et l'encourager à la mettre en pratique. Chez Air France Industries, tel autre manager vous expliquera comment il « prête » ses idées aux nouveaux membres de son équipe afin de les initier et de les lancer dans la dynamique de la production et de la réalisation des idées. Chez Milliken ou GKN, enfin, vous apprendrez que l'interaction autour des idées est devenue le principal outil de management et de communication des managers de proximité : le management des idées est devenu le management *par les idées*.

Rencontrer de nouveau le responsable du SMI

C'est un moment important. Maintenant que vous avez une vision d'ensemble sur son système de management des idées, vous allez, lors de cette seconde rencontre, pouvoir l'interroger sur la façon dont il envisage l'avenir. Cette question peut être posée de façon anodine, en marchant, par exemple, pour vous rendre à votre rendez-vous avec le directeur de l'établissement. Quand le SMI n'est pas encore totalement au point, son responsable vous assurera qu'il souhaite y apporter bon nombre d'améliorations, comme davantage d'implication de la part de la direction et (ou) des ingénieurs de R & D, ou plus de ressources permettant aux managers de proximité de réaliser des idées. Dans les très bons SMI, ces différents problèmes sont souvent déjà réglés. Mais, ce que vous aimeriez obtenir de sa part, c'est en quelque sorte une profession de foi, du style : « *Nous avons un système qui marche pas mal, mais tout peut et doit être amélioré et nous sommes en train de réfléchir en permanence à comment faire encore mieux.* » C'est ce qu'ont affirmé Joaquin Muruzabal chez Dana Pampelune, Thomas Seidenstricker chez Opel Eisenach, Christian Häckel chez GKN Mosel, Steven Ansuini chez Toyota Motor Manufacturing Kentucky, et bien d'autres responsables de SMI performants. Nous considérons cet aveu comme un symbole qui permet de faire la distinction entre les bons SMI et les autres. En effet, un système, même bon, mérite toujours d'être amélioré. Avec ces responsables de SMI et avec Jim Collins, auteur de l'ouvrage *Good to great,* cité plus haut, nous pouvons affirmer sans hésitation : « *Le bon est l'ennemi de l'excellent.* » Les vrais bons SMI ne cessent jamais de s'améliorer.

Rencontrer le directeur d'établissement

Après une journée passée dans l'entreprise à observer tous les aspects d'un bon système de management des idées, les propos du directeur ne seront plus une surprise pour vous. Il vous dira, d'une façon ou d'une autre, que le management des idées de ses salariés est capital pour le succès de son entreprise. Ainsi, le président d'Opel Eisenach estime que ne pas réaliser toutes les idées qui trottent dans le cerveau des salariés est un formidable gaspillage d'intelligence. Le directeur de GKN Mosel, lui, est convaincu que gérer les idées de salariés constitue une condition *sine qua non* pour utiliser leur esprit et pas seulement leurs mains. Quant au directeur de Dana Pampelune, il affirme que son SMI constitue une clé de l'avenir de son entreprise. Enfin, le vice-président de Toyota Motor Manufacturing R.-U. estime qu'un SMI constitue un cadre pratique permettant de faire comprendre aux employés leur métier, leurs responsabilités ainsi que de les impliquer dans la réussite de l'entreprise.

Souvent d'ailleurs, le directeur ne fera pas de théorie. Il préfèrera illustrer l'importance qu'il accorde aux idées en expliquant ce qu'il entreprend lui-même pour leur management. Ainsi, le directeur de

Delphi La Rochelle nous a assuré que ses rencontres hebdomadaires avec les auteurs d'idées faisaient partie intégrante de son travail. Le directeur de Toshiba Europe nous a précisé qu'il n'avait jamais décalé ou raté le rendez-vous mensuel avec les auteurs d'idées, et le directeur de Milliken Fabrics nous a expliqué comment, chaque premier lundi du mois, il analyse les idées du mois et choisit les meilleurs auteurs. De son côté, le directeur de GKN Mosel nous a expliqué comment il réunissait chaque mois l'ensemble des managers et consacrait un des points de la réunion aux performances créatives de chaque service, ainsi qu'à la présentation de l'idée du mois par son auteur. Celui de Dana Pampelune, lui, nous a raconté comment il analysait, plusieurs fois par an, l'ensemble des idées du mois écoulé de son entreprise.

Le degré d'implication d'un directeur, c'est-à-dire le temps qu'il consacre aux rencontres et aux autres modes de pilotage des idées, est caractéristique de l'importance qu'il donne aux idées. Une fois que vous l'avez évaluée, il vous sera alors possible de lui demander de présenter les idées les plus marquantes, celles qu'il souhaiterait vous faire partager. Lorsqu'un directeur peut faire, sans y être préparé, un exposé en détail, c'est une preuve supplémentaire de la place qu'il accorde aux idées. Enfin, nous demandons au directeur ce qu'il aurait répondu à l'un de ses confrères l'interrogeant sur le rôle des idées des employés. Ainsi, José María Soria Espino et Didier Leroy avouent qu'elles constituent une formidable force pour leur entreprise, facteur qui les distingue de la concurrence.

Pour la petite histoire, vous pouvez également avoir des surprises extraordinaires lors de ces réunions. Par exemple, Didier Leroy nous a fait part de son expérience personnelle lors d'une formation au Japon qui lui a permis de comprendre la puissance des idées. Mais la surprise la plus marquante nous a été réservée par GKN Mosel. À la fin de la journée, quand à la demande de l'entreprise nous avons donné nos premières impressions sur leur système, non seulement le DRH était présent mais également le représentant du syndicat de l'entreprise. Quelle meilleure preuve de l'implication de toutes les parties (qu'on appelle aujourd'hui parties prenantes ou *stake holders*) souhaiter dans le pilotage de l'entreprise, et notamment dans celui du management des idées ? Dans tous les bons SMI que nous avons vus, par exemple en Allemagne, le syndicat local était toujours un appui et un pilote actif du SMI de l'entreprise. Enfin, relatons ce cas encore plus extraordinaire chez un équipementier en France dont le syndicat a forcé la direction à intervenir auprès d'un manager qui tardait à évaluer une idée soumise par son « N-1 » !

En résumé, le *benchmarking* profond des meilleurs SMI devrait provoquer chez ceux qui y participent un choc, une révélation leur permettant de mesurer tout ce que l'entreprise risque de perdre sans management des idées et ce qu'elle va gagner si elle l'utilise. Ce *benchmarking* aide à saisir clairement l'implication de la direction et du management dans la mise en place d'un SMI performant.

Le *benchmarking* profond – avec ses visites guidées, ses séminaires et le suivi de lectures – garantit à la direction l'acquisition des principes fondamentaux du management des idées.

Une fois ces principes acquis par la direction, celle-ci peut piloter la mise en place d'un SMI de très bon niveau dans son entreprise.

Dans la suite de l'ouvrage, nous allons décrire les principaux aspects critiques d'un tel SMI :

- le mécanisme d'implication des managers de proximité ;
- le processus de traitement des idées ;
- le mécanisme de reconnaissance des idées.

Partie III

Système de Management des Idées

« *La plus grande source de l'avantage concurrentiel ne réside pas véritablement dans les coûts ou dans la qualité, mais dans la créativité.* »

John Micklethwait et Adrian Wooldridge, éditorialistes de *The Economist*

« *Je ne crois pas qu'il y ait beaucoup d'entreprises numéro 1 dans leur secteur et qui n'aient pas un système de management des idées.* »

Sylvain Orsat, directeur, Delphi Automotive Systems[98]

« *La seule manière d'amener les gens à proposer leurs idées, c'est de leur permettre la réalisation immédiate de leurs idées. Le contenu des idées est moins important. Le vrai avantage du système de management des idées est d'impliquer l'ensemble des salariés dans l'entreprise, de changer leur comportement face aux problèmes qu'ils rencontrent.* »

Luigi Bondesan, DRH, Dana Italie[99]

LE POURQUOI DU SYSTÈME

Le constat ci-dessus, émis par deux éditorialistes de la revue *The Economist*, fait implicitement référence à l'histoire du management des entreprises. Historiquement, le contrôle des coûts est apparu aux entreprises comme le premier moyen stratégique de prendre l'avantage sur leurs concurrents. Comment ont-elles procédé ? En concevant, au XIXe siècle, le système de comptabilité. La découverte de ce premier système de management a eu des conséquences considérables sur l'économie. Les entreprises qui ne parvenaient pas à maîtriser leurs coûts se retrouvaient en situation de fragilité face à des concurrents plus vigilants, et leur survie était menacée. De surcroît, au sein même des entreprises, les managers, tentés de baisser la garde, savaient qu'ils risquaient d'être sanctionnés. De fait, ce système de contrôle a permis aux entreprises d'être plus performantes et d'accroître leurs profits. Aujourd'hui, il est totalement intégré au management, au point d'être devenu, comme un permis de conduire pour l'individu qui possède une voiture, générique et indépendant de la stratégie et de la nature de l'entreprise.

Après le contrôle des coûts, c'est la qualité qui, dans l'ordre chronologique, est apparue à son tour comme un facteur stratégique. Les tentatives pour la contrôler et l'améliorer furent nombreuses, mais les entreprises ont néanmoins tardé à trouver le mode d'emploi. À l'instar du contrôle des coûts, la solution consistait là aussi à utiliser un système de management permettant de déterminer l'origine des défauts et expliquant comment y remédier. Aujourd'hui, aucune entreprise ne peut survivre à la concurrence si elle ne possède pas un bon système de management de la qualité. Mais n'est-ce pas encore insuffisant ?

« *La qualité devient le ticket d'entrée pour les fabricants de voitures, plutôt qu'un avantage concurrentiel* », explique-t-on chez J.D. Power, cabinet qui sélectionne chaque année les meilleurs constructeurs automobiles en Amérique du Nord. Quoi qu'il en soit, les leaders du secteur possèdent un système performant de management de la qualité, en partie bâti pour refléter les intérêts stratégiques de l'entreprise.

Par analogie, posséder des bons systèmes de coûts et de qualité revient à savoir lire et écrire. Tout individu « éduqué » connaît le b.a.-ba. Partant de là, il lui faut d'autres atouts pour réussir. De la même façon, chaque bonne entreprise a appris à gérer ses coûts et sa qualité, mais cela ne lui garantit pas pour autant un avantage concurrentiel. Elle doit en savoir plus pour réussir et se distinguer de ses concurrents. Comme l'indiquent John Micklethwait et

Adrian Wooldridge, c'est sa faculté à gérer la créativité et les idées qui va lui permettre de faire différence et de prendre une longueur d'avance.

Comme avec les défis historiques de coûts et de qualité, aucune entreprise ne parviendra à gérer sa créativité sans un système.

Autrement dit, une entreprise déjà leader sur son marché, qui sait gérer ses coûts et la qualité, ne parviendra à se distinguer de la concurrence qu'en maîtrisant le management des idées et de la créativité *via* un système dédié. Faute de quoi, sa position de numéro 1 sera fragile ; elle restera vulnérable si elle ne gère pas les idées de ses salariés. Tel fut le sens du message de Sylvain Orsat, directeur du site Delphi Automotive Systems, lorsqu'il nous a confié que, à son avis, les entreprises leaders dépourvues d'un système de management des idées étaient rares.

Bien souvent, à l'occasion des séminaires sur le management des idées que nous animons, les auditeurs nous demandent pourquoi, parmi les exemples que nous citons, les industries dominent. Le lecteur en comprendra la raison. Historiquement, ces groupes ont dû affronter une concurrence exacerbée à la suite de la mondialisation survenue dans les secteurs industriels comme l'automobile ou l'électronique, car ces produits peuvent être fabriqués et envoyés partout dans le monde. Ils disposent de bons outils de management des coûts et de la qualité, mais il leur a fallu surmonter la question de l'avantage concurrentiel. Parmi eux, beaucoup ont trouvé la solution en déployant un système de management des idées, comme Toyota, Dana ou STMicroelectronics. Ceci avec d'autant plus de facilité qu'ils étaient déjà familiers de l'approche systémique sur laquelle se fonde tout bon management de la production.

Rappelez-vous un exemple présenté dans la première partie de cet ouvrage sur ces seize salariés de Pirelli qui, avec quatre techniciens du fournisseur, ont réalisé quatre cents idées en un seul mois. Ce que nous n'avons pas dit, c'est que ce groupe de salariés était chargé du projet de lancement d'une chaîne de fabrication de pneus depuis des mois. Or, pendant toute cette période, le projet n'avançait pas. Pourquoi ? Parce qu'en tant que membres du groupe de lancement, ces seize salariés de Pirelli n'avaient pas le droit de participer au SMI du site. Une fois cette interdiction levée, ils ont réussi à réaliser toutes ces idées et à lancer une nouvelle chaîne, facteur concurrentiel important pour Pirelli.

Or, aujourd'hui, d'autres entreprises appartenant à divers secteurs comme l'informatique, l'énergie, les services financiers ou le transport aérien, doivent faire face aux mêmes enjeux. Aux États-Unis par exemple, où la concurrence entre compagnies aériennes est extrêmement intense, American Airlines, que nous sommes allés étudier à Dallas, possède un SMI très performant. À titre de comparaison, Air France n'a développé un bon SMI que dans sa branche industrielle d'entretien et de réparation des avions, branche exposée à la très forte concurrence mondiale. En revanche, pour son activité « vols », encore relativement à l'abri de la forte concurrence en France — son marché principal — la compagnie française n'a pas jugé utile de se doter d'un véritable système et gère les idées du personnel naviguant et commercial de manière encore rudimentaire. Sans doute à tort ! À défaut, l'arrivée d'un concurrent pourrait s'avérer redoutable pour elle, surtout si son adversaire gère, lui, les idées de ses salariés d'excellente manière. D'ailleurs, certaines sociétés de service le comprennent très bien. Dans la banque espagnole BBVA (Banco Bilbao Vizcaya Argentaria) par exemple, son président Francisco González répète que le secteur bancaire a longtemps été protégé en Europe, mais qu'il est convaincu que le secteur sera aussi concurrentiel que d'autres[100]. Pour se préparer, BBVA mise sur les idées de ses salariés et le système pour les réaliser. « *La majorité des idées viennent d'en bas et nous avons des canaux pour les traiter. L'objectif principal est que toute idée puisse être réalisée au niveau de la banque toute entière.* »[101] Même chose chez Oracle, dont le *senior director* de la stratégie et de l'innovation pour l'Europe, le Moyen-Orient et l'Afrique, Vasu Briquez, est convaincu que l'innovation est la clé de la croissance et de l'avantage concurrentiel : l'entreprise a lancé un système de l'innovation continue qui permet d'encourager, de réaliser et de reconnaître les idées venant du terrain[102].

Si les entreprises industrielles sont historiquement les premières à avoir développé de bons SMI, aujourd'hui on trouve des systèmes de management des idées performants dans tous les secteurs d'activité. Aucune entreprise n'est à l'abri de concurrents, actuels ou émergents. Ceux-ci seront particulièrement redoutables s'ils gèrent bien les idées de leurs salariés.

Quels doivent être les principes clés d'un bon système de management des idées ? Ils sont au nombre de cinq :

- l'implication de la direction ;
- l'implication des manageurs intermédiaires ;
- la rapidité de la réponse aux idées ;
- la réalisation des idées par l'auteur ;
- la reconnaissance.

Ces cinq principes doivent être mis au service d'un système qui est tout sauf lourd, lent et coûteux. En réalité, les meilleurs SMI sont à la fois très performants, simples et légers. Nous parlerons des qualités inhérentes au SMI dans les pages à venir, de même que nous évoquerons son « élégance ».

L'IMPLICATION DE LA DIRECTION

Toute démarche d'envergure, tout changement exige l'implication de la direction. Voilà qui n'est pas nouveau et qui reste particulièrement pertinent lorsqu'il s'agit de déployer un SMI. Le degré d'implication du dirigeant va dépendre du degré de participation exigé pour l'ensemble des salariés. En effet, plus la démarche est orientée vers le personnel, plus elle a besoin de sa participation et plus son succès va dépendre de l'implication de la direction.

Il est cependant curieux de noter que l'implication du directeur dans le SMI ne se traduit pas, pour lui, par un surcroît d'activité. Au contraire, dans la plupart des bons SMI que nous avons étudiés, nous avons constaté que les formes d'implication de la direction dans le SMI correspondaient à trois de ses activités prioritaires :

- piloter les performances des managers et de leurs équipes ;
- être au courant du climat et à l'écoute des problèmes de ses salariés ;
- motiver l'ensemble des salariés et les faire adhérer à la vision et à la stratégie de l'entreprise.

L'implication dans le management des idées offre au dirigeant un moyen très efficace d'accomplir ses missions prioritaires.

S'agissant du pilotage des performances, Gérard Ternon, directeur de Milliken France, et Wolfgang Ruoff, directeur de GKN Mosel, analysent chaque mois les statistiques concernant les idées des équipes tandis que Sylvain Orsat, directeur de Delphi à La Rochelle le fait chaque semaine. Ce dernier nous a affirmé que ces chiffres constituaient pour lui le meilleur indicateur de performance globale. Un signe qui peut devenir un signal d'alarme, si le nombre d'idées dans une unité recule. Dans ce cas, cela signifie qu'il existe des problèmes sérieux et que le directeur doit en discuter avec le manager. Cet échange débute bien évidemment sur la performance créative. Mais, rapidement, le directeur va comprendre pourquoi celle-ci diminue : par exemple, charge de travail trop lourde, manque de motivation, etc., autant de causes qui, elles, relèvent du management. Jorge Zubialde, directeur de Dana à Pampelune, analyse quant à lui plusieurs fois par an l'ensemble des idées du mois écoulé. Il nous a expliqué qu'il voulait comprendre ce qui se trouvait derrière les idées, mesurer le degré de motivation et d'implication de ses salariés. Voilà qui nous conduit à la deuxième préoccupation d'un directeur : écouter ses employés.

En 1999, Woody Morcott, à l'époque P-DG de Dana, a rencontré 9 000 auteurs d'idées. Ces conversations, même de quelques minutes, lui ont certainement permis de « sentir » le climat et de connaître les problèmes rencontrés par ses salariés. Sylvain Orsat, lui, affirme : « *Rendre visite aux auteurs des idées, c'est mon job.* »[103] Chaque lundi, durant deux heures, il rencontre les auteurs des idées d'une unité, et ainsi de suite toutes les semaines, de façon à ce qu'il ait fait sa tournée dans chaque unité, une fois par mois. Philippe Delahaye, directeur de Toshiba Europe, réserve, quant à lui, la demi-journée de chaque premier lundi du mois pour rencontrer les auteurs d'idées de toute l'entreprise. Il a d'ailleurs tenu à nous préciser que, durant toutes les années où il a occupé ce poste, il n'a jamais annulé ou reporté la « *visite du lundi* »[104]... À ces occasions, les auteurs des idées exposent le problème initial puis présentent la solution qu'ils ont proposée et réalisée. Wolfgang Ruoff, directeur de GKN Mosel, a pour sa part intégré la présentation mensuelle des indicateurs de créativité de chaque service par son responsable du SMI, avec la présentation de l'idée du mois par son auteur, le tout devant l'ensemble des managers de l'entreprise. Mais l'écoute ne se limite pas aux idées. Pour Jean-Paul Fradal, directeur des sites Michelin à Clermont-Ferrand, ces rencontres constituent aussi « *une opportunité de contact autour des suggestions, des idées... qui casse la barrière hiérarchique, qui amène les gens à s'exprimer beaucoup plus librement que si vous venez dans l'atelier et dites "je suis le patron"...* »[105]. Ces rencontres régulières avec les auteurs d'idées permettent aux dirigeants de mieux connaître l'entreprise, de prendre la mesure des problèmes, d'être au fait des initiatives en cours, de sentir le climat managérial. Elles constituent aussi un formidable levier pour motiver et faire adhérer les employés à la culture de l'entreprise et à sa stratégie, adhésion que l'on retrouve dans toutes les entreprises performantes, comme l'ont souligné Collins et Porras dans leur étude déjà citée.

Toutefois, une troisième et dernière forme d'implication contribue encore davantage à atteindre cet objectif : elle consiste pour le dirigeant à participer à la remise publique de prix pour les meilleures idées. Impliqué dans le management des idées, celui-ci veillera à ce que les catégories de prix reflètent la stratégie de l'entreprise et ses objectifs clés. Par exemple, si la qualité fait partie des axes stratégiques, il y aura un prix de la meilleure idée de qualité. Ces cérémonies sont périodiques, mensuelles, voire annuelles, et peuvent se dérouler au sein de l'entreprise, ou à l'extérieur, à l'occasion d'un événement particulier. L'important est d'identifier un maximum d'auteurs et de convier un maximum de personnes. Citons deux exemples assez différents : chez Toyota Motors Manufacturing R.-U., le directeur rencontre les lauréats et leur remet leur prix sur leur lieu de travail, à l'occasion d'une petite cérémonie, tandis que chez Air France Industries ou chez EADS CASA, c'est l'événement de l'année. Il se déroule à l'extérieur de l'entreprise et les lauréats de chaque entité sont récompensés par leur directeur respectif.

S'agissant de l'impact de ces cérémonies sur la motivation des salariés, François Michelin, qui se déplaçait souvent dans les années 1990 d'un site à l'autre pour distribuer les prix, assurait ceci : « *Quand vous parlez à une personne à l'extérieur de l'usine, même si celle-ci a pris sa retraite, elle vous dira "Ah chez Michelin, j'avais fait une bonne suggestion à l'époque et ça a été reconnu par tel prix", et ce sont des choses qui restent.* »[106]

En s'impliquant personnellement dans le SMI, le directeur assure donc une condition majeure à la réussite du management des idées, tout en accomplissant trois de ses activités prioritaires.

Jusqu'ici, nous avons déterminé les avantages, pour une direction, à s'impliquer dans le management des idées. En nous fondant sur ce que nous avons constaté dans les entreprises, nous pouvons affirmer que les dirigeants qui ont assimilé la vision de l'entreprise créative (ce dont nous avons parlé dans la deuxième partie de cet ouvrage), s'impliquent naturellement. Ils comprennent parfaitement l'importance et l'utilité de cette démarche, et dès lors que leur emploi du temps le leur permet, ces visites aux auteurs d'idées ou l'analyse des performances créatives des équipes font partie de la routine. En revanche, pour les managers intermédiaires, l'implication dans la démarche du management des idées ne va pas de soi.

L'IMPLICATION DES MANAGERS INTERMÉDIAIRES

L'implication des managers intermédiaires est décisive pour le succès du SMI, car ce sont eux qui gèrent les idées des salariés. C'est à eux que cette charge incombe, et non pas à un quelconque personnel d'un système centralisé. Ainsi, Alain Brugier, *team manager* chez STMicroelectronics, soumet ses propres idées à ses subordonnés pour qu'ils les évaluent et se les approprient. Son exemple reflète bien le rôle du manager intermédiaire dans le management des idées.

Le manque de compréhension du fait que ce sont les managers qui gèrent les idées des salariés et non pas des comités, des coordinateurs, des réunions ou un intranet (outil informatique qui, par définition, ne peut assumer aucun rôle dans le management quotidien des salariés) constitue la raison principale des mauvaises performances d'un très grand nombre de démarches. Celles-ci essayent de bien gérer les idées des salariés, mais n'y parviennent pas car seuls les managers sont en position de gérer efficacement les activités de leurs équipes, y compris dans la production et la réalisation des idées.

À l'évidence, Alain Brugier n'est pas seulement un bon manager lorsqu'il s'agit du management des idées : il est bon tout court. Des telles pratiques managériales participent d'une démarche de plus en plus répandue dans les entreprises pour gérer les activités des équipes : elles ne se fondent ni sur le commandement ni sur le pouvoir ni sur le contrôle, mais sur la facilitation, la confiance et l'écoute. Cette démarche, connue sous des formes variées comme le management participatif, ou encore *empowerment,* accorde une place prépondérante aux salariés de première ligne pour les raisons que nous avons largement développées dans la première partie de l'ouvrage. La direction de Southwest Airlines, entreprise régulièrement classée par le magazine *Fortune* en premières places parmi les « cent meilleures entreprises où travailler » aux États-Unis[107] et par ailleurs la compagnie aérienne la plus performante de ce pays au cours de la dernière décennie, résume clairement le rôle dévolu à ses managers intermédiaires qui doivent faire comprendre aux salariés que, quelle que soit la situation, ils leur font confiance pour prendre les bonnes décisions et faire les bons choix.

Cette démarche, bien que fréquente, n'est pas toujours évidente pour les managers, qui, bien souvent, estiment que leur légitimité découle de leurs compétences – savoir mieux que le subordonné ce qu'il faut faire – et de leur pouvoir. Or, dans nos sociétés occidentales, au sein d'une famille, à l'école ou dans l'entreprise, celui que sait mieux que les autres et qui détient le pouvoir écoute peu et dirige beaucoup. Les managers résistent naturellement à cette nouvelle définition de leur rôle. Beaucoup ne le comprennent pas. Comment surmonter une telle résistance dans le cadre du management des idées ?

Selon Asher Grinbaum, président de Dead Sea Bromine Group, l'un des trois leaders mondiaux de produits chimiques (sur la base du brome) et lauréat en 1999 du premier prix de qualité en Israël, les managers n'ont en réalité guère le choix : « *En haut, la direction fait pression sur eux car elle veut des idées émanant de la part des salariés. En bas, leurs subordonnés les pressent, car ils veulent réaliser les idées qu'ils ont.* »[108] Nous avons déjà expliqué pourquoi l'implication de la direction est une condition nécessaire à l'implication du management intermédiaire, et ceci pour deux raisons essentielles :

- la direction, en transmettant sa vision des choses à l'ensemble du personnel explique pourquoi les idées des salariés de première ligne sont importantes et quel est le rôle des managers intermédiaires dans cette démarche ;
- la direction intègre dans les critères d'évaluation des managers, la performance créative de leurs unités.

Nous avons pu concrètement mesurer l'impact de l'implication de la direction. L'un de nous a, en effet, été invité par un grand groupe français à la cérémonie de remise des trophées pour les meilleures idées de l'année organisée en dehors des locaux de l'entreprise, et qui s'est déroulée dans une atmosphère festive. Au retour, en rentrant en voiture à Paris avec l'un des nouveaux directeurs – qui a d'ailleurs remis un prix pour une idée réalisée dans son entité avant sa prise de poste –, les langues se sont déliées. Ce directeur a exprimé son inquiétude quant au recul de la créativité dans son entité depuis son arrivée. Nous lui avons alors demandé s'il avait pris des mesures à l'encontre des managers concernés. « *Quand j'ai pris le poste,* a-t-il répondu, *j'ai découvert de nombreux problèmes opérationnels. J'ai donc demandé aux managers de se concentrer sur eux.* » « *Et comment s'est passée l'évaluation à la fin de l'année pour ceux qui ont résolu ces problèmes opérationnels, mais dont les unités ont produit peu d'idées ?* », avons-nous renchéri. « *Je leur ai demandé d'essayer de faire mieux l'an prochain, mais je leur ai dit qu'ils obtiendraient leur prime.* »

Que s'est-il passé dans cette entité ? Rien que de très banal : dans toutes les entreprises de tous les pays du monde, les managers organisent leur travail en fonction des priorités fixées (formellement ou non) par leur direction. Si celle-ci dit : « *Je veux ça et j'en tiendrai compte lors de votre évaluation annuelle* », le manager juge cet objectif prioritaire. En revanche, si la direction dit « *ce serait souhaitable que vous fassiez cela* », le manager se consacre d'abord aux missions prioritaires, puis, s'il a encore le temps (ce qui n'est souvent pas le cas) il fait ce qui est «souhaitable». Dans cette entreprise, une partie des managers a vite compris qu'avec le nouveau directeur, gérer les idées de leurs équipes n'était plus une priorité. Ils ont donc cessé de le faire.

Nous avons eu un échange similaire avec un dirigeant d'une entreprise industrielle italienne. Alors qu'il évoquait des explications différentes de la performance insuffisante de son SMI, il nous a parlé de l'ordre des priorités de ses managers : fabrication, productivité, qualité, sécurité, et enfin, les idées. À notre question sur les raisons de cet ordre précis, le dirigeant a répondu : « *Si le manager est à 5 % en dessous des objectifs de fabrication, son "N + 1" demande à le voir pour en comprendre les raisons. Mais si la même chose se produit par rapport aux idées, il n'y a aucune action de la part du "N + 1".* » Il est clair que les managers de cette entreprise ont vite compris où étaient les grandes priorités des dirigeants et le manque d'intérêt de ces derniers pour les idées des salariés.

Si l'implication de la direction est nécessaire, elle ne suffit pas à encourager celle des managers intermédiaires. Pour mettre fin à leur attentisme[109], faire en sorte qu'ils ne considèrent pas les actions de la direction ainsi que celles de leurs subordonnés comme autant de pressions supplémentaires mais comme un changement qui facilitera leurs activités, il faut clairement leur montrer les avantages que le management des idées va leur procurer. Comme nous l'a déclaré le Dr. Hermann Roemer[110], responsable du SMI de Siemens, il pensait, au début de sa prise de fonction, que la principale cible du management des idées était le salarié de première ligne. Toutefois, quelque temps après, il a changé d'avis : « *C'est le manager qui est le client du SMI, car le management des idées est un outil qui lui est destiné et qu'il doit intégrer dans ses pratiques.* »

Le salarié de première ligne est le bénéficiaire principal du SMI, mais c'est le manager intermédiaire qui est sa cible.

En réalité, tout en demandant un certain temps, la démonstration de ces avantages est aisée, car, comme pour la direction, l'implication dans le management des idées offre au manager intermédiaire un moyen efficace d'accomplir ses activités prioritaires :

- faire fonctionner la plupart des activités dans son unité sans son intervention permanente, c'est-à-dire les faire gérer par les subordonnés eux-mêmes ;
- améliorer les performances de son unité ;
- être au courant de tout ce qui se passe dans son unité et rencontrer en permanence ses subordonnés pour parler des sujets qui les préoccupent.

Voilà pourquoi la plupart des managers, une fois impliqués, ne souhaitent pas revenir en arrière, la performance de leurs équipes et leur propre appréciation par la hiérarchie s'étant considérablement améliorées.

Que fait le manager pour parvenir à gérer les idées et à accomplir simultanément ses activités prioritaires ? Il agit en plusieurs étapes :

- il évalue rapidement les idées de ses subordonnés, le plus souvent en discutant avec eux (si une telle évaluation est sollicitée) ;
- il aide les subordonnés à réaliser leurs idées en leur apportant les ressources nécessaires au sein de leur unité et l'appui au sein de l'entreprise ;

- il étudie toutes les idées réalisées, choisit les idées à diffuser ailleurs au sein de son unité ; organise cette diffusion / formation avec l'aide de l'auteur de l'idée ;
- il choisit les idées utiles à diffuser au sein de l'entreprise et éventuellement auprès de partenaires de l'entreprise et aide l'auteur à le faire ;
- il propose les meilleures idées pour la reconnaissance spécifique au sein de l'entreprise (affichage, cérémonies, prix, etc.) ;
- il aide l'auteur à décrire et à standardiser la situation (procédure, produit, etc.) résultant de la réalisation de son idée pour éviter tout retour en arrière et susciter de nouvelles améliorations.

En assurant toutes ces activités, le manager obtiendra un excellent résultat par le nombre d'idées réalisées dans son unité. Par conséquent, la performance de celle-ci en sera améliorée dans tous les domaines (coût, productivité, qualité, sécurité, etc.) et l'appréciation du manager par sa hiérarchie ira en augmentant. Afin que la contribution des idées aux performances de son unité soit encore plus claire pour le manager, Siemens demande qu'il apprécie la qualité de l'idée selon les mêmes critères que ceux utilisés pour évaluer sa propre performance (et celle de son unité) à la fin de l'année. Ainsi, le manager qui est évalué par exemple sur la productivité de son unité, verra concrètement comment les idées de ses subordonnés y contribuent.

Pour le manager intermédiaire, assurer toutes ces activités produit d'autres résultats moins immédiats : ses subordonnés vont naturellement prendre des initiatives et le fonctionnement de son unité, son amélioration, dépendra moins de lui et plus d'eux. Il s'agit donc d'un moyen très efficace de former les subordonnés à ce qu'on appelle parfois le « *self-empowerment* ».

Enfin, ses subordonnés vont confronter leurs problèmes et en discuter avec le manager qui, de ce fait, sera mis au courant de tout ce qui se passe dans son unité.

En résumé, l'implication dans le management des idées offre au manager intermédiaire un moyen très efficace d'accomplir ses activités prioritaires.

Cela demande-t-il du temps supplémentaire ? Faisons un petit calcul. Dans l'hypothèse d'un très bon SMI où les salariés produisent plus de vingt idées par personne, un manager qui a, par exemple, une équipe de quinze personnes, devra donc gérer trois cents idées par an, c'est-à-dire un peu plus d'une idée par jour. Lire ou entendre dix lignes du descriptif de l'idée, en discuter cinq minutes avec son auteur, le remercier et parfois (pour environ 20 % des idées) passer quelques coups de téléphone pour faciliter sa réalisation : est-ce une charge de travail démesurée ? Assurément non, surtout si l'on tient compte de tout le temps que le manager gagnera grâce aux initiatives que les salariés mèneront dorénavant tout seuls, sans se tourner vers leur « chef » pour trouver des solutions.

Quel va être le rôle du manager, une fois ces missions prioritaires assurées ? Il aura, comme l'affirme Gil Tal, le manager de la production chez ECI Telecom, la plus grande société israélienne de high-tech et lauréat, en 1998, du Quality Award de l'Association of Electronics Industries, atteint « le monde idéal »[111]. Il sera moins surchargé, pourra « lever le nez du guidon » et se consacrer aux fonctions essentielles du manager, fonctions qu'il a délaissées faute de temps. Il se consacrera davantage à l'amélioration de ses capacités de manager. Car non seulement ces managers accomplissent mieux leurs activités prioritaires, mais ils progressent considérablement dans leur métier, la gestion des idées les conduisant à :

- apprendre à écouter leurs subordonnés et à les traiter comme des individus très divers, avec des besoins et talents très spécifiques pour réussir ;
- approfondir leurs connaissances de la multitude de métiers et de fonctions dans l'entreprise au travers des activités de soutien à la réalisation des idées de leurs subordonnés ;
- comprendre que, s'il est déjà bon, un manager peut toujours être meilleur.

Plus le manager s'implique dans la gestion des idées, plus il progresse et devient meilleur.

Le rôle des managers intermédiaires est tellement important pour le succès du management des idées que, pour assurer leur implication, nous pensons que rien n'est jamais trop fait ou trop dit, car le SMI leur est tout d'abord destiné : c'est leur outil. Toutefois, pour accomplir parfaitement son rôle, s'approprier cet outil, chaque manager doit se reposer sur le SMI et notamment le processus de traitement des idées standard élaboré par son entreprise. Parfois, on nous a dit qu'un bon leader, un bon manager n'avait pas besoin d'un système formalisé pour bien gérer son équipe. Matthias Sommer, responsable de l'efficacité industrielle chez Pirelli Allemagne a un avis différent : « *On peut être un leader fort mais dans une organisation plate, avec beaucoup de subordonnés, vous avez besoin de systèmes formalisés. Le manager, même le meilleur, ne peut pas être en contact avec chaque personne en permanence.* »[112] Ce processus doit être commun à tous, salariés de première ligne et managers, il doit formuler le cheminement de l'idée à partir de son expression jusqu'à sa réalisation, prévoir sa documentation et sa diffusion. En s'appuyant sur un processus simple et performant de traitement des idées, chaque manager pourra utiliser ses compétences pour gérer au mieux celles de son équipe.

Quel est ce processus ? Quel risque court une entreprise lorsqu'elle ne met pas en place un outil performant et élégant de traitement des idées ?

RAPIDITÉ DE LA RÉPONSE ET DE LA RÉALISATION DES IDÉES

La lenteur constitue le principal défaut d'un processus de traitement des idées. Que se passe-t-il s'il est lent ou, à l'inverse, rapide ? L'exemple d'Air France Industries va nous aider à répondre à la question.

En 2000, nous avons rencontré André Geffroy Lemoine. Salarié depuis dix ans chez Air France Industries, il a reçu le prix de l'auteur le plus prolifique pour avoir réalisé soixante-six idées en 1999. Nous l'avons donc interrogé sur son secret et, à l'issue de l'entretien, nous lui avons demandé combien d'idées il avait soumis dans le cadre de la boîte à idées qui existait chez Air France Industries jusqu'en 1996. « *Une* », a-t-il répondu. En voyant notre surprise, il s'est expliqué : « *L'ancien système était beaucoup plus lourd, il fallait monter un dossier complexe, avec des parties techniques et économiques. Cela demandait beaucoup de temps, d'investissement personnel. Le résultat n'était pas toujours là et les idées pas toujours retenues.* » André Geffroy Lemoine a attendu la réponse à sa première idée plus de six mois. Elle fut pour lui la première et la dernière. « *L'arrivée du nouveau système a permis d'aller* beaucoup plus vite, poursuit-il. *D'abord, on retient l'idée et ensuite on peut la développer, l'exploiter et aller beaucoup plus loin.* »[113]

La première différence entre la boîte à idées, en place chez Air France Industries jusqu'en 1996, et le SMI qui l'a remplacée, tient donc dans la rapidité de la réponse donnée à l'auteur : des mois pour la boîte à idées contre quelques jours au maximum pour le SMI. À partir des années 1980 (voir l'encadré ci-après), beaucoup d'entreprises se sont aperçues qu'une démarche centralisée de ce type ne permettait pas de répondre rapidement aux auteurs et que les boîtes à idées, au lieu de les encourager à continuer à émettre des idées, les décourageaient complètement.

Les boîtes à idées

Lors des recherches que nous avons faites à l'occasion de la rédaction de cet ouvrage, nous avons lu dans plusieurs sources qu'en 1927 Michelin fut la première entreprise française à avoir introduit une boîte à idées. (À titre de comparaison et à notre connaissance, la première boîte dans le monde date de 1880 et a été mise en place sur un chantier naval écossais, propriété de William Denny and Brothers, tandis qu'en Allemagne Siemens en avait introduit une en 1913). Nous avions tort. En étudiant le cas Michelin, nous avons pu consulter dans ses archives à Paris, un numéro spécial de *Prospérité* datant de 1933[1]. Sa lecture nous a convaincus que quelque chose de plus important s'était passé dans ces années-là. En 1927, Michelin a peut-être introduit une boîte à idées, mais à partir de 1929, il cherchait déjà à l'éliminer !

« Éliminer. » Ce mot associé à la boîte à idées, nous l'avons entendu des dizaines de fois dans les entreprises qui nous ont accueillis. Les responsables des démarches concernant les idées et la créativité commençaient souvent leur présentation par les expressions suivantes : « *En 1980... nous avons éliminé / supprimé / cassé / tué la boîte à idées.* »

Malgré cette sémantique funèbre, le ton de ces discours était triomphant. La boîte à idées était cet obstacle qui nuisait à la créativité, car elle happait les idées des salariés et les détournait des circuits vitaux de l'entreprise pour les enterrer dans ce service central funéraire baptisé « Service des suggestions », chargé de tout faire en lieu et place des auteurs et de leurs managers.

En effet, ce service – lorsqu'il existe encore – évalue les idées à la place des auteurs ou de leurs managers directs. Il est chargé de faire élaborer les idées par des experts qui se substituent à l'auteur (aidé par son manager et des experts si nécessaire). Enfin, il pilote la réalisation des idées toujours sans l'auteur. Or, les membres de ce service comprennent rapidement qu'ils sont incapables de traiter la totalité des idées qu'ils reçoivent. Submergés, ils se sentent donc menacés, et font en sorte de limiter le nombre d'idées en devenant sélectifs. Ainsi, les responsables de la boîte à idées d'une entreprise ont banni les idées concernant le poste de l'auteur car elles « *font partie de son travail* ». Tandis que leurs homologues d'une autre entreprise ont banni les idées extérieures au poste de l'auteur car « *il n'y est pas compétent* ». *In fine,* on comprend mieux pourquoi les entreprises « tuent » leurs boîtes à idées : parce qu'elles tuent la créativité !

1. Michelin, *Prospérité,* revue trimestrielle d'organisation scientifique et d'études économiques, numéro « Suggestions », 1933.

Il n'est jamais trop tard pour éliminer la boîte à idées. La banque espagnole BBVA l'a fait en 2002. Selon Xavier Vila Fernández Santacruz, directeur de la qualité de la banque, l'ancien système centralisé a été « *victime de son succès* ». Il a suscité beaucoup d'idées mais très vite s'est écroulé tant les délais de réponse devenaient longs. « *Il vaut mieux ne pas lancer le système que de ne pas donner une réponse rapide aux gens qui ont soumis leurs idées.* »[114] La banque s'est mise à concevoir un nouveau système avec l'appui du président Francisco González qui a demandé une chose : éviter de construire une autre boîte à idées.

Lorsque la réponse à une idée est rapidement donnée par le supérieur direct, le « N + 1 », au salarié qui l'émet, celui-ci est plus motivé : le taux de participation du personnel oscille alors entre 80 % et 90 % dans les entreprises disposant de bons SMI. Par conséquent, les gains par employé réalisés grâce aux idées augmentent eux aussi drastiquement. On peut se rappeler ici l'idée décrite au début de cet ouvrage de deux ingénieurs de Siemens qui, en 1997, ont simplifié le rayonnage pour l'équipement de communication et ont permis à leur entreprise d'économiser 9 millions d'euros par an. En effet, Siemens produisait ces rayonnages depuis quatre ans déjà, mais c'est seulement en 1996 que l'entreprise a remplacé son ancien système de suggestions, une sorte de boîte à idées, par un véritable SMI. Nos deux ingénieurs, comme beaucoup d'autres chez Siemens, ont été convaincus alors que leur entreprise s'intéressait vraiment à leurs idées et ont décidé de participer. C'est cette participation très forte dans la production des idées qui a permis de réaliser le potentiel énorme de gains resté en sommeil dans le cadre de la boîte à idées et d'autres démarches lourdes.

La rapidité de traitement des idées peut même susciter 100 % de participation dans les entreprises qui possèdent des SMI excellents, comme chez Dana Bruges ou chez quelque trois cents entreprises japonaises. Motif : l'appréciation rapide par un supérieur hiérarchique de l'idée soumise constitue une forme de reconnaissance parmi les plus attendues par les salariés, comme il est expliqué dans l'encadré ci-après.

Moteurs de la motivation

Dans les années 1960, le chercheur américain Frederick Herzberg a conduit une série d'études devenues célèbres afin de déterminer les facteurs conduisant le plus à la satisfaction et à la motivation des salariés[1]. Les voici :

- accomplissement personnel et réalisation de soi ;
- appréciation par la hiérarchie ;
- contenu du travail lui-même ;
- responsabilité et autonomie.

Herzberg constate que le salarié est motivé par des facteurs intrinsèques qu'il a appelés « facteurs moteurs » et non par des facteurs extrinsèques, comme les conditions de travail, le salaire, la sécurité de l'emploi, etc. Bien sûr, il a aussi inclus ces facteurs « matériels » dans ses travaux, mais il a remarqué que seule leur *absence* provoque le mécontentement (par exemple, des revendications). En revanche, la présence de ces facteurs n'est pas un élément de motivation. Herzberg compare cette situation à celle d'une personne qu'on a arrêté de battre : elle n'est plus mécontente, mais elle n'est pas heureuse pour autant.

Il est intéressant de noter qu'une autre étude classique, réalisée par Laurence Lindahl[2], donne des résultats identiques. L'appréciation par la hiérarchie du travail accompli, le sentiment de responsabilité et celui de pouvoir contrôler son travail, ainsi que la compréhension, de la part de la hiérarchie, des problèmes personnels, se sont révélés comme les trois facteurs les plus importants pour les salariés interrogés. Lindahl a aussi interviewé les managers sur ce qui *selon eux* motive leurs subordonnés. Le résultat est surprenant et inattendu : ils ont cité en priorité les salaires, la sécurité de l'emploi et la promotion. De surcroît, sur les dix questions posées, ils ont classé les trois facteurs de motivation, jugés primordiaux par leurs subordonnés, respectivement à la huitième, neuvième et dixième position !

Ces résultats sont toujours valides. Selon une récente enquête[3], les trois premières causes de départ dans les entreprises françaises sont : les difficultés à faire passer ses suggestions, les carences de la hiérarchie quant à la compréhension des problèmes personnels et enfin le manque d'autonomie suite au défaut d'information.

En résumé, lorsqu'on interroge les salariés sur leurs motivations dans le travail, ils indiquent toujours en priorité les facteurs intrinsèques : être apprécié par la hiérarchie, réaliser quelque chose de personnel, avoir des responsabilités et être autonome.

1. Voir par exemple son article « One more time : How do you motivate employees ? », *in Harvard Business Review,* Jan-Feb 1968, p.-p. 109-120.
2. Lindahl, L., (1949). « What makes a good job ? », *in Personnel,* January 25, 1949. Les résultats de cette étude étaient confirmés dans une série d'études plus récentes avec les différents métiers et entreprises ; voir Hersey, P. & Blanchard K.H, *Management of organizational behavior. Englewood Cliffs,* NJ, Prentice Hall, 1993.
3. *Usine Nouvelle,* n° 2 762, janvier 2001.

Lors de notre visite chez EADS CASA, en Espagne, alors qu'il commentait le taux moyen de participation de 75 %, le responsable du SMI de l'entreprise, Jesús Ramiro Descalzo, nous a fait remarquer que les salariés de terrain participaient beaucoup plus fortement que les managers et les ingénieurs à la démarche[115]. Puis, il a expliqué que pour les salariés, participer au SMI constituait un moyen de transformer l'activité manuelle et solitaire en activité mentale et en équipe. Le contenu plus riche et l'accomplissement de soi obtenus grâce à cette participation intéressent naturellement moins les managers et les ingénieurs. Comme on le verra plus tard, pour impliquer ces dernières populations, il faut adopter d'autres démarches.

Un autre indice de performance des bons SMI tient au taux de réalisation souvent supérieur à 90 %. Ce qui a fondamentalement changé chez Air France Industries depuis que la boîte à idées a été remplacée par un SMI, c'est, d'une part, que les salariés obtiennent rapidement une réponse de leur supérieur et, d'autre part, que l'idée est réalisée par eux-mêmes et non plus par un service centralisé ou sollicité *ad hoc*. Or, avoir un impact sur l'entreprise, pouvoir y réaliser quelque chose de sa propre initiative constituent deux autres formes de reconnaissance figurant parmi les plus sollicitées par les salariés.

Par conséquent, dans les SMI dont les taux de participation et de réalisation avoisinent les 100 %, les managers confient logiquement, dès lors que la réponse est positive, la réalisation d'idées à leurs auteurs. C'est à cet instant que le processus devient *rapide,* car c'est l'auteur qui se charge de la réalisation. Rappelons-nous André Geffroy Lemoine chez Air France Industries : il nous expliquait comment l'auteur, après avoir rapidement obtenu l'aval de son supérieur, peut, tout aussi rapidement, élaborer et réaliser son idée lui-même. Toutefois, nombreuses sont les entreprises qui n'ont pas pris la mesure de ce facteur « rapidité ». En France, par exemple, les statistiques montrent que le temps moyen entre l'émission et la réalisation d'une idée est d'environ trois mois[116] et cet écart est dû, pour beaucoup, au retard pris dans la réalisation. Or, pendant que le salarié attend une réponse à sa première idée, il n'en donnera pas d'autres même s'il en a trouvé. Par conséquent, le nombre maximal d'idées que le salarié puisse réaliser dans ces entreprises sera de quatre par an (voire trois si on prend en compte les RTT). Imaginez les entreprises dotées d'un processus rapide où l'idée est traitée en trois jours maximum : leurs salariés peuvent réaliser jusqu'à cent idées par an et par personne ! Ces entreprises existent.

Les salariés de première ligne disposent d'atouts considérables. Ils figurent parmi ceux qui souhaitent le plus voir leurs idées se concrétiser. Ils connaissent parfaitement les spécificités de leur travail, comme nous l'avons vu dans la première partie de cet ouvrage. Ils sont donc les premiers à savoir quelles ressources il faudra mobiliser pour réaliser leurs idées et comment surmonter d'éventuels problèmes liés à la réalisation. Enfin, leurs collègues accepteront plus facilement de négocier avec eux d'éventuels aménagements découlant de la mise en application de cette idée, à l'inverse du manager, qui risque de susciter des résistances.

La réalisation de l'idée par l'auteur lui-même constitue la clé du processus rapide de traitement des idées. Néanmoins, certaines idées peuvent êtres complexes et donc difficiles à mettre en œuvre par l'auteur seul. Dans bon nombre d'entreprises que nous avons étudiées, le pourcentage d'idées nécessitant des ressources supplémentaires ou l'intervention d'experts varie entre 10 % et 20 %. Dans ces cas-là, l'auteur doit jouer un rôle de pilote : c'est lui qui rencontrera les services, choisira les personnes capables de la réaliser et supervisera l'état d'avancement du projet. Quant à son supérieur, il lui apportera son aide pour mobiliser les ressources de l'entreprise nécessaires à l'auteur. Ce soutien ne devrait pas poser de problème au manager en question, à condition bien évidemment qu'il soit impliqué dans le management des idées. Si tel est le cas, il sera le premier à souhaiter voir les idées de ses subordonnés se réaliser rapidement et fera son possible pour les épauler. Enfin, si la réalisation est moins rapide dans le cas d'idées complexes, cette « lenteur » ne devrait pas freiner pour autant la motivation de l'auteur. Il continuera par la suite à proposer des idées car il aura pu garder la maîtrise de son projet. Rappelons-le, les grands inventeurs, tels Gutenberg ou Eiffel, ont conservé intacte leur motivation, même s'ils ont dû attendre des années avant de pouvoir réaliser leurs inventions.

En conclusion, nous pouvons affirmer qu'un management des idées est efficace lorsque le SMI de l'entreprise fournit à l'auteur une réponse rapide, c'est-à-dire quelques jours pour des idées de portée locale et quelques semaines pour les autres.

Pour que la réalisation d'une idée soit elle aussi rapide, il est capital de confier la mise en œuvre ou le pilotage du projet à l'auteur lui-même.

Et rappelons-nous la conviction de Didier Leroy de Toyota Motor Manufacturing France, citée en début d'ouvrage : la rapidité de la réalisation des idées multipliée par le nombre de personnes dans une entreprise est la clé de l'avantage concurrentiel. La rapidité est intrinsèquement liée à un autre facteur clé, garant d'un bon SMI : celui de la simplicité du traitement des idées. En effet, le traitement ne peut être rapide que s'il est simple.

SIMPLICITÉ DU PROCESSUS DE TRAITEMENT DES IDÉES

Qu'advient-il du management des idées dans l'entreprise quand le processus de traitement de ces dernières est lourd ? Les idées sont tout simplement abandonnées.

En 2001, nous nous sommes rendus dans une entreprise de haute technologie réalisant environ 1,1 milliard d'euros de chiffre d'affaires. Nous avons eu l'opportunité d'analyser sa démarche de qualité, démarche qui lui a valu d'être lauréate pour la qualité dans son secteur à plusieurs reprises, et d'observer son processus de production très sophistiqué, laissant une large place à la créativité « informelle » des salariés en poste. Nous avons ensuite rencontré la personne chargée d'animer les idées dans cette entreprise. « *Je n'anime plus ce comité, j'ai démissionné* », a-t-elle lancé en guise de présentation. C'était la première fois que nous étions confrontés à une telle situation qui n'annonçait rien de bon. Voici, en résumé, l'histoire que cet homme nous a racontée par la suite.

En mars 1999, la direction de production lance une démarche destinée à gérer les suggestions d'amélioration de la production. Un document de douze pages, *Procédures techniques,* est distribué à tous les salariés concernés. Le but de ce document consistait à définir « *ce qu'est une suggestion d'amélioration, qui a le droit d'émettre les suggestions, la forme de la suggestion, l'évaluation et la récompense des suggestions d'amélioration* ».

Sur la première page, on pouvait lire, en dessous de l'intitulé « Initiateur de la suggestion d'amélioration » : « tout employé de l'entreprise ». Puis, sous l'intitulé suivant, « Comité de suggestion d'amélioration » :

- manager de sécurité, qualité et amélioration de la production, président ;
- manager de contrôle ou manager de l'organisation, membre ;
- manager de la gestion de qualité et de l'amélioration d'outils de production, membre ;
- manager du service de technologies, membre ;
- membre désigné par le vice-président de la production.

Nous n'allons pas retranscrire ici les quatre pages suivantes explicitant les procédures, diagramme à l'appui. Précisons toutefois que le diagramme montrant le cheminement de la suggestion, à partir de son émission par l'auteur, contient dix-neuf rectangles et trois losanges de décision, ces derniers étant tous concentrés au niveau du Comité et du vice-président de la production. Six des dix-neuf rectangles appartiennent à l'auteur de la suggestion : le premier correspond à l'émission de sa suggestion, les cinq autres aux réceptions des réponses du Comité. En d'autres termes, après avoir émis sa suggestion, l'auteur de l'idée n'a plus rien à faire sinon attendre.

Voici les résultats de cette méthode : en un an et demi, sur 5 000 employés de l'entreprise, le Comité a reçu environ quatre cents suggestions dont 10 % seulement ont été réalisées permettant de dégager 666 000 euros de réductions de coûts. À titre de comparaison, rappelons que les bons SMI gèrent au moins vingt suggestions par employé par an. Si un système performant avait été instauré dans cette entreprise, il aurait géré, en un an et demi, 150 000 suggestions, dont 80 à 90 % auraient été réalisées et la réduction de coûts aurait pu atteindre quelque 18 millions d'euros. En d'autres termes, et si on ne s'attache qu'à la réduction des coûts, l'entreprise a gaspillé 17,3 millions d'euros et n'a réalisé que 0,4 % du potentiel des idées de ses employés (voir encadré ci-après pour calculer ce potentiel pour toute entreprise). Mais le pire était à venir.

Le potentiel d'idées réellement utilisé

Voici une formule qui peut être utilisée pour avoir une indication du potentiel d'idées réellement utilisé dans n'importe quelle entreprise gérant des idées :

$$\frac{\text{Montant annuel des gains grâce aux idées de l'entreprise}}{\text{Nombre d'employés de l'entreprise} \times 3\,432\ €^{*}}$$

*Gains moyens nets (après la soustraction des coûts de reconnaissance) réalisés par an grâce aux idées d'un employé japonais. Source : Japan Human Relations Association, 2000 ; taux utilisé : 1 euro = 114 995 yen.

Si on ne connaît pas le montant annuel de gains grâce aux idées, on peut aussi utiliser le nombre d'idées obtenues par l'entreprise dans l'année :

$$\frac{\text{Nombre d'idées obtenues par l'entreprise dans l'année}}{\text{Nombre d'employés de l'entreprise} \times 21{,}1^{**}}$$

**Nombre moyen d'idées par employé par an dans les entreprises japonaises en 2000 ; *ibid.*

Illustration : en une année, une très grande banque européenne employant 130 000 personnes a recueilli 1 200 idées. Le potentiel d'idées de ses employés qu'elle réalise est de moins d'un demi-pourcent.

$$\frac{1\,200}{130\,000 \times 21{,}1} = 0{,}044\ \%$$

Le Comité était en effet submergé par la trop grande quantité de suggestions qu'il avait à traiter. Se réunissant deux fois par mois, il ne pouvait évaluer qu'une dizaine d'idées à chaque réunion et prenait de plus en plus de retard. La solution trouvée pour supprimer ce goulet d'étranglement a été parfaitement conforme à ce type de gestion centralisée des idées : au lieu de casser le système, on l'a perpétré en élevant des barrières pour réduire drastiquement la quantité des suggestions à traiter.

Dès lors, le service refusait d'examiner des idées qui :

- proposaient des changements dans les produits ;
- faisaient partie du travail de la personne ;
- n'étaient que des questions ou des suggestions générales ;
- généraient de très petits gains ;
- existaient déjà dans l'entreprise ;
- rencontraient l'opposition du supérieur de l'auteur.

Ce service a effectivement réussi à limiter le nombre de suggestions, celles-ci ne s'élevant plus qu'à une dizaine « *véritablement créatives* », selon lui, par mois. Mais le bon sens a fini par l'emporter : le fait de mobiliser cinq managers dans un comité traitant une centaine de suggestions par an parut même incongru à ses membres. Deux ans plus tard, ils démissionnaient ou se faisaient remplacer par d'autres personnes encore moins motivées. Puis, sous un prétexte de restructuration de la production, le nouveau président du Comité l'a tout simplement supprimé.

Cet exemple éloquent n'est pas totalement négatif. En effet, les membres du comité n'ont-ils pas fini par « tuer » eux-mêmes leur boîte à idées ? Mais combien d'entreprises confrontées à la même situation continuent à maintenir leurs comités, leurs coordinateurs, leurs boîtes à idées sous perfusion durant des années ? Car toutes celles qui utilisent l'approche centralisée, au lieu de celle décentralisée s'appuyant sur les managers, doivent, tôt ou tard, faire face aux mêmes difficultés. Le système s'engorge et la créativité plafonne, année après année, à quelques idées par personne et par an (par exemple, en 2000 la moyenne était de 0,46 idée par personne en Allemagne et de 0,53 idée par personne par an en Suède.)

Pourquoi ces entreprises conservent-elles un système qui ne fonctionne pas ? D'abord, il y a des cas où les responsables des démarches centralisées ignorent, voire nient leurs faibles performances et celles-ci restent donc inconnues des dirigeants. Si l'on montre à ces derniers que chacun de leurs commerciaux vend quarante fois moins qu'avec les meilleures pratiques dans leur secteur, ils seront catastrophés. Mais comme nous l'avons déjà montré dans la deuxième partie de cet ouvrage, le *benchmarking* des meilleures pratiques concernant les idées se fait rarement. Toutefois, dans la plupart des cas, la raison réside dans un manque de compréhension par la direction du management des idées. Lorsque ce n'est pas le cas (deux ans de contre-performance sont suffisants pour s'en apercevoir), la boîte à idées est rapidement remplacée par un processus simple. C'est ce que cherchait à faire Michelin dès 1929 (voir l'encadré ci-après).

Michelin : la fin de la boîte à idées

Dans les années 1920, Michelin possédait un service central de suggestions composé de plusieurs ingénieurs de suggestions. En 1933, la revue de Michelin critique ainsi ce service dans l'article « Au début : les gaffes » :

« *À un moment de notre évolution, le service des suggestions, faisant lui-même l'étude complète de tout, ne profitait pas assez de l'expérience des autres services. Il accumulait les paperasses et son effectif avait grossi démesurément. Nous sommes revenus de ces erreurs et le rôle des ingénieurs de suggestions se réduit aujourd'hui à ceci :*

- *contrôler par des sondages l'application effective des suggestions.*[1] »

Ainsi, l'effectif du service central des suggestions, qui était passé de quinze personnes en 1928 à vingt-huit en 1929, a été réduit à sept personnes en 1932. C'est à cette date que Michelin a décentralisé l'évaluation et la réalisation des idées vers les unités, les salariés et les managers sur le terrain, et a adopté une véritable démarche de management des idées. Ainsi, comme nous l'avons déjà mentionné,

Michelin ne fut pas la première entreprise à avoir introduit une boîte à idées en France, ni même la première entreprise au monde à l'éliminer. Elle fut davantage : la première au monde à l'avoir supprimé pour lui substituer un nouveau type de management d'idées : Le Système de Management des Idées.

1. *Ibid.*, p. 20.

L'article « Au début : les gaffes » que nous avons cité dans l'encadré définit quelques principes clés que Michelin a adoptés pour simplifier le traitement des idées :

- confier l'évaluation et l'approbation des idées aux managers « N + 1 » ;
- avoir des personnes (ingénieurs de suggestions, manager d'idées) dont le rôle se limite à expliquer aux salariés le système et à l'animer en produisant notamment des indicateurs de performance.

Confier l'évaluation et l'approbation des idées aux managers « N + 1 » est fondamental pour rendre le processus de traitement des idées simple. L'entreprise a déjà confié à ses managers « N + 1 » le contrôle des opérations. Rien n'est plus naturel que de leur confier aussi le contrôle de l'amélioration de ces opérations. Dans le cas où le manager n'arriverait pas à évaluer l'idée d'amélioration – car elle est susceptible de transformer radicalement les opérations ou est de caractère transversal – il procédera de la même manière que s'il s'agissait de problèmes complexes de contrôle des opérations : il s'adressera aux autres managers et experts.

Mais la palme historique du processus de traitement hyper simple des idées reposant sur le « N + 1 » revient à Siemens. Lors de notre visite dans cette entreprise, nous avons découvert que ses archives possédaient un « livre de suggestions » datant de 1889. Sur une page de ce livre (voir la reproduction ci-après) on peut voir une idée, assez complexe d'ailleurs, soumise par un salarié le 22 janvier 1889, jour où son « N + 1 » l'a ensuite analysée et approuvée pour être réalisée.

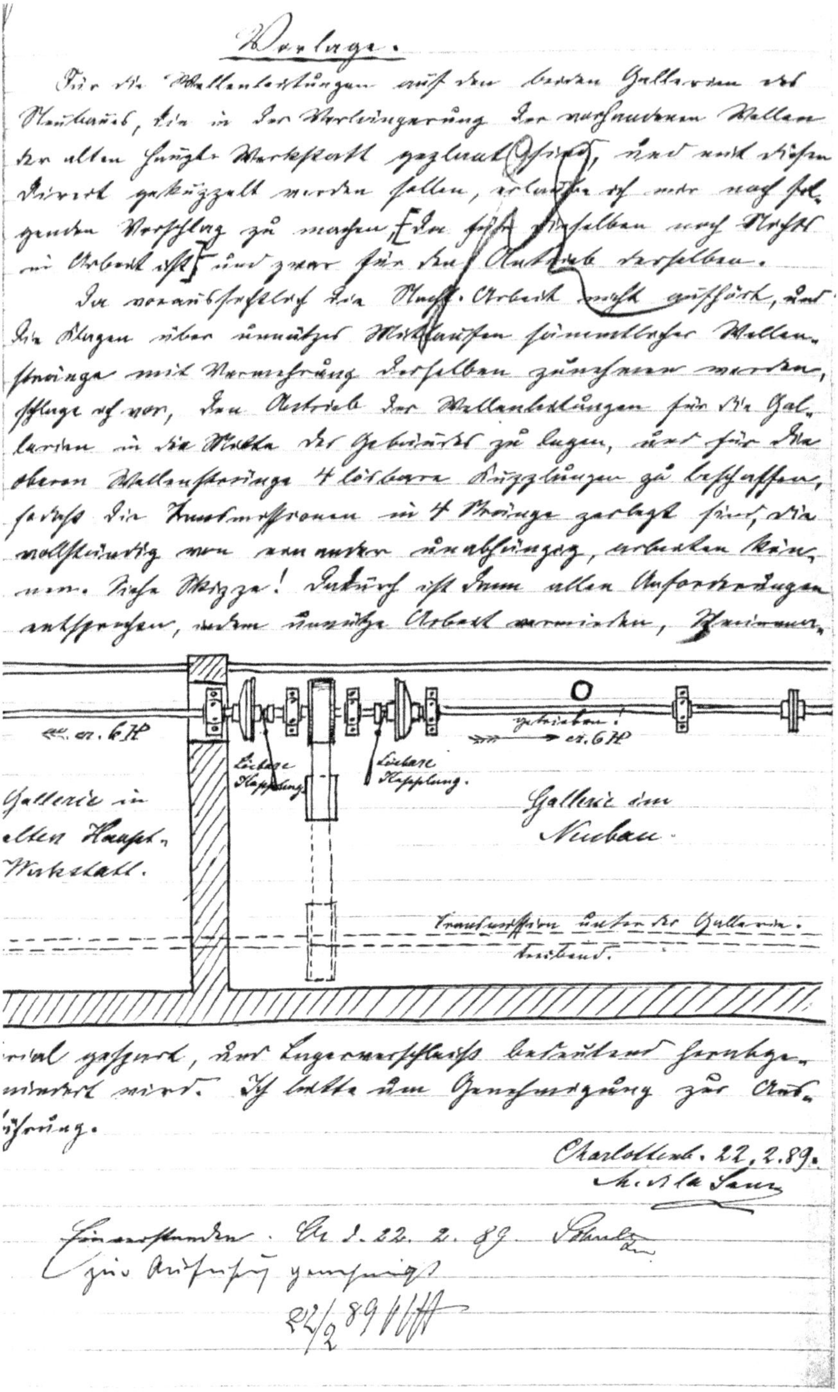
Vorlage.
ca. 6 HP
lösbare Kupplung
lösbare Kupplung
getrieben! ca. 6 HP
Gallerie im alten Haupt-Werkstatt.
Gallerie im Neubau.
Transmission unter der Gallerie treibend.
Charlottenb. 22.2.89.

Ainsi, le traitement des idées peut et doit se faire par les managers « N + 1 » et non pas par un service central[117]. Il doit intégrer l'ensemble des activités de management et peut même en devenir la clé. C'est ainsi que, dans les meilleurs SMI, le management des idées peut devenir le management *par* des idées.

Dans sa configuration minimale, le management des idées se fait pendant ce que l'on définit comme le « temps masqué », car il intègre les activités de management des équipes. Chez Airbus, par exemple, les responsables des équipes débutent la semaine, le lundi matin, par une demi-heure de réunion. Devant un tableau, ils examinent les idées soumises par des membres de l'équipe pour organiser le travail de la semaine, à la fois en ce qui concerne les opérations courantes et la réalisation des idées et leur amélioration. Dans les services, il peut être encore plus simple d'organiser ces activités que dans l'industrie. Selon Fabio Tomaselli, responsable du programme d'amélioration chez Dana Italie, « *en comparaison avec les opérateurs de production, le personnel des services et de l'administration est peu jaugé pour sa productivité et bénéficie ainsi plus d'opportunités pour réaliser des améliorations* »[118]. Dans sa configuration complète, le management des idées devient le management *par* des idées car celles-ci deviennent le vecteur principal :

- de l'*empowerment* des salariés, qui ont l'initiative de l'organisation de leurs tâches ;
- de la motivation et la mobilisation des salariés dont l'impact singulier est dorénavant reconnu par l'entreprise ;
- du suivi des performances globales des salariés à travers les indices de leur participation au SMI.

Confier aux « N + 1 » le pouvoir d'approuver une idée à réaliser constitue à la fois une suite logique à la confiance fondamentale accordée aux salariés et aux managers de première ligne et la clé de la décentralisation et de la simplification du processus de traitement des idées.

Mais ce type de processus, déjà simple, n'est pas le plus simple. Certaines entreprises l'ont poussé encore plus loin.

ENCORE PLUS SIMPLE ET PLUS RAPIDE : LA RÉALISATION TOTALE PAR L'AUTEUR

Après notre visite du site Pirelli de Höchst, en Allemagne, qui possède un très bon SMI, nous avons demandé à son responsable ce qu'il cherchait à améliorer dans son système. « *La rapidité* », a-t-il répondu. Puis il a précisé : « *Nous n'arrivons pas à réaliser les idées aussi vite qu'on le souhaiterait. La première chose que les gens attendent, c'est de voir leurs idées mises en place et cela prend encore trop de temps.* » En effet, une fois que l'entreprise a érigé la confiance envers les salariés de première ligne en une valeur fondamentale, elle peut faire le dernier pas : simplifier le processus d'évaluation et de réalisation des idées. Au Japon, ce mécanisme a été introduit initialement sous le nom de « *kaizen teian* »[119]. Nous le nommons « Réalisation Totale par l'Auteur » (RTA) et nous l'avons vu en pratique dans plusieurs entreprises européennes, telles que Milliken France et Dana.

Est-il logique de faire confiance au « N + 1 » pour évaluer l'idée et non pas à son subordonné, qui est pourtant l'auteur de l'idée ? À cela, Dana Pampelune et Bruges et Milliken France répondent non. Non, ce n'est pas logique. « *Nous faisons entièrement confiance à nos salariés et à leurs équipes pour apprécier quelle sera l'action à effectuer à leur poste. Il est logique qu'ils déterminent aussi la nature de l'amélioration à réaliser à leur poste* », répondent-elles. Dans ces entreprises, on ne demande même pas à l'auteur d'une idée de la soumettre pour approbation à son « N + 1 ». C'est à lui, seul ou en équipe, de juger de sa valeur. S'il estime que son idée est bonne pour l'entreprise, il doit immédiatement passer à l'acte. Il le fait seul ou, s'il a besoin de soutien, avec l'aide de son « N + 1 ». C'est seulement lorsque l'idée est réalisée qu'il la décrit et l'enregistre dans le SMI pour en conserver une trace (afin d'en informer le management, la diffuser et l'appliquer dans d'autres postes similaires, permettre des mesures de reconnaissance à l'échelle de l'entreprise, standardiser, etc.). Voilà comment Felix Remírez, opérateur de Dana Pampelune, a procédé pour réaliser son idée de réorganisation / rangement radical de son poste de travail : « *Quand j'ai eu mon idée, j'en ai fait part à mes coéquipiers qui l'ont trouvée bonne, et une fois qu'elle a été réalisée, nous avons rempli une fiche pour expliquer et informer sur ce que nous avions fait.* »[120] Remarquons qu'il ne raconte même pas les détails de la réalisation. En revanche, il précise qu'il a bien rempli la fiche – la phase clé de la RTA. Bien sûr, si le salarié n'arrive pas à évaluer lui-même son idée ou souhaite un avis extérieur, il sollicite son « N + 1 » qui peut, à son tour, prendre l'avis d'experts et d'autres managers. Il procédera de même s'il n'arrive pas à réaliser seul son idée.

Ce type de processus extrêmement simple permet d'obtenir chez Dana Pampelune ou Milliken France des taux de réalisation d'idées voisinant 90 %, voire 100 % chez Dana Bruges ou Toyota Kentucky. L'encadré ci-après compare les performances de trois types de processus de traitement des idées : le plus lourd, de type « boîte à idées », le simple, qui se fonde sur l'évaluation de l'idée par le « N + 1 » et, enfin, l'ultrasimple, celui de la RTA.

Processus de traitement des idées : du plus lourd au plus simple[a]

Type de processus	Boîte à idées	« N + 1 » approuve	RTA
Exemple d'entreprise	ISP Marl	Delphi La Rochelle	Milliken France
Nombre d'idées par employé par an	0,57	2,2	54
Taux de réalisation	55 %[b]	85 %	98 %
Taux de participation	25 %	39 %[c]	88 %
Gratification par idée	20 % / 3 %[d]	0[e]	1,32 €[e]

a. Les statistiques correspondant à l'année 1999 nous ont été communiquées lors des visites d'études que nous avons effectuées dans les entreprises citées.
b. Chiffre approximatif car beaucoup de réalisations ont duré plus d'un an ; il comprend des idées de l'année précédente et n'inclut pas les idées en cours de réalisation.
c. Taux qui inclut la participation à la fois dans le SMI et dans les équipes d'amélioration.
d. 102 € pour les idées aux gains incalculables ; 20 % des gains si ceux-ci ne dépassent pas 86 920 € ; 3 % des gains si ceux-ci sont supérieurs à 86 920 €.
e. Différentes mesures de reconnaissance pour les meilleures idées du mois et de l'année sont utilisées par ailleurs (cadeaux, bons d'achats, trophées, cérémonies, etc.).

Ce tableau nous permet de comparer trois entreprises. L'une, ISP Marl, pratiquant le processus de traitement des idées, de type « boîte à idées » ; la deuxième, Delphi La Rochelle, qui se fonde sur l'approbation de l'idée par le « N + 1 » ; et la dernière, Milliken France, qui pratique la RTA. Les gains monétaires directs des SMI utilisant n'importe lequel de ces trois processus dépassent, en moyenne, dix fois le coût des mesures de récompense ou de reconnaissance. D'autre part, les quelque trois à cinq plus grosses idées remboursent généralement tous ces derniers coûts. Toutefois, les coûts engendrés par les salaires des personnes chargées de gérer le processus sont infiniment plus élevés dans les boîtes à idées : on compte neuf salariés à temps plein chez ISP Marl, contre une seule personne à mi-temps chez Delphi. Enfin, Milliken n'a besoin de personne puisqu'il a fait le choix de la RTA.

On peut penser que ce sont les « N + 1 » qui ont le plus de travail dans les processus « N + 1 approuve » et RTA. Pour le processus « N + 1 approuve », le manager intermédiaire fait effectivement beaucoup : il discute avec l'auteur de son idée pour l'évaluer, le soutient dans sa réalisation, encourage et incite chaque subordonné à participer à la démarche. Mais il réduit aussi la charge globale de travail, car au fur et à mesure que les idées sont réalisées, le nombre de dysfonctionnements diminue, les opérations deviennent plus fluides et il est moins sollicité pour intervenir. En revanche, pour le processus RTA, la réduction de la charge de travail pour le « N + 1 » est immédiate. Toute la gestion des idées repose dorénavant sur l'auteur lui-même : le rôle du manager consiste à faire part de sa reconnaissance, à anticiper les besoins des auteurs d'idées au moment de la réalisation et à effectuer le suivi des mesures de performance de son équipe. Mais l'essentiel des avantages du processus RTA ne se situe pas au niveau du « N + 1 », l'entreprise tout entière en bénéficie.

D'abord, la qualité des idées augmente énormément. La nature du processus créatif est telle que l'idée initiale n'est pas toujours la meilleure. Le processus « N + 1 approuve » tend à la figer dans la formulation soumise au « N + 1 » et à passer tout de suite à la réalisation de l'idée approuvée. En revanche, quand l'auteur passe seul à la réalisation et s'aperçoit – comme c'est très souvent le cas – qu'il y a là matière à une idée encore plus forte, il a toute latitude pour changer son plan de réalisation. Il ne formalise son idée qu'une fois sa réalisation achevée, pas avant !

Ensuite, la motivation des employés augmente considérablement. Nous verrons dans le chapitre suivant, consacré à la reconnaissance, que la réalisation de leurs idées constitue une puissante source de motivation. Voilà comment Felix Remírez a réalisé deux cents idées en six ans, c'est-à-dire cinquante par an dans le cadre de la RTA à Dana Pampelune. C'est cette motivation intrinsèque qui explique pourquoi une partie significative de la réalisation de l'idée est faite par l'auteur lors du « temps masqué », parmi d'autres activités, contacts, repas et surtout chez lui, car il ne cesse jamais d'y penser. Rappelons-nous l'idée décrite au début de l'ouvrage de la consultante Pam Koertshuis, qui a conçu un logiciel chez elle. Son collègue de chez Oracle Nederland, Hubert Bakker[121], était tellement intrigué par sa propre idée de générateur de codes de programmes qu'il l'a réalisée à son tour — comme il l'a dit « *sous l'arbre de Noël* » — pendant ses deux semaines de congés de fin d'année. D'ailleurs, pouvoir réaliser ses propres idées constitue une motivation tellement forte que même une personne sans formation technologique peut réaliser des prouesses. Nous avons vu chez Toshiba Europe un magasinier qui a réalisé, chez lui et en quelques mois, un logiciel complet de gestion des stocks. Il ne l'a fait savoir qu'une fois le logiciel installé sur l'intranet de l'entreprise. Tant que le processus repose sur le « N + 1 », le message implicite donné à l'auteur est qu'il peut émettre des idées, mais que c'est de la responsabilité de son « N + 1 » de veiller à ce qu'on soumette et à ce qu'on réalise des idées dans son équipe. Cela fait partie de ses objectifs, pas de ceux du salarié. Avec la RTA, le message est différent : la responsabilité et l'objectif incombent au salarié. Tout cela fait partie de son travail et c'est ce qui le motive.

En troisième lieu, les compétences des individus augmentent considérablement. En réalisant lui-même son idée, le salarié est souvent conduit à dialoguer avec d'autres professionnels, il doit intégrer différents processus et comprendre comment l'entreprise est gérée.

En quatrième lieu, le processus RTA permet d'augmenter le taux de participation au-delà de 80 % car certaines personnes pratiquent la RTA avant qu'elle soit officialisée. Un salarié chez Dana Italie nous a confié qu'il avait réalisé une quinzaine d'idées dans l'année sans les enregistrer. Il a expliqué qu'il avait procédé ainsi car, d'une part, il était certain que ses idées étaient bonnes, mais que d'autre part, son « N + 1 » s'opposait systématiquement à tout ce qu'il proposait. Dana Italie a justement adopté le processus de traitement des idées « N + 1 ». Or, le processus RTA aurait permis à l'entreprise d'identifier les idées de ces salariés « mal gérées » par certains managers, de les rendre connues des autres collègues et de les intégrer au processus de progrès permanent de l'entreprise.

Enfin, la RTA est un moyen très efficace pour le salarié de s'approprier les objectifs de l'entreprise. Dans le processus « N + 1 approuve », il peut encore les ignorer car c'est son supérieur qui vérifie si son idée est bonne pour l'entreprise. Dans le processus RTA, en revanche, on lui dit : « *Si vous jugez que votre idée est bonne pour l'entreprise, réalisez-la tout de suite.* » Il est donc contraint de s'approprier les critères et les objectifs de celle-ci. L'entreprise peut d'ailleurs aider les nouvelles recrues à les intérioriser. Chez Milliken France, elles montrent, au cours des trois premiers mois qui suivent leur embauche, toutes leurs idées à leur « N + 1 » avant d'agir. Ce dernier discute avec l'auteur et lui indique celles à réaliser immédiatement, celles à élaborer et celles, éventuellement, à revoir (car elles sont contraires à tel ou tel autre critère de performance, objectif de l'entreprise). Ainsi, à partir d'exemples pris sur ses propres idées, l'auteur intériorise les critères et les objectifs de l'entreprise. Après trois mois d'apprentissage, on ne lui demande plus de montrer les idées avant qu'il les réalise.

Nous pensons avoir été assez précis sur les avantages des processus rapides et légers du traitement des idées utilisés dans les entreprises disposant de bons SMI. Mais pourquoi ces processus ne sont-ils pas plus largement répandus ? Pourquoi bon nombre d'entreprises persistent-elles à maintenir leurs comités, coordinateurs, boîtes à idées, aujourd'hui sur l'intranet, sous perfusion ? Certaines n'imaginent pas que les idées peuvent et doivent être gérées comme les coûts et la qualité, c'est-à-dire par les managers. Mais pour un certain nombre d'entreprises la raison est différente.

> Dans ces entreprises, il existe, de la part de la direction, une méfiance fondamentale à l'égard des salariés de première ligne et de leurs managers directs « N + 1 ». Par conséquent, on préfère maintenir un système centralisé chargé de contrôler la réalisation de chaque idée, processus nécessairement lent et lourd.

La phrase « *Ne faites jamais des affaires avec des gens en qui vous n'avez pas confiance* » est devenue un cliché. Les entreprises évitent de lier leur destin à des partenaires, fournisseurs ou clients en qui elles n'ont pas confiance. Mais quand il s'agit de ses propres troupes, l'entreprise, à bien des égards, leur fait savoir qu'elle ne leur fait pas confiance ; elle vérifie, contrôle, surveille, réclame des comptes en permanence. Or, la confiance ne se décrète pas, elle se construit dans l'esprit des salariés en fonction de la façon dont l'entreprise les traite.

Celle-ci peut faire beaucoup. Chez Delphi La Rochelle, le « coin outils » est par exemple ouvert à tout salarié souhaitant réaliser son idée et le matériel n'a jamais été dérobé. Chez IDEO, spécialisé dans la conception de nouveaux produits, chacun peut organiser et décorer son lieu de travail comme il le souhaite, selon un principe défini par Dave Kelly, P-DG : « *Essaie le truc et demande la bienveillance, plutôt que la permission.* » On raconte aussi que chez Sony, le président a supprimé les badges naguère exigés à l'entrée de la cantine, ou encore que le président de Hewlett-Packard a fracturé la chaîne qui fermait le magasin de matériel après les heures de travail. Mais les entreprises peuvent encore mieux faire, notamment en faisant en sorte que ces mesures résultent d'une vision, fassent partie d'un plan d'ensemble, comme c'est le cas chez Toyota Motor Manufacturing R.-U., à Burnaston.

Le Dr. Brian Jackson, *senior director*, nous a expliqué comment, à l'occasion de l'implantation de Toyota en Angleterre, le directeur du site et lui s'y étaient pris pour supprimer tous les signes extérieurs de hiérarchie.[122] Dès l'embauche d'une recrue, Brian Jackson lui consacrait notamment une heure et quart et lui disait : « *Je ne vous connais pas et je n'attends pas que vous me fassiez confiance* a priori, *ni que je vous fasse confiance* a priori. *Mais je veux vous faire confiance.* » Selon Brian Jackson, c'est cette volonté exprimée qui distingue son entreprise de celle de ses concurrents. À l'issue de la première semaine d'embauche, Jackson rencontrait à nouveau le salarié pour qu'il lui fasse part de ses observations : ce qui lui avait plu et ce qu'il jugeait nécessaire d'améliorer. C'est à l'occasion de ces entretiens qu'il a souvent entendu cette remarque : les salariés étaient étonnés qu'il n'y ait pas de parking exclusivement réservé à la direction. Plus généralement, ils étaient surpris par cette entreprise qu'ils définissaient comme ayant un « statut unique » pour tous les salariés (*single-status*). Une vision similaire existe chez Siemens Nederland. Son DRH, Wouter Vlasblom[123], nous a parlé des différentes mesures déployées dans l'entreprise pour créer une fidélité mutuelle : « *Nous nous sentons responsables de nos salariés et par conséquent, nous pouvons nous attendre à leur fidélité. La fidélité tu donnes, la fidélité tu reçois.* »

Toutes ces mesures symboliques ont leur importance : il suffit de penser à toutes les autorisations exigées dans bon nombre d'entreprises pour pouvoir décorer son lieu de travail. Ceci est loin de convaincre le salarié qu'on lui fait fondamentalement confiance. Ce n'est que lorsque l'entreprise lui permet de contrôler l'organisation de son travail qu'il commence à y croire. Or, permettre aux salariés de réaliser leurs idées sans qu'il soit nécessaire d'en demander l'autorisation et les laisser libres de diriger leur travail sont des moyens clairs de ce contrôle. De surcroît, à travers cet (auto-)contrôle, l'employé a son mot à dire sur la façon dont l'entreprise évolue dans son ensemble. « *Je sens qu'à travers le système de* [management des idées], *je participe à la gestion de mon entreprise* »[124], a ainsi témoigné l'auteur d'une idée.

Un bon processus de traitement des idées est essentiel pour instaurer un climat de confiance en entreprise.

Pour autant, il ne suffit pas de l'instaurer : cette ambiance doit perdurer, être entretenue. Sinon, la situation risque de se détériorer et, ce faisant, la participation des employés à la démarche de management des idées ira en déclinant. Donner perpétuellement des gages de reconnaissance aux salariés pour les idées qu'ils réalisent est indispensable pour maintenir ce climat de confiance réciproque et perpétuer la démarche des idées dans l'entreprise.

LA RECONNAISSANCE

Nous avons délibérément choisi de traiter le thème de la reconnaissance à la fin de cette partie. En effet, si l'entreprise a conçu un processus permettant aux auteurs de réaliser leurs idées rapidement, cette étape constitue pour eux « LA » reconnaissance qu'ils attendent. Mais toutes les autres formes de reconnaissance – par la hiérarchie, *via* l'organisation de cérémonies, la distribution de trophées ou de cadeaux destinés à récompenser les meilleures idées, etc. – sont aussi importantes, et nous allons expliquer pourquoi. Mais rappelons-le : aucune forme de reconnaissance ne remplace, pour l'auteur, l'importance cruciale de voir son idée rapidement réalisée.

Avant d'aborder ce thème, nous souhaitons évoquer deux sujets très liés : la motivation intrinsèque et la motivation extrinsèque. Il nous arrive régulièrement, lors de séminaires et après avoir exposé le cas remarquable d'un auteur qui, grâce à son idée, a permis à l'entreprise de faire d'importantes économies, d'entendre de la part de quelques participants la remarque suivante : « *Qu'a-t-il reçu de la part de son entreprise en échange ?* » Nous répondons invariablement qu'il n'a reçu aucune récompense directe, mais que son idée a été sélectionnée comme celle du mois et que le directeur lui a remis un diplôme et un prix sous forme de bons d'achats d'une valeur d'une centaine d'euros. À cette réponse, l'auteur de la remarque lève immanquablement les yeux au ciel. Sa question est évidemment très importante, trop importante pour qu'on l'évacue d'un revers de la main en supposant que le principe suivant est acquis pour tout le monde :

Lier directement une idée réalisée à la récompense matérielle substantielle, c'est tuer la motivation créative.

Voici un cas remarquable qui illustre comment l'entreprise tue la motivation créative de ses auteurs d'idées les plus dynamiques en liant directement une idée réalisée à la récompense matérielle substantielle.

« Je ne cherche plus de petits trucs »

Lorsque nous avons étudié l'un des grands constructeurs automobile européens, nous avons, comme toujours, demandé à rencontrer plusieurs auteurs d'idées. L'un d'eux, un technicien de qualité, nous a montré son idée qui lui avait demandé deux mois de recherches et d'efforts. En 1996, il est chargé de remédier à un grave problème de qualité. Chaque année, durant les trois années précédentes, cinq véhicules fabriqués avaient été envoyés à la casse au lieu d'être mis sur le marché. Motif : la fixation d'un tube métallique sous le tableau de bord était défectueuse. En temps normal, l'opérateur fixe ce tube avec une visseuse pneumatique qui met la vis dans l'écrou serti préalablement dans la paroi de l'automobile. Or, s'agissant de ces cinq voitures, la vis partait de travers. Par conséquent, l'opérateur n'ayant que deux secondes pour effectuer cette opération appuyait sur la visseuse, laquelle, au lieu de fixer la vis, arrachait et dessertissait l'écrou. Or, comme ce tube est un élément de la sécurité du véhicule – il protège le conducteur en cas de choc frontal, – le constructeur était contraint d'envoyer ces voitures à la casse.

Notre technicien procède donc aux examens. Il élimine plusieurs causes, comme de la peinture qui se serait infiltrée dans l'écrou ou des écrous de mauvaise qualité. Finalement, il découvre dans un écrou une petite boule de soudure dans le filetage. Il analyse alors les écrous envoyés par le fournisseur, fait des analyses directement avec lui et, ne trouvant aucun défaut, conclut que la boule s'est collée à l'écrou pendant l'usinage, dans sa propre entreprise. Or, des dizaines de robots sont intervenus sur cette partie de paroi provoquant des étincelles de métal en fusion qui fusent, à chaque fois, dans plusieurs directions. Le technicien décide d'examiner chaque robot à partir du poste où l'écrou est serti, et ceci depuis le début de la fabrication.

La tâche n'était pas aisée : l'usine fabrique mille voitures par jour, or on y détecte cinq défauts par an. Et tous les spécialistes savent que les défauts qui surviennent à une fréquence aussi faible et aussi aléatoire sont les plus difficiles à éliminer. C'est donc par un concours de circonstances exceptionnel qu'un tel défaut peut se produire : à savoir que, sur un poste de travail spécifique, cinq étincelles peuvent pénétrer directement à l'intérieur d'un écrou. Après avoir examiné plusieurs postes d'usinage, le technicien s'attarde sur l'un d'eux, particulièrement intrigué. Il y revient chaque jour, plusieurs semaines d'affilée et observe durant une demi-heure la trajectoire des étincelles. Le quinzième jour, il s'aperçoit qu'un certain nombre d'étincelles rebondissent à l'intérieur de l'équipement et par ricochet atterrissent à l'endroit où se trouve l'écrou en question. Il observe en outre, à cet endroit, des traces de boules de métal.

Quand il annonce sa découverte, peu nombreux sont ceux qui y croient. Mais il insiste pour qu'on installe un petit tablier en cuivre, dont le rôle consiste à empêcher le ricochet. Il fabrique et installe sa solution – qui coûte 15 euros – en une demi-heure pendant la pause déjeuner. Et ça marche : plus de problèmes avec cet écrou, plus de voitures envoyées à la casse. L'économie annuelle pour l'entreprise est d'environ 15 500 euros, et on conçoit en outre une meilleure adéquation entre les ordres passés à l'usine et la livraison des voitures.

Si nous racontons cette histoire, c'est qu'elle est exemplaire. Elle illustre la motivation, l'enthousiasme, l'effort, la persévérance de ce technicien qui, pendant plusieurs mois, après de nombreux déplacements chez les fournisseurs, s'est efforcé de trouver une solution à un problème. Mais elle est exemplaire à un autre titre. L'entreprise, suivant sa politique de récompense directe des idées a donné à ce technicien un chèque de 3 100 euros. C'était la première fois que son idée rapportait des gains à l'entreprise et c'était aussi la première fois que ce technicien recevait un chèque. Nous avons cherché à savoir si ce dernier avait l'habitude de faire de nombreuses suggestions. Il nous a expliqué que c'était effectivement le cas depuis vingt-cinq ans et que, l'année précédente, il avait proposé une douzaine d'idées. « *Et combien depuis le début de cette année ?* », lui avons-nous demandé. « *Aucune. Depuis le chèque, je ne cherche que de belles suggestions, celles qui payent beaucoup. Pas des petits trucs.* » En réalité, ce salarié, jusqu'ici auteur de nombreuses idées chaque année, n'a trouvé aucune « *belle suggestion* » pendant les neuf mois écoulés. Que s'est-il donc passé ?

Un lien direct entre l'idée et la récompense : le poison de la créativité

Teresa Amabile, professeur de management de la créativité à la Harvard Business School et chercheur associé à ce projet, a appelé cela le principe du « poison de la créativité » (voir encadré ci-après). Résumant un grand nombre d'études et ses propres travaux sur la motivation chez les personnes créatives, elle a conclu que la motivation intrinsèque, c'est-à-dire l'intérêt dans la tâche de réaliser quelque chose d'unique, la volonté de se surpasser, de s'accomplir, est toujours favorable à la créativité. En revanche, la plupart des motivations extrinsèques, dont la plus typique est la récompense directe, par l'octroi de biens ou d'argent, agissent comme un poison sur la créativité : une fois la récompense reçue, l'individu, comme notre technicien, arrête d'être créatif et ne pense qu'aux solutions sûres et rapides (donc contraires à la créativité) afin d'en obtenir une nouvelle.

Le poison de la créativité

Ce « poison » agit de plusieurs façons[1]. Une étude psychologique a montré, par exemple, que les individus qui s'attendent à une récompense en contrepartie de leur réussite choisissent de réaliser des puzzles relativement faciles, tandis que les individus qui ne s'attendent pas à une récompense choisissent des puzzles plus difficiles.

Même les singes, comme l'a démontré une autre étude, perdent leur intérêt dans la résolution de puzzles et réussissent moins bien une fois qu'ils ont compris que cette activité était récompensée par de la nourriture. Une autre série d'études révèle que les individus qui s'attendent à une récompense limitent leur attention aux aspects de la tâche qu'ils pensent les plus pertinents pour réussir (mais qui ne le sont pas nécessairement). Enfin, d'autres travaux montrent que les individus qui s'attendent à avoir une récompense ont des performances moins originales que ceux qui ne s'y attendent pas.

On peut donc en déduire qu'attendre une récompense réduit l'intérêt pour la tâche créative, limite l'attention pour les divers aspects de la tâche et réduit l'originalité de la performance. On comprend alors pourquoi Teresa Amabile a nommé la récompense le « poison de la créativité ».

1. Amabile T., *Creativity in context*, Boulder, Colorado, Westview Press, 1996.

Notons toutefois que toutes les récompenses ne détruisent pas à coup sûr la créativité. Seules les récompenses liées directement à la réalisation d'une tâche créative sont concernées.

Plus la récompense (même de valeur matérielle significative) est déconnectée de la réalisation d'une tâche créative, plus il y a de chances qu'elle favorise la créativité de l'individu, car elle ne sera pas perçue comme un dû, mais comme une preuve d'une reconnaissance exceptionnelle.

Par exemple, nombreuses sont les entreprises qui offrent des cadeaux de valeur matérielle élevée (voyages, téléviseurs, etc.) pour les meilleures idées de l'année dans différentes catégories (ou pour les auteurs les plus prolifiques). Ainsi, Oracle Nederland offre une bicyclette (nous sommes aux Pays-Bas tout de même !), une montre suisse à la mode ou une console Nokia comme prix de l'année, tandis que Philips Ibérica offre comme premier prix annuel une énorme corbeille de Noël avec un jambon « ibérico » entier (très prisé des Espagnols), du champagne et plusieurs autres mets de valeur. Certaines, comme Pirelli en Allemagne et Dana en Italie, organisent des tombolas, distribuent autant de tickets que d'idées réalisées dans l'année et offrent une moto en guise de premier prix chez Pirelli et des cadeaux chez Dana. Dans d'autres, comme chez Siemens Nederland, la direction se réserve le droit de donner un bonus important pour telle ou telle autre idée exceptionnelle (souvent de la même manière qu'elle donne des bonus importants pour des missions et des performances exceptionnelles, dans le cadre d'une évaluation générale des performances). D'autres encore aident les auteurs à breveter leurs innovations et les bénéfices du brevet sont partagés entre l'entreprise et l'inventeur ou lui sont versés intégralement. Enfin, chez Opel Eisenach et chez GKN Mosel par exemple, le bonus de fin d'année du salarié dépend en partie de sa performance créative mesurée avec des indicateurs précis. Toutefois, dans toutes ces mesures, il n'existe pas de lien direct entre l'idée et la récompense. Ces entreprises, comme pour leurs dispositifs généraux de valorisation des performances, essaient simplement d'être justes avec les salariés qui sont à l'origine d'une contribution exceptionnelle, soit dans le cadre de leur mission, soit à travers la réalisation d'une idée créative.

Chaque entreprise doit concevoir son propre schéma de reconnaissance. En fonction de sa culture et de ses pratiques, de son histoire, de son secteur, de son pays, elle fera un mélange entre les actions de reconnaissance intimement liées à l'émission et à la réalisation des idées et d'autres, plus périodiques, de valeur à la fois symbolique et matérielle. Mais le principe fondamental qui guidera cette conception se fonde sur le désir sous-jacent qui pousse les salariés à émettre des idées : voir leurs idées réalisées. Plus l'entreprise s'éloigne de ce principe, plus elle suppose que ses salariés produisent des idées en contrepartie de récompenses matérielles, et plus son schéma de reconnaissance sera contre-productif. Il réduira d'abord la motivation de la majorité des salariés à donner leurs idées, puis il provoquera chez une minorité des comportements que nous qualifierons plus loin de « pervers ».

En voici l'illustration dans un univers exceptionnel, celui du goulag.

La démarche des idées au goulag et ailleurs

Pour illustrer les conséquences des récompenses directes des idées par des biens ou par de l'argent sur la motivation des salariés à émettre et à réaliser des idées, entrons dans un univers où les récompenses ont constitué l'unique moyen de motivation. Il s'agit de ces camps de travail au goulag soviétique, où les gens qui y travaillaient étaient aussi – et avant tout – des détenus. À la différence des salariés, ils ne pouvaient guère être motivés par la sécurité de l'emploi ou l'évolution professionnelle : ils avaient vraiment trop de besoins physiques et matériels non satisfaits, en commençant par l'absence de cigarettes et en finissant par la liberté tout court. Dans ces camps, aussi surprenant que cela puisse paraître, existait une démarche de gestion des idées appelée « BRIZ », fondée naturellement sur les récompenses matérielles directes (voir l'encadré ci-après).

La démarche « BRIZ »

L'un de nous deux a mené des travaux très approfondis sur les pratiques de gestion des idées dans les entreprises de l'ex-Union soviétique. Le père de l'autre a été arrêté en Lituanie, par le KGB, après la Seconde Guerre mondiale et a été interné pendant dix ans au goulag, où il a travaillé en tant qu'ingénieur sur l'un des sites d'exploitation pétrolière, à l'extrême nord. Ces diverses sources d'informations nous ont permis, à tous les deux, de restituer les éléments d'une démarche de gestion des idées existant au goulag, tout du moins entre 1953 et 1956.

Nous n'étions pas surpris de savoir que le goulag avait entrepris une démarche de ce type. Selon différentes estimations, entre 50 % et 70 % de la production industrielle de l'URSS provenait, à l'époque, de ces camps de travail, y compris une partie des programmes nucléaire et spatial. La démarche de type « boîte à idées » s'intitulait « BRIZ », acronyme russe pour « Bureau des innovations du travail ». Un détenu qui déposait une idée obtenait de l'argent : une petite somme pour des gains incalculables ou un pourcentage de gains calculables. Le détenu ne pouvait en dépenser qu'une petite partie pour acheter des cigarettes ou de la nourriture supplémentaire. Le reste était bloqué sur son compte personnel, et il ne le récupérait qu'à sa libération (car la direction du camp craignait que les détenus puissent soudoyer les gardes et s'échapper). Les grandes innovations pouvaient même donner lieu à une réduction de peine, voire à la libération de leur auteur.

Pour motiver davantage les détenus, qui occupaient des postes divers, de l'ingénieur à l'ouvrier, la direction du camp obligeait chacun d'eux à promettre qu'il soumettrait deux idées par an. Quant aux détenus, pour qui ces récompenses permettaient de mieux vivre, voire de vivre libre, ils détournaient la démarche.

Ils lançaient des travaux, des projets qu'ils savaient mal ficelés, afin de pouvoir soumettre beaucoup d'idées pour améliorer leurs conditions de vie. Par exemple, dans le camp d'exploitation pétrolière en question, un ingénieur n'ignorait pas que les instructions standard de la pose étaient mauvaises. Mais il réalisait le projet en se conformant aux instructions, sachant que, par la suite, il pourrait proposer des idées destinées à l'améliorer. Comme les détenus n'avaient pas le droit de soumettre d'idées concernant leur propre poste, ils demandaient à un ami de le faire à leur place et *vice versa*. Certains s'arrangeaient aussi pour que le comptable du BRIZ, lui-même détenu et ami, verse deux fois plus d'argent que la récompense offerte.

Quelle meilleure « expérience contrôlée », comme l'appellent les scientifiques, peut-on imaginer ? Si les récompenses directes ne suffisent pas à motiver à la créativité ces « salariés » qui n'ont littéralement rien, il y a fort à parier qu'elles ne marcheront pas avec les salariés d'une entreprise occidentale, dont les conditions de liberté et de niveau de vie sont radicalement différentes.

En effet, nous avons observé les mêmes comportements à l'égard de démarches de management des idées fondées sur des récompenses matérielles directes dans des entreprises en Allemagne, en France, en Italie, ou aux États-Unis. Par exemple, un grand équipementier européen récompensait les idées avec de petits cadeaux – une petite lampe de poche, un petit sac thermique – utiles pour les vacances d'été. Résultat : le nombre d'idées au mois de juin, c'est-à-dire avant les vacances d'été, était deux fois supérieur à la moyenne des mois précédents. Et il ne s'agissait pas d'objets de grande valeur.

Les salariés ne sont pas à l'origine de ces effets pervers, c'est le schéma utilisé pour les motiver qui est inadapté. Si ce schéma suppose que les salariés émettent des idées pour obtenir de l'argent ou des biens matériels, on trouvera toujours des individus pour qui les idées ne sont pas une finalité mais un moyen d'accroître son bien-être matériel.

Ainsi, ils ne s'intéresseront plus à la créativité, mais au gros lot (ou même au petit lot). Du point de vue de la créativité, la différence entre le détenu au goulag et un individu d'une entreprise d'un pays développé est que le premier détourne le système pour satisfaire ses besoins physiologiques, tandis que le second le fait pour satisfaire ses besoins matériels.

Notons que les pays développés n'ont pas tous la même conception en matière de récompenses matérielles. La majorité des entreprises japonaises ne « paient pas » pour les idées, à l'exception de sommes symboliques. En revanche, beaucoup possèdent des schémas de reconnaissance très complets. Le tableau ci-après compare les pratiques des entreprises américaines, allemandes, suédoises et japonaises.

Récompense directe *versus* reconnaissance : pratiques de différents pays

	États-Unis	Allemagne	Suède	Japon
Nombre d'idées soumises par employé / an	0,13	0,46	0,53	21,1
Taux de participation	34 %	16,8 %	20,7 %	70,4 %
Taux de réalisation	48,7 %	61 %	51 %	86,3 %
Gratification moyenne par idée	840 €	236 €	287 €	2,98 €
Gains nets par salarié	782 €	339 €	224 €	3 432 €

Sources des statistiques :
- *EIA 2000 Statistical Report,* The Employee Involvement Association, 2001 (les statistiques sont calculées par les auteurs, à partir de données brutes du rapport).
- *DIB-report 2000 : Ideas Management in Germany,* DIB – the German Institute for Business Management, 2001.
- *Suggestion Systems in Sweden* 2000, Swedish Institute for Suggestion Systems, 2001.
- *Year 2000 statistics,* Japan Human Relations Association, 2001.

On observe que les entreprises américaines, allemandes et suédoises qui motivent encore majoritairement les idées des salariés en leur offrant des récompenses en espèces sonnantes et trébuchantes, n'arrivent à impliquer qu'une minorité de leurs salariés. En revanche, les entreprises japonaises qui tentent de les motiver par la reconnaissance et l'adhésion impliquent plus de 70 % de leurs salariés (et, comme nous l'avons dit précédemment, trois cents entreprises japonaises sont parvenues à 100 % de participation dans leurs démarches d'idées). Mais la principale différence entre les deux approches est flagrante lorsqu'on compare les statistiques concernant les gains par salarié. Elle est de l'ordre de 1 000 %.

Nous ne souhaitons pas que le lecteur tire de ce tableau des conclusions simplistes, laissant à penser que certaines cultures sont supérieures à d'autres. Les cultures sont extrêmement complexes, et une démarche de management des idées peut s'appuyer dans chacune d'elles sur des aspects favorables ou défavorables à la créativité. Dans tous les pays où nous nous sommes rendus pour réaliser cet ouvrage, nous avons observé d'excellentes démarches et d'autres exécrables.

Ceci prouve que la culture de l'entreprise est beaucoup plus déterminante que celle du pays, en tout cas pour le succès du management des idées.

Pour prendre en compte la culture de l'entreprise, il est d'abord important que la conception du SMI, et plus particulièrement de son schéma de reconnaissance, ne soit pas confiée aux seuls experts internes ou externes, qui risquent de méconnaître cette culture. Par exemple, lors de l'élaboration d'un nouveau système à la banque BBVA, les experts qualité chargés de la conception voulaient payer pour les idées, mais après avoir consulté les spécialistes des ressources humaines, ils ont renoncé et conçu un schéma fondé sur la reconnaissance des meilleures idées. Ensuite, il est également important de voir que le lien entre le SMI et la culture de l'entreprise est bidirectionnel : la prise en compte de la culture de l'entreprise est essentielle pour la réussite du SMI, mais le SMI change également la culture de l'entreprise, car la réalisation des idées de salariés et la facilitation des idées par les managers de proximité entraînent de nouvelles pratiques de travail. Nous avons déjà cité dans la deuxième partie de cet ouvrage José María Soria Espino, directeur général de la Division Lighting de Philips Ibérica, à propos du rôle du management des idées dans l'instauration de la nouvelle culture d'entreprise. Et voici ce que nous a affirmé Javier Ayuso Canals, directeur de la communication de BBVA, sur l'approche du Comité de direction de la banque concernant l'influence de management des idées sur la culture de l'entreprise : « *La priorité cette année consiste à instaurer une nouvelle culture. Pour cela, l'innovation et la créativité des salariés de première ligne sont essentielles.* »[125]

Pour revenir au tableau présenté plus haut, nous y avons simplement rassemblé les statistiques disponibles au niveau national de plusieurs pays, afin de montrer l'indéniable effet de la reconnaissance sur la créativité et l'innovation des salariés. Sans compter qu'un autre élément, très important, plaide aussi en faveur de la reconnaissance, et donc au détriment de la récompense.

Faire croire qu'émettre et réaliser des idées ne fait pas partie du travail

Selon le rapport annuel de l'institut DIB à propos des démarches de management des idées en Allemagne, les entreprises allemandes de manière générale paient entre 15 % et 25 % des bénéfices calculables obtenus par idée, situation comparable à celle des autres pays européens. Quel message implicite véhiculent les entreprises en proposant une récompense directe, sous la forme d'une rémunération supplémentaire, pour les idées ? Cela signifie qu'émettre et réaliser des idées ne constituent pas une partie du travail de chacun, qui est rémunéré par un salaire normal. Ainsi, un employé conclut qu'il peut très bien faire son travail tout en s'abstenant d'émettre des idées utiles à l'entreprise et même en les cachant à dessein.

Voici à quoi a abouti la logique de récompense dans une entreprise européenne, celle d'un grand équipementier.

Cette histoire, déjà mentionnée dans la première partie de cet ouvrage, nous a été racontée par le manager responsable de la production du site. Jeune ingénieur, il venait d'intégrer, avec un autre collègue du même âge, Pirelli Allemagne, et leur première mission consistait à rendre opérationnel un équipement innovant, une chaîne d'extrusion de pneus longue de 80 mètres (acquise par l'entreprise 4 millions d'euros). Pour cela, un groupe de travail, composé de huit opérateurs de production, huit techniciens de maintenance et de quatre techniciens du fournisseur, animé par ces deux ingénieurs, se réunissait régulièrement. Six mois plus tard, la chaîne n'était toujours pas en marche car de graves problèmes étaient apparus, que le groupe ne semblait pas pouvoir résoudre.

Un jour, alors que notre ingénieur propose une série de solutions – toutes infructueuses –, il remarque qu'un opérateur sourit. Il lui demande : « *Pourquoi ce sourire ?* » « *Parce que j'ai une idée : je sais comment résoudre ce problème* », répond l'opérateur. L'ingénieur lui demande alors d'exposer son idée, mais celui-ci refuse : « *Vous avez interdit les paiements pour les idées concernant la mise en route de nouveaux équipements. J'attendrai que le moratoire se termine et je vous divulguerai alors mon idée* », rétorque l'opérateur. Stupéfait par cette réponse, l'ingénieur s'informe et apprend que l'entreprise paie le pourcentage des gains réalisés par les idées, à l'exception de celles concernant la mise en route de nouveaux équipements, mise en route qui naturellement suscite beaucoup « trop » d'idées. Il demande et obtient la levée de cette restriction pour son groupe de travail. Le lendemain, il a non seulement l'idée de l'opérateur, mais aussi la pièce déjà fabriquée ! En effet, les opérateurs ne restaient pas inactifs : ils réalisaient leurs idées pour que tout soit prêt le jour J, c'est-à-dire celui où le moratoire sur les paiements serait levé. Entre-temps, ils cachaient soigneusement leurs réalisations. Dans le mois qui a suivi la levée du moratoire, le groupe a réalisé quatre cents idées et a mis en route l'équipement.

Voici donc comment, avec ce système de récompense directe, les salariés finissent par penser qu'émettre des idées ne fait pas partie de leurs tâches habituelles. Il suffit de leur dire que les idées concernant, par exemple, la mise en route de nouveaux équipements, ne sont pas rémunérées, pour qu'ils les excluent de leur sphère de travail.

Autrement dit, en temps ordinaire, ils sont payés pour exécuter les solutions des autres, pas pour trouver des idées, pour lesquelles ils s'attendent à être payés en sus.

Voilà ce qu'ils retiennent du management des idées, pratiqué chez cet équipementier. Les mesures de reconnaissance qui, par essence, ne proposent aucune valorisation matérielle des idées, véhiculent de manière la plus appropriée le message qu'« *émettre et réaliser des idées est inhérent au travail de chacun* ».

Nous devons ajouter que toutes les initiatives non systématiques, comme les concours de nouvelles idées, véhiculent implicitement le même message inapproprié. Dans une grande entreprise européenne de services que nous avons étudiée, les gagnants des concours annuels des idées innovantes sont souvent qualifiés par leurs collègues comme « *ne faisant pas grand-chose au boulot* » et ayant « *du temps pour s'amuser* ». Nous ne voulons pas dire par là que les concours sont antinomiques au management des idées. Ils peuvent contribuer à la créativité de l'entreprise, à condition d'être étroitement liés à la démarche systématique du management des idées. Par exemple, un concours peut intégrer le schéma de la reconnaissance, aboutissant à un forum annuel des meilleures idées où les auteurs sont invités à présenter leurs réalisations comme chez France Telecom au niveau national, chez Philips au niveau européen, ou chez Toshiba au niveau mondial.

Enfin, nous entendons parfois la remarque qu'il ne faut ni de la reconnaissance, ni même de SMI pour avoir des idées. « *Dans mon entreprise, tout le monde donne des idées, c'est naturel* », avons-nous parfois entendu dans les séminaires que nous menons pour les dirigeants d'entreprises partout en Europe. Cela peut être vrai. Mais comment identifier un service qui produit peu d'idées dans l'entreprise (ce qui peut arriver partout) si les idées ne sont pas enregistrées et s'il n'y a pas d'indicateurs ? Sans une telle identification, point de *feedback* au manager qui ne fait pas assez pour animer les idées dans son équipe. Mais, plus important encore, sans la reconnaissance, comment motiver un salarié à révéler son idée s'il s'y refuse ? Matthias Sommer, de Pirelli Allemagne, nous a raconté comment un jeune ingénieur qui ne connaissait pas les principes du SMI du site avait amené chez le DRH un opérateur qui refusait de donner son idée d'amélioration. Contraint de s'exécuter, l'opérateur a fini par dévoiler son idée, mais six mois après, il avait quitté l'entreprise.

La reconnaissance donne une preuve aux salariés qu'ils sont pris en considération par leur entreprise, que leurs idées comptent. Cela les encourage à recommencer, en produisant encore plus d'idées, car à la différence des activités dont le salarié est chargé et qu'il est obligé d'accomplir, rien ne l'oblige à donner des idées. Il doit être motivé pour le faire.

Quel est le coût des mesures de reconnaissance d'un bon SMI ?

Cette question nous est parfois posée lors des séminaires, lorsque nous présentons les principes de management des idées en entreprise et notamment le rôle de la reconnaissance. Pour évaluer le coût des mesures de reconnaissance dans de bons SMI, un simple calcul suffit, à partir de données concernant les entreprises japonaises mentionnées dans le tableau précédent. Ces entreprises dépensent, au titre de la reconnaissance symbolique, 2,98 euros en moyenne par idée ; ou, si l'on part du principe que chaque salarié soumet en moyenne 21,1 idées, 62,88 euros par salarié et par an. Ainsi, les gains nets par salarié s'élevant à 3 432 euros, le coût de la reconnaissance symbolique représente moins de 2 % des gains directs. À ces 2 %, il convient d'ajouter le coût d'autres mesures, comme les cérémonies de meilleures idées, etc. Mais il faut garder à l'esprit que les idées rapportent bien au-delà des gains directs calculables : il suffit de penser à toutes celles qui améliorent les conditions de travail, la sécurité et diminuent ainsi les coûts d'absentéisme et ceux liés aux accidents.

À titre de comparaison, les récompenses directes représentent des coûts, au premier regard, très similaires, voire nettement supérieurs. En ce qui concerne les sommes distribuées par salarié, en s'appuyant sur les données du tableau, on peut estimer que les entreprises américaines dépensent 109,2 euros par salarié et par an, les entreprises allemandes, 94,4 euros et les suédoises, 152,1 euros. Ces sommes ne sont pas très éloignées des 62,88 euros dépensés par les entreprises nippones. Ce calcul montre par ailleurs que les discours que l'on peut parfois entendre dans les entreprises versant 10 % à 30 % des gains aux salariés, selon lesquels ces derniers sont des « entrepreneurs », sont sans fondement. Sans parler de l'offense faite aux vrais entrepreneurs, avec tous les risques et les incertitudes liés à ce métier. Il est simplement faux d'affirmer qu'en payant quelques centaines d'euros par an (la moyenne des récompenses dans les entreprises pratiquant ce genre de gratification) pour des idées, on transforme les salariés en entrepreneurs.

La différence entre les entreprises occidentales et nippones se situe ailleurs et elle est de taille : les Japonais offrent en général des petites récompenses symboliques pour chaque idée, dont le coût n'excède pas 2 % des gains nets directs réalisés grâce aux idées. En revanche, dans les trois autres pays, les sommes versées par les entreprises sont bien plus importantes. Aux États-Unis, les coûts de ces récompenses représentent en moyenne 14 % des gains réalisés par les idées, en Allemagne 28 % et en Suède 68 %. À quoi s'ajoutent les salaires des « comptables » qui calculent ces bénéfices pour toutes les idées. Par exemple, dans un groupe industriel allemand d'environ 10 000 personnes, sont employés neuf « comptables » à temps plein, tandis que dans une grande compagnie aérienne américaine d'environ 100 000 employés, nous avons vu qu'à un moment donné ce service avait employé jusqu'à 87 « comptables » à plein temps. Dans un autre grand groupe qui a recours aux récompenses, la filiale hollandaise a refusé de participer à la démarche car la première chose qu'on lui avait demandée était de contribuer à financer la bureaucratie qui gère le système en versant une somme importante pour son établissement. On comprend mieux pourquoi la plupart des sociétés américaines, allemandes et suédoises ne soustraient pas ces coûts de fonctionnement lorsqu'elles communiquent les gains réalisés par les idées. Nous connaissons quelques entreprises qui, si elles le faisaient, s'apercevraient que leurs démarches d'idées sont en réalité déficitaires, c'est-à-dire qu'elles coûtent davantage à l'entreprise qu'elles ne rapportent. Selon un manager de la compagnie aérienne américaine citée ci-dessus qui connaît bien ce problème, c'est probablement la raison pour laquelle, après les attentats du 11 septembre 2001, sa compagnie entrant dans un plan drastique de réduction des coûts, a éliminé purement et simplement sa démarche de management d'idées.

Les entreprises qui ignorent les principes essentiels du management des idées peuvent effectivement considérer que les dépenses liées aux mesures de reconnaissance sont trop coûteuses et qu'il faut les réduire. Mais de telles propositions sont désastreuses en termes de performance créative des salariés. En 1996, dans le cadre d'une restructuration, une entreprise allemande a réduit le budget de reconnaissance, notamment les petits bonus payés pour les idées. Résultat : après avoir crû entre 1994 et 1996 au rythme de plus de 20 % par an, le nombre d'idées soumises a chuté de plus de moitié les deux années suivantes et, à partir de 1998, s'est stabilisé à ce niveau sans évoluer depuis. Autrement dit, pour quelques milliers d'euros économisés sur le budget de reconnaissance, l'entreprise a perdu la moitié des gains calculables et non calculables que ces idées auraient pu générer, montants maintes fois supérieurs à l'économie réalisée.

Difficile de renoncer à la récompense dans l'entreprise

Nous avons accordé beaucoup d'attention aux mesures de reconnaissance et à leur importance pour la créativité. La raison principale réside dans le fait que nous sommes tous habitués à obtenir une récompense en contrepartie de nos activités et de nos réalisations, sous forme de rémunération ou d'autres incitations matérielles. Hors de la sphère professionnelle et à l'occasion d'activités personnelles, il nous arrive aussi de réaliser des prouesses. Et si nous acceptons volontiers la reconnaissance de nos proches, nous n'attendons pas de récompense matérielle. Or, nous avons beaucoup de difficultés à accepter les mêmes formes de motivation lorsqu'il s'agit de l'entreprise.

Si un dispositif juste de valorisation matérielle de la performance au travail constitue l'un des piliers du bon management des activités dans l'entreprise, il n'est pas adapté lorsqu'il s'agit de management des idées. Dans le cas de la performance au travail, l'entreprise définit un objectif, les tâches ou les étapes qui y mènent et les assigne à la personne la plus apte à le faire. Pour les idées, la situation est complètement différente : l'objectif (par exemple, tel nouveau produit, telle amélioration particulière) est inconnu et reste à trouver. Les tâches qui y mènent sont à inventer (c'est la solution créative) et la personne la plus à même de le faire ne peut y être assignée (non seulement on ne peut pas ordonner à X d'être créatif, mais la recherche a démontré qu'on ne sait pas au départ qui sera le plus créatif). Le plus créatif sera souvent celui qui est le plus motivé par le problème.

Pourquoi s'engagera-t-il dans un projet parfois long, aux résultats incertains et éloigné des pratiques existantes dans son entreprise, au détriment de ses tâches courantes ? Pas pour obtenir une récompense. Il existe dans les entreprises des moyens plus sûrs qui permettent d'augmenter ses revenus. Non, il le fera parce qu'il saisira, en réalisant *son* idée, une valeur intrinsèque : il sera reconnu par sa hiérarchie, par ses collègues, il contrôlera lui-même son travail, laissera la trace de son passage dans l'entreprise, se réalisera. Joaquin Larrosa, responsable commercial chez Philips Ibérica, a pris une part active dans l'initiative ayant permis de transformer le processus d'établissement d'une grille tarifaire manuelle en un processus automatique, initiative sélectionnée par Philips Europe et récompensée par un voyage à Chypre où il l'a présentée. À notre question sur ce qu'il avait retiré de cette participation, il a répondu notamment que cela avait augmenté son estime de soi ainsi que sa confiance en lui et en ses collaborateurs espagnols par rapport aux filiales européennes.[126] Rappelons-nous également Didier Gaudin, cet opérateur qui, en concevant un petit bout de métal, a fait économiser à son entreprise 3,5 millions d'euros par an. À la fin de notre rencontre, nous lui avons demandé ce qu'il avait ressenti après cela. Cet opérateur, qui consacre ses vacances à faire des fouilles archéologiques, nous a répondu : « *Le sentiment d'exister dans mon entreprise.* »[127]

L'encadré ci-après résume un grand nombre d'arguments évoqués ici et les complète avec quelques cas supplémentaires. Mais, au-delà de tous ces arguments concernant les récompenses, rappelons ce par quoi nous avons commencé :

Plus l'entreprise s'éloigne de ce à quoi l'auteur aspire, c'est-à-dire voir son idée réalisée, plus elle va mettre en place des mesures inappropriées qui n'aideront pas la créativité à décoller dans l'entreprise et qui, *in fine*, la stopperont.

Pourquoi éviter le lien direct entre les idées et les récompenses ?

- La plus grande attente de l'auteur de l'idée est de la voir réalisée.

  A. Geffroy Lemoine, auteur de soixante-six idées en 1999 dans le nouveau SMI d'Air France Industrie, et d'une seule idée dans l'ancien système : « *L'ancien système était trop lourd... Le résultat n'était pas toujours là... Le nouveau système a permis d'aller beaucoup plus vite...* »

- Selon l'étude de F. Herzberg, les quatre premiers facteurs de motivation du salarié sont :
  - l'accomplissement personnel et la réalisation de soi ;
  - l'appréciation par la hiérarchie ;
  - le contenu du travail lui-même ;
  - la responsabilité et l'autonomie.

  Le technicien de qualité passe deux mois pour trouver l'idée qui évitera d'envoyer à la casse cinq voitures par an.

- Selon la même étude, les mesures matérielles (meilleure rémunération, sécurité de l'emploi, amélioration des conditions de travail, etc.) font que les salariés ne sont plus mécontents, sans que ces mesures soient les facteurs (moteurs) de leur motivation.

  Après avoir reçu un « gros lot », ce même technicien n'est plus motivé pour réaliser les idées et n'en produit aucune : il voit dorénavant dans les idées non pas une fin en soi, mais un moyen d'améliorer sa situation matérielle.

- Selon l'étude de L. Lindahl, les trois premiers facteurs de motivation de l'employé sont :

  - l'appréciation du travail bien fait ;
  - le sentiment de responsabilité ;
  - la compréhension des difficultés personnelles par la hiérarchie.

  Quand Lindahl a demandé aux managers d'indiquer les principaux facteurs qui, selon eux, motivaient le plus leurs salariés, ils ont répondu :

  - un bon salaire ;
  - la sécurité de l'emploi ;
  - une carrière.

  En même temps, ils ont classé les trois facteurs cités par les employés comme les moins importants de tous. On comprend pourquoi beaucoup de managers croient tant que, pour encourager le développement des idées, il faut les rémunérer directement.

- Selon les nombreuses études conduites et résumées par T. Amabile, la récompense directe agit comme un « poison » sur la motivation à s'engager dans les activités créatives.

  Même les singes perdent l'intérêt dans l'activité créative et réussissent moins bien, une fois qu'ils comprennent que cette activité est récompensée par de la nourriture.

- Lier l'idée directement à la récompense, c'est-à-dire focaliser le salarié non pas sur les activités créatives mais sur ce qu'elles procurent, conduit à ce qu'elles soient vites « perverties ».

  Au goulag, les détenus réalisaient des projets qu'ils savaient mauvais pour pouvoir soumettre des idées afin de les améliorer.

- Lier l'idée directement à la récompense, c'est-à-dire focaliser le salarié sur la récompense, aboutit à des conflits de pouvoir, provoque des contestations et suscite des jalousies.

  Chez un équipementier européen, en peine avec sa démarche de management des idées, une équipe présentait des statistiques de performances surprenantes : le chef d'équipe avait réalisé quarante-quatre idées dans l'année, mais son équipe aucune. Ce chef d'équipe a tout fait pour que nous ne puissions pas rencontrer ses subordonnés, nous empêchant ainsi de leur demander pourquoi ils n'émettaient pas d'idées.

Le service chargé de calculer les gains et les récompenses est régulièrement contesté par les salariés qui considèrent que ce sont eux les véritables auteurs d'une idée récompensée, pas celui qui a reçu la récompense. Dans certaines entreprises, le conflit a été réglé devant les tribunaux.

- Selon les statistiques concernant les démarches de management des idées dans différents pays européens, les entreprises où les salariés sont majoritairement récompensés pour chaque idée ont un nombre d'idées par personne inférieur à un, et des gains par salarié dus aux idées d'environ 300 à 400 euros.

  Dans les entreprises japonaises – qui, pour la majorité, ne récompensent pas directement les idées – le nombre moyen d'idées par personne est de 21,1 et les gains par salarié dus aux idées sont de 3 432 euros.

- Toujours selon ces statistiques, pour les entreprises qui pratiquent les récompenses directes des idées, les coûts de ces récompenses peuvent aller jusqu'à 68 % des gains réalisés par les idées. Si l'on ajoute à cela le coût du calcul des gains et des récompenses, certaines de ces entreprises ne gagnent probablement pas un euro, voire perdent de l'argent avec leur démarche des idées.

  Au Japon, le coût des primes symboliques pour les idées représente 2 % des gains nets que les entreprises réalisent dans l'année.

  Une compagnie aérienne américaine employait 87 personnes pour calculer les gains et les récompenses des idées. Ils ont tous été licenciés et la « boîte à idées » supprimée quand la compagnie a exécuté un plan drastique de réduction des coûts après le 11 septembre 2001.

- Récompenser directement les idées, en dehors d'un dispositif de valorisation de performances dans l'entreprise, véhicule le message selon lequel les idées ne font pas partie du travail, qui est rémunéré par le salaire.

  Chez un équipementier allemand, les opérateurs ont caché pendant deux mois l'idée qu'ils avaient trouvée pour lancer un équipement de quatre millions d'euros, car la direction avait interdit de rémunérer les idées qui concernaient les nouveaux équipements.

  Dans une entreprise de services française, les salariés qui gagnent d'importantes récompenses et des prix pour leurs idées sont qualifiés par leurs collègues comme « ne faisant pas grand-chose au boulot » et ayant « du temps pour s'amuser ».

- Avoir un dispositif juste de valorisation des performances est nécessaire pour éviter les mécontentements et la démotivation des salariés. Toutefois, employer un SMI et en particulier offrir de grosses récompenses pour des idées afin de pallier l'absence ou les carences d'un tel dispositif signifie à la fois l'employer pour un objectif qui n'est pas le sien, et un moyen sûr de rater cet objectif (celui de rendre l'entreprise créative).

  En 1999, un industriel américain, qui versait aux auteurs le pourcentage des gains réalisés par leurs idées, a découvert avec stupéfaction que trois de ses salariés avaient accru de manière significative leurs revenus en réalisant chacun environ 1 500 idées par an. Constatant que la plupart de ces idées étaient fictives et que la démarche était détournée, l'entreprise a décidé de revoir son SMI en éliminant les récompenses directes.

Ce résumé est long et pour beaucoup de managers et de dirigeants, il est superflu. Ainsi, nous avons déjà mentionné cette filiale hollandaise d'un grand groupe ayant refusé de contribuer financièrement à la bureaucratie d'un système centralisé proposé par la maison mère. Mais il existe une seconde raison à ce refus : le système en question donnait des récompenses pour les idées des salariés. Or, pour l'équipe dirigeante de cette filiale, produire des idées fait partie du travail de chaque salarié et par conséquent, elle a jugé le principe de récompenses comme constituant une erreur de management inacceptable. Ces dirigeants, ainsi que beaucoup d'autres managers, ont compris que si l'entreprise voulait que tous ses salariés produisent et réalisent en permanence des idées, il fallait bien les « manager » et qu'un excellent schéma de reconnaissance constituait un élément clé d'un bon management des idées.

LA FINALITÉ : UNE ENTREPRISE INNOVANTE ; UN MOYEN : UN SMI ÉLÉGANT

Au début de cette partie, nous avons affirmé qu'il n'existait pas de SMI universel, et que chaque entreprise devait concevoir son propre système en tenant compte de son histoire, de sa culture, de son secteur et de son pays. Pour y parvenir, l'entreprise doit s'inspirer des principes des bons SMI, présentés dans cette partie de l'ouvrage.

Élaborer son propre système est une condition pour que les salariés de l'entreprise se l'approprient. Mais elle n'est pas la seule.

Le système doit être élégant.

Lors de nos séminaires sur le management des idées et la créativité en entreprise, les participants nous font très souvent cette remarque : il existe un paradoxe entre la notion de créativité – qui rime avec la liberté d'explorer, l'abolition de règles – et la notion de système – qui rime avec la rigidité des procédures, la complexité et la lourdeur. C'est tout à fait juste. Dans la pratique, la plupart des systèmes (d'information, de contrôle de gestion, de production, etc.) sont complexes et lourds. Si on les accepte tels quels, c'est que les entreprises sont aujourd'hui convaincues qu'un management efficace est impossible sans système. Pour autant, les systèmes ne sont pas obligés d'être complexes et lourds, ni en théorie ni en pratique.

C.W. Churchman, l'un des principaux théoriciens de l'approche systémique au management, disait que les bons systèmes ne sont pas seulement efficaces, ils sont aussi esthétiques[128]. Le critère que nous proposons est donc celui d'élégance. Selon l'écrivain russe Anton Tchekhov, l'élégance consiste en l'accomplissement d'une tâche avec un effort minimal. L'élégance est propre à tout fonctionnement complexe d'excellent niveau. Le jeu d'un grand acteur se caractérise par l'économie de ses gestes, les grands sportifs évitent tout mouvement inutile et les bons mathématiciens font des démonstrations de théorèmes les plus courtes possibles – qu'ils appellent d'ailleurs des « démonstrations élégantes ». En théorie donc, les systèmes et les fonctionnements complexes, dont les SMI, peuvent être à la fois efficaces et élégants. Mais en pratique, ils peuvent l'être dans les entreprises aussi.

Lors de son ébauche, un SMI est naturellement lourd. Il est nécessaire de le remodeler par la suite souvent avant de le mettre en place. Par exemple, l'entreprise, lorsqu'elle esquisse le processus de traitement des idées, peut exiger que chaque idée soit approuvée par le « N + 1 ». Mais elle peut se rendre compte que ceci rend son SMI lourd et faire comme chez GKN Mosel où l'autorisation n'est réclamée que pour des idées complexes ou comme chez Milliken France où l'on ne réclame cette autorisation que pour les nouvelles recrues pendant les trois premiers mois et on laisse à l'auteur lui-même l'initiative de demander l'autorisation. L'entreprise peut aussi exiger que les réalisations réclamant des ressources matérielles et humaines importantes soient d'abord approuvées, sous une forme de business plan, par un comité spécifique, ce qui de nouveau rend le système lourd. Mais, par la suite, rien ne l'empêche de réviser ce processus et d'admettre que les équipes peuvent se constituer quand elles le veulent et décider à quel moment elles présentent leur projet au comité. Cette modification peut être accompagnée d'une décision de la direction d'accepter que les salariés consacrent une partie de leur temps de travail aux activités d'innovation « non officielles », comme c'est le cas chez Hewlett-Packard ou chez 3M, par exemple.

Les deux clés pour remodeler des ébauches initiales de SMI pour le rendre élégant sont pour nous : la confiance envers les salariés et la performance créative.

Tout ce qui véhicule le manque de confiance dans les auteurs des idées et dans leurs managers directs doit, à terme, être éliminé du SMI. Tout ce qui risque de réduire le nombre d'idées, le taux de leur réalisation et le taux de participation des employés doit être supprimé du SMI.

Enfin, les nombreuses études consacrées aux SMI nous ont permis de définir la question test, celle qui permet d'obtenir la preuve de l'élégance et de l'excellence d'un SMI. À la fin de nos visites en entreprise, nous demandions systématiquement au responsable du SMI comment il voyait l'avenir de son système. À chaque fois, les responsables des excellents SMI nous affirmaient qu'ils ne faisaient pas de différence entre leur système et le reste de l'entreprise : tout peut et doit être amélioré. En dépit de l'expression populaire qui existe dans beaucoup de cultures (« le mieux est l'ennemi du bien » en français ou « *leave well enough alone* » en anglais), ces responsables proclament haut et fort que « *le bien est l'ennemi du mieux* », et « de l'élégant » ajouterons-nous.

Le système de management des idées n'est pas une fin en soi. C'est un moyen éprouvé de rendre l'entreprise créative et innovante, moyen qui doit être continuellement amélioré.

Avec cette troisième partie, nous avons achevé la présentation du management des idées, d'abord en tant que vision de l'entreprise créative et innovante grâce aux idées de tous, puis en tant que démarche systématique de leur management. Notre principal objectif est donc accompli. Mais il reste une série de questions importantes, qu'il nous arrive d'entendre ici ou là, lors de nos différentes interventions.

« Comment générer des innovations de rupture ? », « Comment gérer efficacement le développement de nouveaux produits et des projets de R & D ? », « Les idées d'amélioration ne contribuent-elles pas à perpétuer le *statu quo* et donc à empêcher l'innovation de rupture ? » C'est à toutes ces questions, très importantes, que nous allons répondre dans la partie qui suit.

Partie IV

Gérer l'innovation

« *Certaines entreprises envoient leurs hauts responsables chez IDEO simplement pour leur permettre d'avoir l'esprit plus ouvert. Le P-DG de Procter & Gamble, Alan G. Lafley, a emmené un jour tous ceux qui dépendent directement de lui — les 40 responsables des* business units, *membres de son* Global Leadership Council *— à San Francisco pour une journée d'immersion. Il s'agissait là d'aider les cadres supérieurs à bien comprendre le vécu, la pratique des consommateurs afin qu'ils aient des idées d'innovations.* »

La une de *BusinessWeek* sur IDEO[129]

INNOVER OU DISPARAÎTRE

Ceux qui constatent que la capacité d'innovation octroie à l'entreprise un avantage concurrentiel cherchent bien souvent à savoir comment un Système de Management des Idées peut la stimuler. À ceux-là, nous faisons deux observations. Premièrement, la capacité à innover, telle qu'on l'entend ordinairement, n'est pas la seule clé qui ouvre la porte au succès durable. Deuxièmement, s'il est, dans certaines circonstances, indispensable d'innover, comme pour Procter & Gamble dans la citation ci-dessus, toute la difficulté est de savoir quel est le meilleur moment et quelle est la meilleure méthode. Or, il se trouve que les réponses à ces deux préoccupations sont identiques, et nous la livrons au lecteur dans cette avant-dernière partie de notre ouvrage.

« *Innovez ou disparaissez* ». Cette devise a été si souvent martelée (par des chefs d'entreprise, des professeurs d'écoles de commerce, des consultants, des gourous du management, les médias…) que certains ont fini par croire qu'elle faisait force de loi. Selon ses adeptes, une entreprise bien gérée, qui réalise les meilleurs profits dans son secteur et qui satisfait au mieux ses clients, peut, si elle est incapable de générer des innovations radicales, devenir, du jour au lendemain, la proie de quelques étudiants ingénieux qui bidouillent leurs inventions dans le garage de leurs parents.

Est-ce exact ? En réalité, il ne suffit pas d'être innovant pour être performant, ni d'être performant pour innover. La preuve : beaucoup d'entreprises dont les capacités d'innovation sont hors du commun présentent paradoxalement des performances médiocres. À l'inverse, bon nombre d'organisations n'ont pas eu besoin, ou presque, d'innover pour être performantes. Comment se fait-il que Lucent Technologies, propriétaire de Bell Laboratories, l'un des meilleurs innovateurs au monde, ait été confronté au début des années 2000 à des difficultés financières d'une telle envergure ? Pourquoi Xerox, propriétaire de PARC, créateur de la méthode du « pointer-cliquer » (qui permet d'exploiter les ordinateurs), les réseaux Ethernet et les imprimantes laser, a-t-il pu présenter de si médiocres résultats au cours des années 1990? Et à l'inverse, comment Microsoft, si souvent raillée pour son absence d'innovation, est-il devenu l'un des groupes les plus puissants au monde ? Rappelons que, jusqu'en 1991 , Microsoft n'avait même pas un département de R & D !

Par conséquent, ceux qui crient haut et fort le slogan « *Innovez ou disparaissez* » devraient justifier davantage leur proposition.

Prenons l'exemple de General Electric. Consacré entreprise la plus performante au monde en 2001, le groupe a été l'un des premiers à posséder un laboratoire de recherche en interne. Pour autant, dans les mémoires qu'il a publiées, Jack Welch[130] n'évoque aucune des innovations sorties de ce laboratoire, ni d'ailleurs aucune d'une autre division de l'entreprise. En revanche, il parle abondamment des processus centrés sur le client et autour desquels il a organisé le groupe pendant qu'il en était aux commandes.

Dans le même registre, qui pourrait citer une seule innovation émanant de Wal Mart, le détaillant pourtant le plus performant et le plus analysé au monde ? Dans son ouvrage, intitulé *The Agenda*[131], Michael Hammer qui étudie les tenants et les aboutissants de la survie et de la prospérité d'une entreprise, estime que la réussite naît de bons processus (ce dont, soit dit en passant, peu d'entreprises peuvent se targuer). Toyota en est l'illustration : la renommée du groupe japonais ne provient pas de ses produits innovants. Certes, les voitures qu'il fabrique sont modernes. Mais son succès est surtout dû à la fiabilité et à la qualité de ses véhicules et ces deux atouts résultent de processus extrêmement performants, centrés sur le client et qui sous-tendent toutes ses activités.

Par conséquent, les processus centrés sur le client et l'amélioration continue jouent un rôle bien plus important que l'innovation dans le succès durable d'une organisation. Leurs rôles ont été mis en évidence dans une étude déjà mentionnée, *Built to Last*[132], l'une des plus exhaustives sur le sujet. Selon ses auteurs, Collins et Porras, la capacité à innover n'est pas un facteur de succès, à l'inverse de ce qu'ils baptisent les « mécanismes de progrès » ou les approches structurées, quelles qu'elles soient, de l'amélioration continue. Prenons Wal Mart, par exemple. L'histoire de son succès est parsemée d'améliorations continues et acharnées. Si l'on en croit Jack Welch, le mécanisme qui a fait « *la différence entre General Electric et le reste du monde dans les années 1990* » n'était pas l'innovation, mais le système « *sans frontières* » permettant à chacun dans l'entreprise de « *rechercher les meilleures idées, et de les appliquer, sans se soucier de leur source* », et qui conduit General Electric à « *trouver chaque jour une meilleure manière* » (« *find a better way everyday* »)[133]. On observe la même chose chez Claber, leader européen de systèmes d'irrigation. Comme le dit son président Oliviano Spadotto[134] : « *Nous sommes des maniaques de la qualité. Nous mesurons les problèmes de qualité. Vous avez toujours la solution : il faut la trouver, tout simplement.* » En effet, la qualité totale, mais aussi le « *lean manufacturing* » et la logistique exceptionnelle sont des clés de la réussite de son entreprise.

L'innovation, ce n'est pas comme l'eau ou la nourriture, sans lesquelles l'homme ne survit pas. Il existe autour de nous beaucoup d'entreprises qui ne pourraient pas être qualifiées d'innovantes, mais qui perdurent et prospèrent justement parce qu'elles se sont procuré une eau limpide (de bons processus) et des aliments équilibrés (les mécanismes d'amélioration).

Manifestement, les bons processus et l'amélioration continue sont des conditions nécessaires, parfois même suffisantes, au succès durable d'une entreprise. Mais l'entreprise peut avoir besoin d'innover, car l'innovation pourrait être importante. GE et Claber innovent aussi. La véritable question est de savoir quelles priorités elle doit accorder à l'innovation. Ou, plus précisément, quand et comment doit-elle chercher l'innovation ?

QUELLE SORTE D'ATTENTION PORTER À L'INNOVATION ?

On suppose le plus souvent, et c'est bien naturel, que quoi qu'elle fasse, l'entreprise doit être à l'origine d'inventions qui conduiront à des innovations efficaces[135]. En réalité, c'est confondre la fin et les moyens. La fin, c'est la capacité à générer des produits et des services innovants au bon moment, et s'assurer qu'ils sont meilleurs que ceux de la concurrence. L'émergence d'inventions au sein même de l'entreprise n'est que l'un des moyens d'atteindre ce but. Mais il est souvent le plus coûteux et le moins efficace. L'autre voie consiste à recourir à la sous-traitance, acheter des innovations ou des entreprises innovantes. Par exemple chez Merck, le chef du département de biologie osseuse a appris par un ami italien qu'une petite entreprise locale travaillait sur un composé appelé « alendronate ». Après avoir présenté le projet au comité, Merck a acquis le droit de développer, de produire et de distribuer la formule, qui s'est révélée particulièrement efficace dans le traitement et la prévention de l'ostéoporose. Au cours des cinq années qui suivirent sa commercialisation, le médicament basé sur cette formule, le Fosamax, a généré 843 millions d'euros de chiffre d'affaires. Comment Merck a-t-il pu saisir cette opportunité ? En disposant d'équipes à l'affût des dernières inventions technologiques, en mesure de se projeter, de faire le lien entre le potentiel de ces inventions et les besoins des clients de Merck. Des équipes qui exposent les projets d'acquisition à la direction, et qui, ensuite, s'entourent des techniciens qui seront chargés de les réaliser. Et l'essentiel pour Merck consiste à faire tout cela mieux que ses concurrents.

Face à une telle évolution, les grands départements de R & D, nécessairement centrés de manière structurelle sur la génération d'inventions, sont de moins en moins pertinents. Aujourd'hui, entrepreneurs, start-ups et chercheurs sont « connectés », et les entreprises qui bénéficieront le plus de l'innovation dans le futur pourraient bien être celles qui, comme Cisco, font le moins d'efforts et utilisent le moins de ressources pour générer des inventions en interne. Au lieu de cela, elles ciblent différemment leurs efforts et leurs ressources en construisant des réseaux d'entreprises, sortes d'antennes capables de capter les inventions où qu'elles soient générées et d'établir des connexions créatives (c'est-à-dire novatrices et utiles) entre ces inventions, les facteurs de succès et les intérêts de leurs clients. L'objectif étant, évidemment, de s'assurer que les nouveaux produits et services seront effectivement utiles. Quelques entreprises disposant de grands départements de R & D ont déjà commencé à modifier leur approche en privilégiant cette voie. Chez Merck, citée ci-dessus, on encourage les chercheurs à « *aller en reconnaissance hors des territoires de l'entreprise* » (« *scouting outside the company* »). On les incite à « balayer » l'ensemble de leurs sources : presse, réseau, amis, afin de trouver une idée, quelle qu'elle soit, qui pourrait conduire à la fabrication d'un nouveau médicament prometteur. On leur demande ensuite d'exposer le « cas » devant un comité *ad hoc* qui allouera des fonds nécessaires au financement ou à l'acquisition de recherches extérieures, ou encore à la formation de partenariats. Selon Merck, un nombre important de ses nouvelles catégories de médicaments (qui sont passés de 11 en 1992, à 19 en 1998, puis 24 en 2002) ainsi que quelques médicaments particulièrement innovants, comme le Fosamax, sont issus de cette activité de « balayage »[136].

Quant aux PME, les plus innovantes ont adopté cette approche depuis longtemps. Nous avons déjà évoqué Claber, entreprise italienne leader européen de systèmes d'irrigation. En 2004, elle a aussi gagné la première place au concours annuel régional *Premio Innovazione Friuli Venezia Giulia.* Comment Claber parvient-elle à innover en permanence ? Son président, Oliviano Spadotto, nous a expliqué que les idées innovantes provenaient de sources et de problèmes très variés, comme les suggestions de fermiers italiens que Claber recueille systématiquement[137]. Une fois que le prototype d'un nouveau produit a été réalisé, Claber partage l'idée avec ses fournisseurs, avec pour seule exigence de ne pas la transmettre à la concurrence. L'objectif de ce partenariat avec les fournisseurs est de passer vite du prototype à la fabrication et de mettre le produit rapidement sur le marché. Selon Oliviano Spadotto, la fenêtre typique d'opportunité, période du monopole pour un nouveau produit de Claber, est seulement d'une saison avant qu'il ne soit copié par les concurrents (aujourd'hui nombreux et notamment chinois). Enfin, grâce aux formations organisées dans son centre *Fiume Water Academy*, Claber associe rapidement ses distributeurs pour élaborer la meilleure façon de distribuer le nouveau produit. Avec toutes ces sources très variées d'idées, de la part de ses propres salariés, clients, fournisseurs et distributeurs, Claber fait continuellement preuve d'innovation.

Avant de poursuive, il convient de « défaire » un autre lieu commun, selon lequel les innovations, pour être efficaces, se doivent d'être dramatiques et radicales.

JACKPOT DE L'INNOVATION RADICALE CONTRE AMÉLIORATION CONTINUE

Dans la préface de son ouvrage, *Leading the Revolution*[138], Gary Hamel expose les impératifs auxquels, selon lui, les entreprises doivent faire face : « *Nous en sommes à la fin de l'incrémentalisme, et seules les entreprises capables de créer des révolutions dans leur secteur pourront prospérer… L'innovation est le seul avantage concurrentiel du nouveau millénaire.* » Dans *The Circle of Innovation*[139], Tom Peters fait la même analyse : « *L'incrémentalisme est le pire ennemi de l'innovation* » ; « *si vous passez chaque heure à l'améliorer un peu… alors… vous ne passez pas chaque heure à le réinventer, à le faire exploser* » ; « *le seul avantage concurrentiel durable vient de ce qu'on surpasse les concurrents en termes d'innovation* » ; et, plus loin, le cliché : « *innovez ou disparaissez.* »

Tenter de comprendre pourquoi les chefs d'entreprise adhèrent à ce type de messages si facilement et si goulûment est un exercice intéressant. Comme Dauphinais et Price l'ont indiqué dans leur livre, *Straight from the CEO*[140] : « *Parmi tous les rêves que peut avoir un P-DG, aucun ne peut avoir l'attirance de la notion de transformation massive par l'innovation, celle de la fortune fondée sur des besoins et des désirs jamais imaginés jusqu'ici. C'est ce qu'on appelle le jackpot de l'innovation.* » D'une certaine manière, les joueurs au casino ou à la loterie ont les mêmes espérances : ils rêvent d'obtenir le gros lot pour être définitivement libérés des contingences financières et de savourer ce moment unique qu'est la gloire.

Mais voilà qui soulève à nouveau deux questions. D'abord, cette thèse accrédite la conception que les mauvaises choses sont importantes et que les bonnes le sont moins. Ensuite, et avec les mêmes mécanismes psychologiques que ceux utilisés pour les publicités sur les loteries nationales, cette thèse exclut de son raisonnement les probabilités impliquées et fait croire à ces dirigeants qu'ils ont une réelle chance de gagner le jackpot de l'innovation.

Gary Hamel et Tom Peters ont-ils raison ? Le jackpot de l'innovation est-il effectivement la clé de voûte du succès durable, tandis que l'incrémentalisme, ou l'amélioration continue, impliquant le management des idées et d'autres mécanismes de progrès, serait secondaire ? La réponse est un non… retentissant. Sony est réputé pour avoir généré des dizaines d'innovations radicales. Mais au début de 1980, Akio Morita, le P-DG d'alors, a délibérément diminué la capacité de Sony à créer des inventions technologiques pour privilégier les améliorations incrémentales[141]. Morita s'est en effet aperçu que se concentrer sur les mauvais problèmes (la génération d'inventions radicales) détournait l'attention, prenait du temps et accaparait des ressources, au détriment de ce qui était réellement important, c'est-à-dire l'amélioration continue et la commercialisation de produits high-tech, avant les concurrents et à un prix abordable.

Le design des produits y joue d'ailleurs un rôle primordial. Travaillant main dans la main avec les ingénieurs produit ainsi que dans des villes comme Tokyo ou New York, ces créateurs sont à l'affût des nouvelles tendances de consommation, du moindre signe de changement des modes de vie. Ces évolutions sont immédiatement traduites par le design amélioré des produits existants et donnent lieu parfois à des créations entièrement nouvelles. Ainsi, sur 1 500 designs créés par Sony chaque année, 1 200 sont des améliorations et 300 seulement sont des nouveautés. Mais qu'ils soient améliorés ou nouveaux, il ne s'agit pas dans la plupart des cas de nouvelles technologies du produit lui-même. Comme l'affirme Mitsuru Inaba, vice-président responsable de Sony Creative Center et responsable de la délocalisation des designers à New York : « *Le packaging est aussi important que le contenu.* »[142] Outre le design, un autre processus d'amélioration, qui procure à Sony un avantage concurrentiel certain, est son processus de production.

Bon nombre d'observateurs citent Sony comme l'une des sociétés les plus innovantes au monde. Ils ont raison. Après avoir rejeté l'approche limitée à l'innovation, coûteuse et aléatoire, Sony demeurait innovante pendant au moins deux décennies.[143]

Sony et Claber contrastent donc avec ces nombreuses entreprises qui continuent à utiliser et à investir dans l'approche du « jackpot », mais dont bien peu sont réellement innovantes. Outre les résultats médiocres obtenus avec cette approche, la poursuivre détourne l'attention et les ressources de l'entreprise de l'essentiel : les véritables mécanismes de progrès, déterminants pour sa croissance et son succès à la fois général et durable, mais aussi cruciaux pour la qualité du management de l'innovation.

LE JACKPOT DE L'INNOVATION EST-IL UN RÊVE RÉALISTE ?

Beaucoup d'entreprises se plaisent à croire que la possibilité de toucher le jackpot de l'innovation grâce à la production d'inventions en interne est un objectif réaliste. Il y a presque un siècle, Freud n'expliquait-il pas que l'homme a tendance à prendre ses rêves pour des réalités ? Et le jackpot de l'innovation est très certainement un rêve, coûteux et improbable. Une étude portant sur plusieurs secteurs d'activité[144] a révélé que, sur chaque lot de 3 000 idées initiales, seules 300 donnaient lieu à des expériences ou à des dossiers de brevet. Sur ces 300 idées, 125 (soit moins de la moitié) seulement aboutissaient à des projets. Projets qui n'aboutissaient qu'à 1,7 lancement de produit. Au final, un seul produit se révélait être un succès commercial (dans l'industrie pharmaceutique, la proportion est de 1 sur 5 000). La même étude montrait que seuls 5 à 10 % des brevets américains avaient une pertinence commerciale, et 1 % seulement produisait effectivement des bénéfices. Avec de telles probabilités, les entreprises feraient mieux de jouer à la loterie ! Et comme le montre la citation en introduction de cette partie de l'ouvrage, même une entreprise leader des produits de consommation, innovante comme Procter & Gamble, est consciente de la déficience de sa performance en termes d'innovation.

Pour comprendre ces résultats, il suffit d'examiner le cas d'une entreprise qui a effectivement touché le jackpot. En août 2001, CyThera, une start-up, stupéfia les professionnels de la biotechnologie en annonçant qu'elle avait développé neuf colonies de cellules souches. De ce fait, CyThera venait d'être propulsée numéro deux mondial, derrière l'université de Göteborg (Suède) qui en avait développé dix-neuf, ce qui la plaçait largement en tête des laboratoires de recherche, universitaires ou commerciaux, que compte la planète. Cette start-up put donc s'inscrire sur la liste des NIH (Instituts nationaux de la Santé aux États-Unis), des cellules souches disponibles pour les chercheurs travaillant sur ces cellules qui développent à partir de ces dernières des solutions thérapeutiques permettant de réparer cœur, cerveau, foie et autres organes humains. Grâce à sa technique, CyThera est immédiatement devenue l'un des leaders de la fourniture d'un service, la culture de cellules souches, fort demandé par les centres de recherche dans le monde. Comment cette entreprise, dont le capital, souscrit par des sociétés de capital-risque, n'excède pas 2 millions de dollars et qui dispose d'une équipe de dix salariés, a-t-elle fait pour s'imposer dans un domaine où institutions et groupes privés sont au coude à coude pour obtenir la place de leader ?

Certes, le cofondateur de CyThera, Jonathan C.R. Jones, professeur de biologie cellulaire et moléculaire, est un chercheur de premier ordre. C'est d'ailleurs lui qui a mis au point la technologie nécessaire à la culture de certaines cellules en laboratoire. Mais que dire des deux autres cofondateurs, Michael J. Ross, le P-DG, et Lutz B. Giebel, le directeur des opérations ? Le Dr. Ross est un manager et un entrepreneur dans le secteur de la biotechnologie. Il a travaillé treize ans chez Genetech, puis a été le premier P-DG de Arris, avant de fonder, en 1996, MetaXen, racheté par Exelixis en 1999. Quant au Dr. Giebel, il est également passé chez Arris, avant de créer MetaXen avec Ross. Ces deux hommes sont les jumeaux de ces « initiés » de la Silicon Valley, qui sont informés de tout ce qui se passe dans leur secteur. Ils connaissent l'état de la recherche et les inventions en cours, ils sont capables de voir si elles seront en adéquation avec les besoins du marché. Enfin, ils savent à la fois vendre les prototypes de services ou de produits innovants à des organismes financiers et les faire évoluer pour qu'ils deviennent de véritables services.

Quelles auraient été les chances d'une entreprise *lambda,* impliquée dans la recherche sur les cellules souches ? Aurait-elle été capable de produire un service aussi innovant, même en recrutant le professeur Jones à la direction de la recherche ?

Prenons IBM Research Laboratories, un laboratoire d'entreprise de référence mondiale, qui emploie plusieurs chercheurs prix Nobel ou dignes de l'être. IBM possède le plus grand portefeuille de brevets au monde mais, si on évalue la profitabilité de ses brevets (que l'on mesure le plus souvent grâce au nombre de citations de ces brevets par d'autres inventeurs[145]), le groupe se place loin derrière l'ensemble de start-ups acquis par Cisco, voire derrière MicronTechnology, qui n'est qu'une PME[146]. Cela signifie donc que, si IBM – baptisée « *la référence n° 1 de la recherche transformée en profit commercial* »[147] – est devancée par des start-ups et des PME dans le domaine de la production d'inventions rentables, une entreprise moyenne usant de la même approche ne pourra obtenir que des résultats médiocres.

Selon son secteur de prédilection, une entreprise peut avoir besoin de chercheurs de haut vol (comme le professeur Jones) et d'infrastructures de recherche (tels les laboratoires d'entreprise). Mais si elle veut être à l'origine d'inventions rentables, elle a besoin d'une dynamique entrepreneuriale et d'une connaissance approfondie de son marché. Un ensemble qui donne lieu à une combinaison unique de compétences managériales et de recherche, capable de « connecter » une invention issue de la recherche aux besoins et aux attentes des consommateurs, puis de la transformer en opportunité commerciale.

Les statistiques de la réussite des innovations spectaculaires qui se rapprochent de celles de la loterie reflètent tout simplement les difficultés auxquelles l'entreprise fait face dans ce domaine. Voici les données de l'industrie pharmaceutique, l'industrie aux États-Unis qui dépense le plus pour la R & D, à laquelle appartient CyThera. Plusieurs études basées sur les sources provenant de la *Food and Drug Administration* (service du gouvernement américain responsable de la pharmacovigilance) ont exploré la relation entre l'investissement dans la R & D de cette industrie et le nombre de nouveaux médicaments commercialisés[148]. Un de ses résultats clés montre qu'entre 1991 et 2001, les dépenses en R & D ont augmenté de 9,7 milliards dollars à 30,3 milliards dollars, tandis que le nombre de nouveaux médicaments introduits est tombé de trente à vingt-quatre. Le rapport du TCSDD (*Tufts Center for the Study of Drug Development*) note aussi que les « *blockbusters* » sont rares et largement imprévisibles[149]. En effet, la probabilité de sortir un médicament profitable, sans parler de jackpot, grâce à son propre service de

R & D est extrêmement faible. D'ailleurs, les rares jackpots ne résolvent en rien les problèmes de profitabilité de beaucoup d'entreprises de cette industrie. Ainsi, un dirigeant de Sanofi-Synthélabo, l'un des leaders de la pharmacie en Europe en 2001, a tenu les propos suivants sur son « *blockbuster* » le Plavix, qui s'est vendu à 2 milliards d'euros cette année-là : « *La rentabilité n'a pas de sens au niveau d'un seul produit... Pour un* blockbuster, *combien de molécules, qui ont coûté elles aussi 500 millions d'euros en recherche, mais n'ont jamais été commercialisées ?* »[150]

Comme le rappellent Dauphinais et Price : « *La plupart d'entre nous vénèrent l'innovation de loin parce qu'elle est si rare. Les penseurs du management, qui croient que l'innovation est source d'avantage concurrentiel, ont raison s'il s'agit d'expliquer l'histoire d'un ordinateur Apple, d'une photocopieuse Xerox ou d'un Polaroid ; mais ils ont tort dès lors que ce précepte s'applique à la plupart des situations auxquelles les entreprises font face.* »[151] Peut-être même ont-ils tort lorsqu'ils citent ces entreprises : malgré des inventions phares qui ont fait date, Xerox était au bord du dépôt de bilan en 2002, Polaroid avait déclaré faillite et Apple n'était plus qu'un acteur mineur dans le secteur des ordinateurs.

Même une entreprise ayant touché le jackpot, c'est-à-dire en inventant effectivement le prochain PC ou la prochaine photocopieuse, sera confrontée à de nouvelles difficultés. Il lui faudra se battre contre ces prédateurs qui tentent de s'approprier les inventions une fois celles-ci diffusées. Se protéger, déposer des brevets, voilà qui n'est pas toujours possible en pratique. D'ailleurs, les entreprises concernées, notamment les PME high-tech évitent de faire ces démarches, trop dangereuses. Selon Robert Dobkin, directeur des technologies de Linear Technology, déposer un brevet public équivaut à diffuser à la concurrence la teneur de ce sur quoi l'on travaille et revient à « *tout brader* »[152]. Par conséquent, une société comme Broadcom, particulièrement performante dans la conception de puces pour les équipements de communication, dispose de huit brevets, alors qu'Intel en a plus de trois mille.

Même protégées, les entreprises ne sont pas à l'abri d'imitateurs extrêmement compétents et créatifs. Il suffit de prendre les exemples de Microsoft avec son logiciel Windows, dont les principes viennent de Xerox et d'Apple, de Seiko avec son mécanisme de montre à quartz d'origine suisse, ou de Sony avec ses consoles de jeux vidéo inventées par Sega ou, enfin, d'Apple avec son iPod inventé par l'entreprise de Singapour Creative Technology.

Si elle ne plagie pas, la concurrence s'efforcera sans doute de contourner les formulations contenues dans les brevets, de rendre le jackpot trop cher à protéger, ou de le grignoter petit à petit. De fait, les tribunaux américains sont traditionnellement hostiles aux brevets, qu'ils considèrent comme des moyens de renforcer les monopoles et donc de restreindre la concurrence. En 1817, le juge Joseph Story déclarait déjà : « *Il faut considérer les brevets comme des preuves* prima facie *de très faible valeur.*[153] » Un siècle plus tard, entre 1921 et 1973, la justice américaine a déclaré l'invalidité de près des deux tiers des brevets sur lesquels elle avait à statuer. Par ailleurs, une étude de l'université de Yale a révélé que dans seulement cinq industries sur cent trente, les brevets étaient « hautement efficaces » pour la protection, et qu'ils étaient « modérément efficaces » dans une vingtaine d'industrie de plus.[154] Quand en 2001, Intel a poursuivi une entreprise de la Silicon Valley pour avoir violé cinq de ses brevets, les analystes estimaient que le groupe avait très peu de chances effectives de gagner son procès. De même, quand en 2006, Creative Technology a poursuivi Apple pour avoir violé son brevet avec l'iPod, Apple a contre-attaqué avec deux procès. Le litige s'est terminé par un arrangement dont personne n'est sorti gagnant et quant au marché, Apple a clairement gagné dans l'opposition de son iPod face au Zen de Creative Technology. Quoi qu'il arrive, Intel et Creative Technology ont dû utiliser leur temps et leurs ressources pour protéger leurs brevets.

En dehors du rêve d'un P-DG, il n'existe probablement rien qui puisse ressembler au jackpot de l'innovation.

QU'EST-CE QU'UN BON MANAGEMENT DE L'INNOVATION ?

Imaginons qu'une entreprise décide d'abandonner l'approche du « jackpot », avec son taux de réussite de moins de 1 % (0,033 % si on compte un succès pour trois mille idées, ou 0,8 % si on compte un succès pour cent vingt-cinq lancements de projets d'innovation). Imaginons que cette entreprise ne veuille pas non plus assumer les coûts internes liés à l'innovation. Si sa première démarche consiste alors à définir un objectif réaliste d'une nouvelle approche du management de l'innovation, quel pourrait-il être ? Pour un groupe tel que Sony, il pourrait être un taux de succès de 100 %. Nous pensons qu'il s'agit là d'un objectif réaliste pour toutes les entreprises. Pourquoi ?

D'abord, rappelons que les entreprises mènent quotidiennement des projets extrêmement complexes, qui impliquent souvent des innovations, comme la construction d'une usine destinée au lancement d'une nouvelle voiture à une date fixée. Elles établissent alors un objectif de succès de 100 %. Cela ne signifie pas que le projet ne va pas échouer ; mais cela veut dire que tout est mis en œuvre pour que son succès soit total, ni partiel ni peu probable. Comme le précisait Didier Leroy, le groupe Toyota a dû affronter d'énormes difficultés lors de la construction de sa première usine en France en 1999-2000. Mais il n'a jamais été question de reporter le lancement du véhicule, encore moins de faire des concessions sur les processus de fabrication. Dans le même temps, les salariés ont trouvé de nombreuses solutions créatives à ces problèmes, et quelques-unes ont même permis d'améliorer le processus de fabrication.

Ensuite, même lorsqu'il s'agit d'innovations *stricto sensu*, l'histoire nous fournit de nombreux exemples de projets extrêmement complexes menés avec un objectif de réussite de 100 %. Citons la Tour Eiffel, à la fin du XIXe siècle, le premier sous-marin nucléaire, construit en cinq ans dans les années 1950 et toujours opérationnel, le projet Apollo conçu par la NASA, dans les années 1960, d'aller sur la Lune, ou encore le projet franco-britannique du supersonique Concorde, dans les années 1970. Maintes fois, les projets se sont heurtés à des écueils ou ont même échoué, mais leur management a toujours été orienté vers un objectif de réussite de 100 %, ni plus ni moins. Cette même attitude est présente chez les PME les plus innovantes, comme Claber, citée plus haut. Son président, Oliviano Spadotto, est convaincu que son entreprise trouvera toujours la solution au problème qui se pose et cette conviction a été confirmée maintes fois par le passé.

Nous le répétons, l'entreprise qui se fixe un tel objectif, ou adopte l'attitude qui en découle, ne l'atteindra pas forcément. En revanche, elle aura clairement montré qu'elle refuse de gérer l'innovation comme on prend un pari. Reste à savoir comment elle va gérer l'innovation. C'est-à-dire comment elle va s'assurer qu'aucun élément perturbateur ne tue le projet. Ce défi est considérable.

Aucun « génie » du management, aucune « équipe de génie » ne pourrait affronter ce défi seul. À l'instar d'autres défis de même ampleur, comme servir les clients au mieux, les entreprises qui excellent le distribuent dans toute l'organisation et impliquent tous leurs salariés.

Carl Sewell a appelé cette approche : « *licenciez votre service de relations clients* ». Il voulait dire par là que, si une entreprise veut fournir un service exceptionnel, servir au mieux ses clients doit être la tâche de chacun[155]. Pour certaines entreprises, cette évidence peut constituer un véritable choc. Quand la première équipe du marketing de Procter & Gamble en charge de l'innovation a découvert chez un consultant IDEO un processus fondé sur la présence de tous en première ligne face au client, elle a appelé le siège, prise de panique, arguant que « *ces gens n'ont aucun process.* »[156] Habituée au process d'innovation exécuté dans les murs de l'entreprise, l'équipe n'était pas en mesure d'imaginer qu'un processus d'innovation pouvait commencer par la présence sur le terrain. Au passage, rappelons que Friedrich von Hayek a fourni une analyse théorique sur le rôle que jouent les salariés de première ligne en particulier, et tous les salariés en général, pour garantir la réussite de l'entreprise et lui permettre de relever les défis.

Dans la pratique, les entreprises utilisent de nombreux mécanismes de progrès. Le SMI en est un fréquemment utilisé. Par exemple, ainsi que l'a expliqué Michael DaPrile, il n'existe pas chez Toyota de spécialistes de génie industriel[157]. On préfère utiliser le SMI afin que chaque salarié contribue et réalise des idées destinées à améliorer les processus de fabrication. D'ailleurs, chez Toyota, on tourne en dérision le travail de ces spécialistes (en anglais, *industrial engineer,* ou *IE*) avec ce jeu de mot : « *IE, you E, everybody E* » (« je suis spécialiste, tu es spécialiste, tout le monde est spécialiste »). Lorsque nous avons demandé à Michael DaPrile d'illustrer ses propos par un exemple, il nous a donné celui d'un opérateur ayant proposé une solution qui n'a coûté que 76 000 euros, permettant d'éviter d'arrêter, comme prévu à l'origine par le management, la chaîne d'assemblage durant une semaine pour lancer une seconde chaîne (et qui aurait entraîné des coûts énormes).

De la même manière qu'elles le font pour affronter le défi du génie industriel, des entreprises utilisent leur SMI pour partager avec chacun le défi de l'innovation. Le SMI fait partie intégrante d'un bon management de l'innovation, et ce de plusieurs manières. Pour illustrer cette approche, une analogie avec le management de l'innovation dans un secteur extrêmement concurrentiel, le basket-ball professionnel, régi aux États-Unis par la NBA (National Basketball Association), la franchise sportive la plus profitable de l'histoire, peut être instructive (voir encadré ci-après).

Comment les Spurs de San Antonio ont résolu leur problème de meneur

Quel peut être l'équivalent de l'innovation dans le monde du basket-ball ? Ce sport d'équipe fait appel à des techniques de jeu subtiles où les joueurs doivent trouver la parade contre leurs adversaires (pensez à Michael Jordan ou à Shaquille O'Neal). Où les clubs de la NBA trouvent-ils ces joueurs ? En fait, à la différence des clubs professionnels européens, qui sont bien moins bons, ils ne les « génèrent » pas, c'est-à-dire qu'ils ne les entraînent pas dans leur propre club. Aux États-Unis, les futurs champions sont formés au lycée et à l'université. Pour trouver d'excellents joueurs, les clubs doivent attendre le recrutement estival annuel (*summer draft*), et choisir de jeunes talents relativement bon marché (quelques millions d'euros pour les meilleurs d'entre eux). Néanmoins, la NBA a une contrainte. Si elle veut que la compétition reste intéressante, il faut que tous les clubs soient sensiblement au même niveau (qui se soucie de regarder un match dont le score est de 120 à 50 ?). Par conséquent, elle autorise les clubs les moins performants, à se servir les premiers, de façon à ce qu'ils choisissent les meilleurs. De sorte que les autres clubs sont ensuite obligés de leur racheter ces joueurs au prix fort. Les Lakers de Los Angeles ont ainsi déboursé plus de 100 millions d'euros pour s'assurer les services de Shaquille O'Neal entre 1996 et 2004, et bien d'autres équipes ont dépensé des sommes similaires au cours des dernières années. Payer, faire de la surenchère, les clubs puissants n'avaient pratiquement que cette solution-là pour recruter des joueurs de haut niveau, jusqu'à ce que la NBA mette le holà, à l'été 2001, en imposant des pénalités en cas de masse salariale trop importante. Résultat, et malgré les rumeurs, la plupart des joueurs ont renouvelé leur contrat avec leur ancien club. Voilà le décor planté.

Au cours de l'été 2001, les Spurs de San Antonio, l'une des rares équipes à prétendre au titre de champion de la NBA depuis quelques années (et champion en 1999), ont perdu leur meilleur meneur, Avery Johnson. Le départ d'un tel joueur aurait posé de sérieux problèmes à n'importe quelle équipe de la NBA, mais pour les Spurs, qui fondaient tous leurs espoirs sur leur duo d'attaquants considéré à l'époque comme le meilleur de la NBA, Tim Duncan et David Robinson, il était dramatique. Sans un excellent meneur pour leur passer la balle et organiser un jeu autour d'eux, l'efficacité des deux joueurs devenait bien moindre. Faute de trouver un bon meneur pour remplacer Johnson, les Spurs décident de titulariser leur meilleur arrière, Antonio Daniels, au poste de meneur. C'est ainsi qu'ils se préparaient à entamer la saison quand survint la révélation.

Lors du tournoi estival de pré-saison, au cours duquel les clubs testent les remplaçants et les nouveaux joueurs, un meneur de 19 ans, Tony Parker, a créé la surprise. Ses performances étaient exceptionnelles : 18,5 points, 9 passes décisives et 4,8 rebonds par jeu. Même l'entraîneur en chef, Gregg Popovich, réputé pour être avare en compliments n'en croyait pas ses yeux : « *Parker a déjà le niveau de jeu qu'Avery Johnson a mis toute sa carrière à développer* »[1]. À l'issue de ses cinq premiers matchs du championnat, Parker fut titularisé. Dès lors, les Spurs avaient trouvé leur meneur. Où ont-ils découvert ce joyau bon marché, qui a été sélectionné pour jouer dans l'équipe All-Star des meilleures recrues de la NBA, en 2002 ? Là où peu d'autres clubs ont cherché, ou bien ont mal cherché : en France.

La France était peut-être une référence dans le football mondial à l'époque, mais ce n'est pas précisément la Mecque du basket-ball. En 2001, seuls deux anciens joueurs français jouaient en NBA, et ils ont passé le plus clair de leur temps sur le banc de touche. Mais les *scouts* (recruteurs chasseurs de joueurs) des Spurs se sont rendus dans l'Hexagone, où ils ont découvert Tony Parker. Celui-ci n'avait jamais mis les pieds sur un terrain aux États-Unis et avait débuté sa carrière professionnelle dans un club parisien. Mieux encore, ils ont décelé son potentiel de meneur et l'ont « vendu » aux dirigeants des Spurs qui ont su le développer, soit organiser la participation du joueur aux premiers matchs de la saison de la NBA, mettre en place l'entraînement adéquat, organiser le planning de ses matchs et trouver le rythme lui convenant, de sorte qu'il déploie sans risque les qualités d'un joueur d'envergure. Leur travail a porté ses fruits : en 2001, puis en 2002, Parker était sélectionné pour jouer dans le *Rookie All-Star Game* et, deux ans après ses débuts, il était déjà considéré comme l'un des meilleurs meneurs de la NBA, fait rarissime dans l'histoire de la franchise pour ce poste. Depuis son arrivée, le petit meneur de jeu français a conduit les Spurs à deux titres en trois saisons et été séléctionné dans les équipes All-Star des meilleurs joueurs de la NBA en 2006 et en 2007.

1. *MVP Basket*, n° 49, déc. 2001, p. 12 ; nous remercions Elie Getz pour nous avoir fourni cette source.

Ce n'est pas parce qu'ils disposaient d'un gros budget que les managers de l'équipe de NBA des Spurs ont résolu leur problème de meneur manquant (au vu des dizaines de millions payés lors des transferts, le Français Tony Parker ne leur a pas coûté si cher : quelques millions d'euros), mais grâce à l'excellente qualité de leurs antennes de *scouts* et à leur capacité à détecter les innovations. De la même manière, une excellente capacité de balayage des inventions permet aux entreprises de trouver les inventions dont elles ont besoin ailleurs. Cette seule compétence est parfois suffisante pour susciter des innovations couronnées de succès.

Cependant, comme c'est souvent le cas des analogies, les ressemblances ont des limites. Dans le cadre du basket-ball, les innovations sont d'un type bien défini (des joueurs aux excellentes techniques de jeu) et leurs lieux d'origine sont plus ou moins limités (malgré la présence de la superstar de la NBA, l'Allemand Dirk Nowitzki, c'est uniquement depuis le *draft* de 2001 que tous les *scouts* se rendent désormais systématiquement dans les pays européens).

Dans le monde des affaires, en revanche, les innovations peuvent être extrêmement diverses et concerner des inventions dans le domaine de la technologie, des ventes, de la fabrication, du marketing, etc. Elles peuvent venir de n'importe où : des salariés de l'entreprise, des fournisseurs, des clients, des partenaires, des concurrents, des universités… Cela veut dire que, pour avoir une excellente capacité de balayage et des antennes à inventions, une entreprise doit distribuer cette tâche et impliquer le plus possible de salariés dans la recherche d'idées. L'approche de Merck, que nous avons décrite précédemment, constitue un premier pas dans cette direction.

Mais, lorsqu'elles sont excellentes, les antennes d'entreprise font encore davantage.

La plus grande contribution à l'innovation par l'implication de chacun dans la recherche d'idées va bien au-delà de la recherche de solutions aux problèmes déjà soulevés. Une telle implication permet de détecter les problèmes eux-mêmes : non seulement les problèmes initiaux qu'il faut résoudre mais aussi tous ceux qui pourraient « tuer » la réalisation des solutions au problème initial.

Nos observations, ainsi que celles d'autres chercheurs[158], montrent que la plupart des projets d'innovation échouent parce que quelqu'un, quelque part, connaissait les problèmes, mais que le responsable n'en était pas informé. Dans les projets d'innovation qui visent 100 % de réussite et qui sont bien gérés, l'invention initiale est constamment améliorée, des centaines de fois, non pas parce que les responsables ont constaté des problèmes et ordonné de les résoudre, mais parce que chacun dans l'entreprise est impliqué dans leur détection précoce, avant qu'ils puissent causer le moindre dommage. Vous vous rappelez peut-être l'exemple décrit, dans la première partie de cet ouvrage, l'idée d'un technicien chinois qui avait détecté l'utilisation en double d'un module extérieur de protection contre la foudre et qui avait ainsi permis à son entreprise, un grand groupe industriel allemand, d'économiser 9 millions d'euros par an.

Qui était chargé dans cette entreprise de découvrir ce type de problème et de le résoudre ? Certainement pas ce technicien de service. Mais grâce au SMI, son idée été recueillie et finalement réalisée, et ceci en dépit de la résistance de la direction locale des ventes. En effet, il s'est avéré que le module accessoire était mentionné dans la plupart des contrats, mais la direction ne voulait pas les modifier avec l'arrivée de la nouvelle version de l'équipement. Comme nous l'a affirmé le responsable du SMI de cette entreprise, sans les « antennes » de ce technicien, l'innovation développée par la R & D dans la nouvelle version de l'équipement n'aurait jamais été portée à la connaissance, ni commercialisée aux clients chinois.

En définitive, impliquer chacun dans la recherche de problèmes contribue aussi à les résoudre. Si les salariés de l'entreprise se contentaient de porter les problèmes potentiellement dommageables à l'attention des responsables, ces derniers seraient vite débordés.

Quand le SMI fait partie du management de l'innovation, les salariés de l'entreprise ne portent pas seulement à l'attention des responsables les problèmes potentiellement dommageables, mais aussi les solutions qu'ils ont déjà réalisées, ou qu'ils sont prêts à réaliser.

Dans ce dernier chapitre nous allons montrer comment le SMI, l'un des piliers du bon management de l'innovation, implique chacun dans la détection d'inventions, de problèmes, ainsi que dans la réalisation des idées.

LE SMI, PILIER DU BON MANAGEMENT DE L'INNOVATION

Nous l'avons déjà vu, 80 % des innovations sont initiées par les salariés de première ligne, et non pas par un service « basé au centre » de l'entreprise (R & D, marketing, direction, etc.). Dans beaucoup d'entreprises, seuls les individus dépendant de services prédéfinis – et souvent élitistes – sont autorisés à initier des projets d'innovation. Nous avons pu le constater à plusieurs reprises, au sein de groupes high-tech, chez des industriels ou même des agences de publicité et des entreprises de luxe. Comme l'indique la citation en introduction de cette partie de l'ouvrage, même le leader de produits de consommation Procter & Gamble arrive au constat suivant : une innovation pour de nouveaux produits qui repose sur les seuls marketing et R & D est insuffisante. Humblement, il a donc accepté que son consultant IDEO lui apprenne la vertu de la présence en première ligne, face au consommateur, pour favoriser l'innovation. Mais, en dehors de leurs différences (de secteur, de taille, de nationalité), toutes ces entreprises ont un point commun : leur management des idées provenant du terrain est mauvais.

Les entreprises qui veulent aller au-delà de leurs 20 % de salariés « basés au centre » et bénéficier des 80 % d'idées pertinentes d'innovation émanant de leurs salariés de première ligne, doivent avoir des mécanismes pour encourager ces derniers à proposer leurs idées.

Voici comment l'idée d'un salarié de première ligne a initié une innovation importante dans le processus de fabrication et a permis des économies importantes à l'échelle du groupe.

En 1994, GKN a mis en place le programme de maintenance préventive dans son site de Mosel et, par conséquent, s'est retrouvé avec trente ingénieurs et techniciens de très haut niveau auparavant chargés de la maintenance, sans mission. Le directeur du site, Wolfgang Ruoff, avait toutefois une conviction particulière : « *L'avantage concurrentiel provient beaucoup plus des processus que des produits, que tout le monde finit par fabriquer avec les mêmes machines que tous les concurrents peuvent se procurer.* »[159] Il décide alors de créer un centre d'engineering chargé de la conception de machines innovantes pour le besoin de l'ensemble de ce groupe européen. Toutefois, ses ingénieurs et techniciens ne se reposaient pas uniquement sur leurs propres idées.

Un jour de 1996, son ingénieur, Jens Seidl, remarque une idée enregistrée dans le SMI de l'entreprise par un salarié du site de Kiel, dans le nord de l'Allemagne. Ce salarié est confronté à un problème de temps de changement de série (*setup time*) très long de sa machine dû au montage et au démontage d'une pièce nécessitant à chaque fois quarante minutes. Son idée consiste à démonter seulement une petite partie de cette pièce au lieu de la démonter entièrement. Il propose ainsi une modification de la pièce actuelle. Jens Seidl reconnaît immédiatement le caractère innovant de l'idée et mobilise une équipe de son centre pour la réaliser. L'innovation est livrée à l'usine de Kiel avec un résultat remarquable pour ses deux machines : au lieu de quarante minutes, il faut dorénavant quatre minutes seulement pour démonter ou remonter une pièce. Avec deux démontages / montages par jour, c'est plus de deux heures de production gagnées pour chacune des deux machines. Très vite, le centre installe cette innovation sur les deux machines du site de Mosel, puis sur l'une du site français et une autre du site brésilien. En tout, 118 260 euros ont été économisés grâce à la meilleure productivité de huit machines dans le monde par an. Selon Jens Seidl[160], il est très peu probable qu'une telle idée aurait émergé au sein de son centre. Ainsi, les idées des salariés de première ligne développent la capacité d'innovation de GKN dans ses processus, et par conséquent augmentent sa compétitivité sur un marché hautement concurrentiel.

Certaines de ces idées de salariés de première ligne seront également des solutions, des inventions parfois très difficiles à accepter par les équipes de R & D ou de marketing, car elles émanent de

« non-spécialistes » (le type de collaboration entre la R & D et ces derniers chez GKN n'est pas caractéristique de beaucoup d'entreprises). Pour autant, beaucoup d'entre elles seront des opportunités d'inventions pour des clients particuliers, ou concerneront les problèmes auxquels se heurteront les inventions lorsqu'elles seront transformées en produits ou en service. Les entreprises qui ont un bon SMI disposent de mécanismes de collecte de ces idées pertinentes d'innovation, ce qui leur permet d'augmenter sensiblement le taux de probabilité du succès de leur projet d'innovation.

Voici la liste détaillée des raisons qui expliquent pourquoi un bon SMI constitue un pilier du management de l'innovation au sein d'une entreprise.

Un bon SMI crée une culture dans laquelle chaque individu est encouragé à exprimer et à réaliser des idées, culture qui améliore la probabilité de succès des projets d'innovation. Comment se fait-il que les deux ingénieurs de Pirelli responsables du lancement d'une ligne de production innovante – qui a coûté des millions d'euros – sont restés plusieurs mois sans savoir comment résoudre une difficulté ? Comme nous l'avons déjà évoqué dans la partie précédente de l'ouvrage, la réponse qui nous a été faite par l'entreprise, est qu'elle avait décidé un moratoire sur les idées des techniciens concernant les nouveaux projets (sic !). Par conséquent, les techniciens impliqués dans le projet ont repéré les problèmes, conçu des solutions, mais n'ont pas transmis les informations aux deux ingénieurs, préférant attendre la fin du moratoire. Même si un salarié n'a pas l'expertise nécessaire pour résoudre un problème, il y a plus de chances qu'il soulève ce problème, y joigne des pièces explicatives d'une nature ou d'une autre, ou prenne des mesures pour trouver la personne directement impliquée dans le projet lorsque l'entreprise est dotée d'un SMI performant. Au pire, le problème et les éventuelles idées visant à le résoudre vont atterrir chez la bonne personne, mais le plus souvent, tous deux joindront leurs forces pour trouver la solution. En résumé, le SMI renforce le contrôle qu'a l'entreprise sur les projets d'innovation et en augmente la prévisibilité.

En deuxième lieu, le SMI permet à ceux qui sont impliqués dans des projets d'innovation de rester en contact avec les clients, les fournisseurs, les partenaires et les concurrents, personnes dont l'apport est souvent crucial pour le succès de l'entreprise. Comment se fait-il qu'une petite voiture innovante produite par l'un des grands constructeurs automobiles européens et initialement destinée aux jeunes, ait fini (fort heureusement) par être populaire auprès des femmes âgées ? Si le SMI de cette entreprise avait été davantage soutenu par ses dirigeants et avait impliqué presque 100 % de ses salariés, en particulier ceux travaillant auprès des clients, elle n'aurait pas découvert ceci par hasard, ou presque.

Troisièmement, le SMI oblige les individus directement impliqués dans le projet d'innovation à confronter des problèmes et des faits qu'ils auraient d'ordinaire préféré ignorer. Combien de fois un projet a-t-il échoué car quelqu'un essayait de dire quelque chose aux responsables du projet sans parvenir à se faire entendre ? L'explosion tragique de la navette *Challenger* constitue un cas d'école : un ingénieur n'a-t-il pas tenté plusieurs fois d'avertir ses responsables en vain ? La même chose semble s'être produite avec la récente tragédie de la navette *Columbia*. Selon les rapports d'enquête, l'ingénieur de la NASA avait averti par e-mail ses responsables du danger, en proposant d'obtenir des images plus précises des dommages sur la protection de la navette. Il a également proposé des solutions pour réduire le risque d'explosion lors de l'entrée de la navette dans l'atmosphère. Selon ses rapports, « *des hauts responsables de la NASA n'ont peut-être pas encouragé un échange d'idées sain et intimidé leurs subordonnés.* »[161] Dans ces projets, comme dans beaucoup d'autres, la pression sur les responsables les contraint à faire l'autruche et à continuer vaille que vaille. Or, lorsque le SMI est de bonne qualité, ils peuvent difficilement adopter une telle attitude. Rappelons que chacune des idées soumises au SMI (à la fois les problèmes et leurs solutions) est enregistrée. Au lieu d'ignorer un mémo ou quelques e-mails, les responsables de projets doivent s'extirper d'un système entier, avec ses contrôles, ses mécanismes et sa transparence, ce qui n'est pas aisé. Le cas d'un technicien chinois mentionné plus haut en est une bonne illustration. La direction locale des ventes ne voulait pas porter à la connaissance de ses clients l'innovation intégrée dans une nouvelle version de l'équipement et ceci durant un an. Mais l'idée était enregistrée et sa réalisation était suivie. Alertée par le responsable du SMI de la division, la direction locale des ventes a finalement été obligée de réaliser l'idée évaluée auparavant comme bonne pour l'entreprise. De surcroît, les auteurs des idées soumises sont motivés et habitués, dans le cadre du SMI, à les mener à bien, comme l'a démontré ce même technicien chinois qui a alerté le responsable du SMI quand il a constaté, un an après, que son idée n'était toujours pas réalisée sur certains équipements vendus. Voici ce que nous a confié le manager responsable du développement de ce produit en Allemagne : « *Notre système de management des idées a tout changé. L'idée était enregistrée, ce qui a permis au coordinateur du système de la suivre, d'obtenir l'appui du siège et de relancer le management en Chine pour qu'il la réalise.* »

Quatrièmement, le SMI augmente la quantité et la créativité des projets d'innovation efficaces. Nous avons déjà montré que 80 % des innovations sont initiées par les salariés de première ligne et non par les services « basés au centre » de l'entreprise (R & D, marketing, etc.). Par conséquent, la plupart des entreprises ne lancent que 20 % des projets d'innovation dont elles disposent potentiellement. Or, le recours au SMI pour initier des projets d'innovation peut conduire à les multiplier par un facteur cinq. Mais il y a plus : ces 80 % de projets initiés par les salariés de première ligne sont aussi en moyenne plus innovants, plus créatifs que les autres 20 %, initiés par les services « basés au centre ».

Ainsi, l'utilisation du SMI en tant qu'outil d'initiation de projets innovants multiplie leur nombre par cinq et augmente aussi sensiblement leur qualité créative.

Pour terminer cette partie de l'ouvrage, nous souhaitions faire partager aux lecteurs notre vision de l'avenir. Nous pensons en effet que le SMI d'une entreprise doit systématiquement impliquer ses clients, ses fournisseurs et ses partenaires dans ses projets d'innovation. Si, à notre connaissance, aucune entreprise n'a entamé une telle démarche avec succès, nous en avons observé l'ébauche chez WeberHaus, leader allemand de la fabrication et de la construction de maisons en bois. Son SMI implique ses salariés dans la formulation de projets d'innovation en partenariat avec ses fournisseurs. Par exemple, nous avons observé comment un opérateur émet l'idée d'un nouvel équipement, contacte le fournisseur, et travaille avec lui pendant plusieurs semaines. Le fournisseur fabrique ce nouvel équipement, puis le vend à WeberHaus ainsi qu'à d'autres clients. Nous suggérons également d'inverser cette démarche : le fournisseur devrait en réalité concevoir et utiliser son propre SMI pour gérer les idées de ses clients, comme WeberHaus.

Nous pensons qu'une entreprise pourra sensiblement augmenter le nombre de ses innovations si elle utilise son SMI pour encourager et impliquer ses clients, ses fournisseurs et ses partenaires dans la formulation de leurs idées de projets d'innovation. Bref, si elle développe tous ses projets pour le succès et le bénéfice de chacun. Partant de là, pour mettre au point un nouvel équipement, le fournisseur utilisera son propre SMI pour impliquer les salariés de ses clients, comme le technicien de WeberHaus. Celui-ci sera donc encouragé à proposer ses idées de nouvel équipement au fournisseur qui lancera en son sein le projet d'innovation en collaboration avec le technicien. Une fois le projet terminé, le SMI du fournisseur trouvera les voies et les moyens de reconnaître la contribution du technicien.

Lorsque nous avons demandé au salarié de WeberHaus si le fournisseur était content d'avoir élaboré un nouvel équipement à partir de son idée, il nous a répondu : « *Bien sûr. Je lui ai donné l'idée, la solution et, de surcroît, un gros client, mon entreprise, qui était prête à l'acheter. Qui peut rêver mieux ?* »

Le fournisseur et toutes les entreprises d'ailleurs peuvent rêver mieux. Tous peuvent espérer que de tels événements ne surviennent pas seulement une fois dans une vie, mais tous les jours. À eux de faire en sorte que cet espoir devienne réalité. Dans la dernière partie de cet ouvrage nous donnons des pistes sur la façon de s'y prendre.

Partie V

Éveiller le potentiel créatif de vos salariés

COMMENT DÉMARRER LE MANAGEMENT DES IDÉES DANS VOTRE ENTREPRISE

Quelques semaines avant que nous écrivions ces lignes, l'un de nous a donné dans une capitale européenne un séminaire de sensibilisation au management des idées auprès des directeurs de plusieurs entreprises. Dans une discussion qui a suivi, la directrice d'une société de services nous a raconté qu'elle avait entrepris une refonte de son entreprise en deux étapes : d'abord, elle a expliqué à l'ensemble des salariés qu'avant de déterminer des plans de conquête de nouvelles parts de marché, de lancer des acquisitions et de développer d'autres projets de croissance, il fallait se pencher sur les process internes. Puis, elle a constitué des groupes de travail transverses pour chacun des process et leur a donné trois mois pour qu'ils élaborent leurs recommandations. À l'issue de ce récit, elle nous a posé plusieurs questions sur la validité de sa démarche et sur la façon d'y intégrer le management des idées. Nous lui avons répondu alors qu'elle avait adopté une attitude idéale pour instaurer un bon management des idées, une attitude de progrès.

En effet, en dépit des particularités de cette entreprise, sa démarche illustre parfaitement ce que toute société peut faire, qu'elle soit de service ou industrielle, petite ou grande, riche d'un long passé ou toute jeune. Elle démontre que toute entreprise peut à un moment donné de son histoire faire un choix, celui du progrès, choix qui va changer radicalement la manière dont elle organisait jusque-là ses activités et impliquait ses salariés. Cet exemple nous permet d'affirmer aussi que toute entreprise peut se lancer dans le management des idées.

Il nous reste maintenant à décrire comment une telle entreprise doit s'y prendre pour démarrer son management des idées.

Une fois que vous et votre entreprise avez fait le choix du progrès et décidé d'éveiller dans ce but le potentiel énorme des idées de vos salariés, nous vous suggérons d'utiliser la liste de questions suivante pour diagnostiquer où votre entreprise se situe dans ses pratiques de management des idées. Une fois que vous aurez jaugé son niveau, vous pourrez utiliser ces mêmes questions pour la guider dans l'amélioration de ce management.

LA CHECK-LIST DU DIAGNOSTIC

La liste est divisée en cinq parties, chacune comptant cinq questions. Pour chaque question, entourez un chiffre sur une échelle de 1 à 5 points, en fonction de ce qui vous correspond le mieux. Pour vous aider, nous avons indiqué les deux tendances extrêmes : à gauche pour le 1 et à droite pour le 5 (ainsi, le choix du 3 se situera au centre de ces deux tendances).

a. La vision de la direction

Les dirigeants maîtrisent-ils l'importance qu'ont pour l'entreprise les idées de salariés ?

Aucune sensibilisation, formation, ni initiation formelle au sujet.	1	2	3	4	5	Séminaires, lectures et visites guidées de *benchmarking* des meilleurs systèmes de management des idées.

Le management des idées fait-il partie des priorités des dirigeants ?

Il ne fait partie d'aucune des priorités.	1	2	3	4	5	C'est l'une de leurs deux ou trois premières priorités.

Combien d'auteurs d'idées les dirigeants ont-ils rencontré personnellement en une année ?

	1	2	3	4	5	
Aucun.						Des dizaines d'auteurs d'idées par an.

Quelle part de la performance de l'entreprise pensez-vous que les dirigeants attribuent au management des idées ?

	1	2	3	4	5	
0 %						Une part très significative.

Les dirigeants participent-ils activement au pilotage du management des idées de leur entreprise ?

	1	2	3	4	5	
Pas du tout.						Analyse des indices concernant les idées, échanges réguliers avec le responsable du système, etc.

b. Le processus de traitement des idées

Existe-t-il un processus formalisé dans lequel chaque salarié a confiance pour traiter son idée de façon juste, efficace et fiable ?

	1	2	3	4	5	
Aucun processus formalisé.						Un processus formalisé, rapide, simple et transparent.

Le processus est-il conçu pour traiter un grand nombre d'idées ?

	1	2	3	4	5	
Quelques dizaines d'idées par mois pour l'ensemble de l'entreprise.						Quelques dizaines d'idées par an pour chacun des salariés de l'entreprise.

Le processus permet-il d'évaluer et de réaliser les idées de manière efficace ?

	1	2	3	4	5	
Le temps nécessaire est indéfini et généralement se mesure en mois.						Le temps nécessaire ne dépasse pas, pour la plupart des idées, quelques jours.

Le processus dispose-t-il de moyens pour garantir qu'une idée puisse être réitérée dans d'autres secteurs de l'entreprise où elle pourrait être utile ?

	1	2	3	4	5	
Rien n'est prévu pour reproduire les idées ailleurs et elles ne le sont pas.						Toute idée qui peut être utile ailleurs est effectivement reproduite.

Le processus permet-il de traiter des idées complexes et / ou transversales de façon efficace ?

	1	2	3	4	5	
Rien n'est prévu pour cela et ces idées ne sont pas réalisées dans la plupart des cas.						Toute idée complexe et / ou transversale est traitée, et quand l'entreprise l'approuve, effectivement réalisée.

c. Le schéma de reconnaissance

Essayez-vous d'encourager vos salariés à émettre des idées avec des récompenses monétaires ?

	1	2	3	4	5	
Beaucoup de récompenses monétaires, comme un pourcentage des gains pour toute idée de réduction des coûts.						Aucune récompense monétaire, mais de multiples formes de reconnaissance différentes.

Les dirigeants participent-ils personnellement aux activités de reconnaissance ?

	1	2	3	4	5	
Jamais.						Régulièrement, au moins une fois par mois.

Existe-t-il des reconnaissances qui visent spécifiquement des auteurs réalisant beaucoup d'idées ?

	1	2	3	4	5	
Aucune.						Ces salariés sont parmi les plus reconnus par le processus.

Existe-t-il des reconnaissances qui visent spécifiquement des managers dont les subordonnés réalisent beaucoup d'idées et participent majoritairement ?

	1	2	3	4	5	
Aucune.						Ces managers sont régulièrement reconnus par le processus.

Organisez-vous des événements, des célébrations mensuelles ou annuelles pour reconnaître les contributions les plus remarquables au management des idées par les salariés et les managers ?

Non.	1	2	3	4	5	Oui, à la fois mensuels et annuels.

d. Les indices de performance

Mesurez-vous le nombre d'idées émises par les salariés ?

Non.	1	2	3	4	5	Oui, avec un « tracking » par mois et par équipe / service.

Mesurez-vous le taux de participation des salariés dans l'émission des idées ?

Non.	1	2	3	4	5	Oui, avec un « tracking » par mois et par équipe / service.

Mesurez-vous le taux de réalisation des idées ?

Non.	1	2	3	4	5	Oui, avec un « tracking » par mois et par équipe / service.

Vos managers utilisent-ils des indicateurs concernant les idées pour mieux gérer ces idées dans leurs équipes / services ?

Non.	1	2	3	4	5	Oui, ces indicateurs constituent l'un de leurs principaux outils de management.

Votre entreprise utilise-t-elle des indicateurs concernant les idées pour évaluer les managers ?

Non.	1	2	3	4	5	Oui, ces indicateurs constituent l'un des critères formels et explicites de l'évaluation.

e. *L'implication du management intermédiaire*

Les performances en termes d'idées de l'équipe / service constituent-elles un critère effectif de l'évaluation annuelle de chaque manager ?

Non.	1	2	3	4	5	Oui, sans un niveau acceptable de ces performances, le manager ne sera pas bien évalué et en subira les conséquences.

Les managers sont-ils formés au rôle de facilitateur des idées de leurs subordonnés ?

Non, jamais.	1	2	3	4	5	Oui, tous les managers ont reçu une formation appropriée.

Combien de temps les managers consacrent-ils à gérer les idées de leurs subordonnés ?

Moins d'une heure par semaine pour l'ensemble de leurs subordonnés.	1	2	3	4	5	Huit heures ou plus par semaine pour l'ensemble de leurs subordonnés.

Les managers perçoivent-ils leurs activités consacrées au management des idées de leurs subordonnés comme une partie intégrante de leur travail ?

Non, ils les perçoivent comme une charge supplémentaire.	1	2	3	4	5	Oui, comme une partie critique de leur rôle de manager.

Les managers bénéficient-ils d'un suivi et d'un accompagnement pour développer davantage leurs compétences en management des idées ?

Non.	1	2	3	4	5	Ils reçoivent régulièrement des informations, participent à des formations appropriées, peuvent choisir différentes formes de soutien.

Vous pouvez maintenant additionner vos réponses et voir à quelle catégorie votre entreprise appartient parmi les quatre suivantes.

De 25 à 49 points :

Votre performance est très médiocre. Votre entreprise doit passer à côté d'une grande partie des idées de ses salariés. Cette situation endommage les performances globales de votre entreprise en termes de productivité, de coûts, de qualité, de croissance, entre autres. Elle constitue également une cause de l'implication et de la motivation faibles des salariés et probablement d'un *turnover* relativement élevé.

De 50 à 74 points :

Votre performance est moyenne, mais reste inadéquate. Vous utilisez moins de la moitié du potentiel créatif de vos salariés. Beaucoup de leurs idées restent invisibles pour votre entreprise et beaucoup de salariés ne participent pas à la démarche. Cette situation peut constituer l'une des causes des performances globales moyennes de votre entreprise, si vous êtes dans un secteur très concurrentiel, ainsi que de l'implication et de la motivation partielles de vos salariés.

De 75 à 99 points :

Votre performance est bonne, mais peut être encore améliorée. Vous semblez réaliser la plupart des idées simples de la majorité de vos salariés. Toutefois, des salariés de certains services / équipes ne participent que faiblement à la démarche. Certains types d'idées ont de grandes difficultés à être réalisés et reproduits dans votre entreprise. Globalement, le management des idées contribue significativement aux bonnes performances de votre entreprise. La motivation et l'implication des salariés sont élevées.

De 100 à 125 points :

Votre performance est excellente. Si elle peut être améliorée pour se rapprocher des meilleures pratiques mondiales en la matière, il s'agirait de trouver les moyens d'impliquer presque 100 % de vos salariés. De plus, les dispositifs pour les idées d'innovation et pour une reproduction rapide peuvent être probablement améliorés. Globalement, le management des idées contribue significativement aux excellentes performances de votre entreprise. Il en fait un lieu à la fois stimulant et agréable pour travailler.

QUE FAIRE MAINTENANT ?

La place où s'est retrouvée votre entreprise vous permet maintenant d'établir un plan d'action pour améliorer votre management des idées. Les questions pour lesquelles vous avez obtenu de mauvais scores sont autant de points que vous pouvez améliorer.

Ainsi, nous avons vu plusieurs entreprises qui étaient bonnes en tout sauf pour l'implication du management intermédiaire, ce qui les empêchait de se rapprocher des performances des meilleures pratiques. Elles ont donc élaboré un plan d'action qui concerne les managers avec des éléments comme la formation, l'évaluation, le suivi de performances, etc. D'autres entreprises encore (et elles étaient nombreuses) se sont aperçues que leur direction ne possédait qu'une vision partielle de l'importance des idées de leurs salariés. De plus, elles avaient un processus de traitement des idées lourd, n'utilisaient aucune forme non monétaire de reconnaissance des idées et, enfin ne prévoyaient aucune implication du management intermédiaire. Pour ces entreprises, le plan d'action s'est avéré beaucoup plus ambitieux.

Nous espérons que votre organisation utilisera cet outil de diagnostic pour jauger ses pratiques de management des idées et pour déterminer ce qu'elle doit faire pour les améliorer.

Si vous êtes seulement en train de découvrir la puissance du management des idées, le diagnostic vous aidera à concevoir vos premiers pas en direction du progrès à travers les idées de tous. Si vous êtes déjà sur ce chemin, il vous permettra de vous améliorer en utilisant encore mieux le potentiel créatif de vos salariés. Car, comme nous l'a confié récemment un dirigeant lors d'un séminaire : « *Trop d'idées, cela n'existe pas. Plus vous en réalisez et plus profondes, plus percutantes pour les performances et l'avantage concurrentiel elles deviennent.* » Nous ne pouvons qu'être d'accord avec cette vision et vous souhaiter de rendre pleinement réelle la force illimitée des idées de vos salariés.

Épilogue

Nous avons décidé de réunir ici les questions qui reviennent le plus souvent dans nos séminaires sur le management des idées. Nous espérons que le lecteur appréciera et trouvera utile cette forme d'approfondissement et d'ancrage des thèmes de ce livre dans les préoccupations des managers et des dirigeants d'aujourd'hui.

Quand nous avons commencé ces séminaires, nous avons adopté une présentation classique en invitant les participants à intervenir à tout moment. Très rapidement, nous nous sommes aperçus que, si nous répondions à l'ensemble des questions, le temps qui nous était imparti serait bien insuffisant. Ceci constituait d'autant plus un problème que, si le participant patientait un peu, nous aurions répondu à sa question dans la suite de nos propos. Ainsi, nous avons expérimenté une autre formule. Nous demandons aux participants de noter leurs questions pendant notre présentation, puis une fois celle-ci achevée, nous leur demandons de se mettre par groupes. Au sein de ces groupes sont échangées toutes les questions, parmi lesquelles deux-trois sont retenues. Elles sont ensuite notées au tableau, puis nous y répondons l'une après l'autre.

Ces séances de questions / réponses suscitent toujours un vif intérêt chez les managers et les dirigeants. Mais, pris par le temps, nous nous contentons parfois de répondre au premier ou au deuxième niveau, sans atteindre le quatrième ou le cinquième. Nous expliquons en effet à nos interlocuteurs que, bien que le management en général, et le management des idées en particulier, ne soit pas une science exacte, il est possible de répondre à la plupart des questions dans ce domaine. En effet, elles peuvent être presque toutes démontrées, comme en mathématiques, de manière exacte, à la condition de pouvoir atteindre le quatrième ou le cinquième niveau pour le faire. Par exemple, à la question « Pourquoi est-ce qu'il ne faut pas payer pour les idées ? », la réponse de premier niveau serait « L'argent détourne la motivation des salariés de la créativité vers la récompense qu'il cherchera à obtenir par tous les moyens, y compris en détournant le SMI ». Mais, si nous avons suffisamment de temps, nous pouvons affiner la réponse pour atteindre le quatrième niveau, en expliquant le message implicite que les récompenses véhiculent, c'est-à-dire : « Les idées ne font pas partie du travail de chacun, car elles sont payées en plus. »

Les réponses que nous présentons ci-dessous visent, bien entendu, les niveaux les plus approfondis.

Comment convaincre la direction d'une entreprise qui n'a pas de management des idées de son importance ?

C'est en effet la question la plus souvent posée en France. Peut-être les managers ont-ils le sentiment que les dirigeants de leur entreprise n'attachent pas suffisamment d'importance aux idées de leurs salariés ? Dans plusieurs entreprises, notamment en France, qui n'ont pas un bon management des idées, nous l'avons effectivement constaté. C'est pourquoi nous avons décidé de poser cette question aux dirigeants des entreprises particulièrement bonnes dans leur management des idées. « Décrivez-leur les faits, les performances des meilleurs systèmes et comment elles contribuent au *bottom line* », nous a conseillé l'un d'eux. Notre expérience s'accorde avec cette proposition. Ainsi, nous avons pu observer trois manières, exposées ci-après, de décrire les faits aux dirigeants. Tout d'abord, un séminaire, une présentation d'au moins une heure axée sur les performances et les contributions de bons systèmes de management des idées, est très efficace. La deuxième manière consiste en un *benchmarking*, c'est-à-dire faire découvrir aux dirigeants les performances et les contributions des SMI en visitant eux-mêmes les entreprises qui les ont mis en place. Enfin, il y a la possibilité d'une synthèse approfondie entre les deux premières manières, ce que nous avons appelé et décrit dans notre ouvrage comme du « *benchmarking* profond ». Indépendamment de la manière choisie, l'objectif doit être le même : présenter les faits sur le management des idées pour que le dirigeant se convainque lui-même que ne pas déployer un SMI, c'est simplement gaspiller des intelligences et de l'argent, comme l'a constaté le président d'Opel Eisenach.

Le management des idées s'applique-t-il aux entreprises de services ?

Bon nombre de nos exemples sont tirés d'entreprises industrielles, ce qui peut donner le sentiment que le management des idées réussit mieux dans ce secteur qu'ailleurs. Nous devons dissiper tout de suite cette impression : ce qui a guidé nos choix, ce n'est pas un secteur en particulier, mais les meilleures pratiques de management des idées. Historiquement (de la même manière que pour le management de la qualité, par exemple), celles-ci sont d'abord apparues dans les entreprises industrielles, essentiellement à cause de l'extrême concurrence qu'elles ont dû affronter bien avant les entreprises de services. En effet, des biens physiques (voitures, puces électroniques, etc.) peuvent être envoyés partout dans le monde. Mais, si l'on fournit un service (réparer une voiture ou proposer des assurances logement), on travaille généralement avec des clients de sa région. Cela étant dit, les entreprises de services sont aujourd'hui positionnées pour réussir leur management des idées aussi bien que les entreprises industrielles. Plusieurs raisons expliquent cela.

Tout d'abord, du point de vue factuel, les groupes industriels qui possèdent des filiales de services, tel l'équipementier Dana qui assurait à un moment donné un tiers de ses revenus grâce à sa filiale Dana Commercial Credit, réussissent leur management des idées aussi bien partout dans l'entreprise. Et elle n'est pas la seule. Comme pour Toshiba Europe aujourd'hui, on constate une tendance lourde pour les entreprises industrielles consistant à se lancer dans des services où, en outre, elles n'hésitent pas à employer l'ensemble de leurs systèmes de management, SMI compris. Par ailleurs, même chez les industriels « purs », une grande partie des salariés n'occupent pas des postes de production mais de services, entre autres la logistique, les ventes, le marketing, la comptabilité, le contrôle de gestion, les finances, les systèmes d'information. La définition de ces postes est la même que dans les entreprises de services et, si chez Toyota 80 à 90 % des salariés participent au management des idées, cela veut dire que leur SMI fonctionne auprès des salariés à tous les postes de production et de service. Les problèmes se posent dans toute entreprise, toute activité, et les idées pour les résoudre proviennent le plus souvent des salariés de première ligne.

Mais plus importante encore est l'extrême concurrence que subissent beaucoup de secteurs de services qui oblige les entreprises concernées à mobiliser les idées de l'ensemble de leurs salariés. En effet, l'entreprise qui n'est pas soumise à ce type de concurrence peut s'offrir le luxe de ne pas s'attaquer à tous les problèmes auxquels elle est confrontée. En revanche, l'entreprise qui l'est doit tous les résoudre, sous peine de perdre le leadership, voire de disparaître. L'exemple d'Air France est parlant à cet égard. Si la compagnie n'a pas encore déployé un bon management des idées pour ses activités de vol, au vu de sa position dominante auprès de la clientèle française, en revanche, sa branche réparation d'avions (gros et petit entretien) est soumise à une forte concurrence. L'avion d'un client (une compagnie aérienne) peut être envoyé partout dans le monde afin d'être réparé. Ainsi, ce secteur d'Air France a dû déployer un bon SMI pour atteindre des objectifs très élevés en termes de coût, de sécurité, de qualité et de délais, afin d'être leader dans ce secteur de service. Le même raisonnement a poussé France Telecom, comme bien d'autres entreprises de services, à déployer un SMI.

En résumé, toutes les raisons sont réunies pour que les entreprises de services réussissent le management des idées aussi bien que celles du secteur industriel, exemples à l'appui.

Comment le management des idées est-il lié à celui de la qualité ?

Ils sont très liés. Le management de la qualité, dans son essence, concerne la description de processus, puis leur amélioration. Les idées d'amélioration de processus sont généralement issues de réunions planifiées du groupe qui pilote un processus et qui se rencontre régulièrement. Rien n'interdit à toute personne dans l'entreprise, extérieure au groupe, de soumettre son idée d'amélioration, souvent appelée « fiche qualité », mais ceci représente un pourcentage très faible de l'ensemble des améliorations possibles. Un SMI qui permet de recueillir et de réaliser toutes les idées, y compris celles qui concernent la qualité du processus, permet donc de mobiliser un potentiel jusque-là non utilisé des idées spontanées pour la qualité.

Ainsi, dans les entreprises dans lesquelles le management de la qualité est déjà en place, le management des idées renforce ce premier. Par ailleurs, l'organisation de l'entreprise sur la base de bons processus augmente le niveau global des idées d'amélioration, car au lieu de traiter des nombreux dysfonctionnements (typiques des entreprises qui n'ont pas de processus bien décrits), les idées s'attaquent aux performances déjà satisfaisantes ou bonnes pour les rendre excellentes.

Peut-on déployer un SMI dans les petites et moyennes entreprises ?

Au-delà d'un certain nombre de salariés, oui. Très approximativement, les entités qui ont moins de cinquante salariés et une bonne dynamique de la créativité spontanée (par exemple, des start-ups) n'ont pas besoin de SMI. Dans de telles entreprises, les structures sont très plates et informelles, tout le monde est informé de tout, les idées circulent librement, et il existe une grande autonomie pour les réaliser. En revanche, dès qu'émergent des hiérarchies formalisées, des séparations fonctionnelles, des stratégies d'évolution individualisées de personnes, c'est-à-dire autant de facteurs qui freinent les idées dans l'entreprise, le management des idées s'impose. Nous avons vu, par exemple, plusieurs post-start-ups qui se sont rendu compte que leur dynamique de créativité « naturelle » s'était tarie, une fois qu'elles ont grandi.

Nous avons vu fonctionner de très bons SMI pour soixante personnes. Mais dans tous les cas, même pour de très grands groupes, un SMI se déploie entité par entité, chacune correspondant à une petite ou à une moyenne entreprise. Il n'y a donc pas de raisons qu'il ne soit pas déployé dans une petite ou une moyenne entreprise indépendante. Au contraire, leurs dirigeants ont toute liberté pour le faire, ce qui n'est pas le cas de leurs homologues dans des *business units*.

Comment éviter le risque de rater le déploiement d'un SMI ?

C'est l'entreprise qui conçoit, déploie et fait fonctionner un SMI. Mais, pour paraphraser Clausewitz lorsqu'il parlait de la stratégie : « *Tout en management des idées est simple, mais tout n'est pas facile.* » Deux compétences sont nécessaires à l'entreprise pour réussir : la vision et les principes de management des idées, d'une part, les méthodes de conduite du changement, d'autre part. En ce qui concerne les premiers, ce livre permet d'en acquérir la base. Il conseille également le *benchmarking* profond comme un moyen très efficace pour les faire acquérir à la direction. En ce qui concerne les méthodes de conduite du changement, l'entreprise peut en avoir la compétence, si dans un passé récent elle a conduit avec succès des changements. Reste alors à articuler les principes de management des idées avec la conduite du changement. Par exemple, le principe de « reconnaître les idées et ne pas les récompenser » doit être traduit et figurer dans un schéma de reconnaissance lors de sa conception par l'entreprise, en intégrant sa culture, son histoire et ses pratiques de valorisation. Il doit être également expliqué et communiqué de manière adaptée, lors du déploiement du SMI par l'entreprise.

La plupart des entreprises qui ont raté leur management des idées l'ont considéré comme un simple outil, voire, pour certaines comme un outil informatique ! Elles l'ont conçu à partir de quelques exemples (pas toujours les meilleurs) fonctionnant dans d'autres entreprises, en pensant qu'il suffisait de le lancer pour que les idées se réalisent partout dans l'entreprise. C'est une grave erreur. Le SMI, c'est tout d'abord un dispositif de management dont le succès dépend de la maîtrise de la vision et de principes sous-jacents, ainsi que de méthodes de conduite du changement. On ne peut pas réussir à utiliser un outil, même le plus sophistiqué, dans une organisation qui ne se remet pas en cause à travers la création des conditions de cette réussite.

Le management des idées peut-il fonctionner dans des organisations autres que l'entreprise ?

Pour cette question, nous aimerions prendre un joker. Le lecteur n'ignore sans doute pas que nos employeurs sont des institutions d'enseignement et qu'une autre forme, un peu plus personnelle, sous laquelle on nous a posé cette question est « Pourquoi n'avez-vous pas un SMI dans votre organisation ? ». Mais, au-delà des institutions d'enseignement, la question concerne des organisations aussi diverses que celles de la santé et de la culture, l'armée, les administrations, les collectivités, et bien d'autres.

En effet, en ce qui concerne le management des idées, la différence entre l'entreprise qui fait ou non des profits n'est pas essentielle. Comme pour la différence entre l'entreprise de production ou de service, ce qui compte, c'est l'environnement concurrentiel qui impose la comparaison des performances. Traditionnellement, les organismes publics, les collectivités, les établissements d'éducation ou de santé étaient à l'abri de la concurrence, mais ceci change peu à peu. Des pans entiers de ces organismes sont mis en concurrence avec des entreprises privées, ou entre eux, et sont soumis ainsi aux mêmes impératifs de performance et de réactivité pour faire face à tout problème ou opportunité. C'est d'ailleurs ces organismes que l'on voit passer, pour se préparer à la concurrence, de la culture d'administration à celle de management (objectifs, mesures de performances, contrôle de budget, etc.). Dans ce contexte et poussées par la concurrence, un nombre croissant de ces organisations vont se structurer autour de bons processus orientés client et déployer un bon management des idées. Nous connaissons, par exemple en France, quelques organismes de l'Assedic qui se sont structurés en application de ces principes d'excellence. La solution au fameux « trou de la Sécu » réside peut-être dans un meilleur management interne plutôt que dans des initiatives politiques.

Comment faire émerger de grandes idées ?

Qu'est-ce qu'une grande idée ? Quand Gutenberg a rassemblé et perfectionné quelques technologies de son époque pour les transformer en presse à caractères mobiles, il n'a jamais pensé que son œuvre serait jugée comme la plus grande invention du deuxième millénaire. En voici un autre exemple. En 1795, le confiseur français Nicolas Appert a mis au point son procédé, l'appertisation, qui permet de conserver la nourriture par chauffage à l'abri de l'air dans des récipients clos. Était-ce une grande idée ? Certainement, elle l'est devenue pour l'industrie alimentaire à notre époque, où une majorité de la population est citadine. Mais la grandeur de cette idée est apparue dans un domaine très différent de la nourriture, en 1812. L'invention d'Appert a permis à Napoléon de rassembler et de nourrir une armée de 450 000 hommes qu'il a dirigée vers la Russie. Il est probable que sans la manière de conserver la nourriture, il n'aurait pas risqué cette expédition avec toutes les conséquences que l'on connaît pour la France et le monde. Tout cela pour répéter un fait que les observateurs de la créativité connaissent depuis des siècles : au moment de l'invention, on sait très rarement si l'on est face à une grande ou à une petite idée. Ajoutons à cela que la plupart des tentatives dans l'histoire pour s'attaquer immédiatement à une grande idée, comme la machine à voler, ont échoué (*cf.* l'appareil de Léonard de Vinci), *a contrario,* bien d'autres grandes idées ont résulté d'accidents heureux. Ainsi, la voie la plus sûre pour tomber sur une grande idée, un « gros poisson », consiste à partir à la pêche avec des filets à maille fine. L'entreprise qui recueille et réalise toutes les idées accroît ainsi la probabilité d'attraper de grandes idées.

Après, tout dépend du domaine dans lequel on cherche la « grandeur ». D'importantes réductions de coûts vont se produire dans tout bon SMI qui implique la majorité des salariés de première ligne. Mais, si l'entreprise souhaite aussi de grandes innovations en termes de produits ou de services, elle doit s'appuyer sur le SMI en tant que pilier de son management de l'innovation, comme nous l'avons expliqué dans la quatrième partie de l'ouvrage.

Comment le management des idées est-il lié au *Knowledge Management* ?

Le *Knowledge Management* (KM) est souvent défini comme un processus de création, de capitalisation et de partage des savoirs et des savoir-faire, qui implique tous les acteurs d'une organisation. Toutefois, les difficultés à impliquer tous les protagonistes dans le KM sont bien connues. Elles surgissent dès la première étape : collecte et partage des connaissances existantes, car ces dernières vont à l'encontre de la culture ambiante de l'entreprise où la connaissance constitue l'atout, voire le pouvoir. Le SMI peut servir d'outil efficace pour cette étape cruciale du KM, car il permet de recueillir les idées réalisées de l'ensemble des salariés de l'entreprise. Mais le SMI fournit également un outil efficace pour l'étape suivante du KM, c'est-à-dire la création de nouvelles connaissances, car justement, il encourage et encadre le processus créatif des employés.

Ainsi, le SMI fournit des outils efficaces pour démarrer le KM dans l'entreprise avec l'implication de chacun. De plus, il fournit des retombées directes et mesurables en termes de coûts et de revenus, ce qui constitue l'une des principales attentes des entreprises vis-à-vis du KM (selon un récent sondage, deux tiers des entreprises ne savent pas évaluer le retour sur investissement dans un dispositif de KM).

Notre entreprise sort d'un projet de changement. Est-ce le bon moment pour déployer un SMI ?

Le changement est une source très riche de nombreux problèmes et opportunités et, par conséquent, des idées pour y faire face. Ainsi, les entreprises qui sont en train de vivre un changement ont un potentiel encore plus grand d'idées que d'autres. Elles ont donc encore plus besoin de management des idées. Une division de Michelin a utilisé son SMI pour recueillir plus de six cents idées en l'espace de quelques semaines, à l'occasion du déménagement du siège de l'une de ses divisions. Imaginez maintenant la quantité d'idées que l'entreprise peut recueillir à l'occasion d'une fusion / acquisition !

Mais il y a une autre raison pour utiliser le management des idées pour l'entreprise en cours de changement : le SMI aide la conduite du changement. Par exemple, nous avons observé une banque qui a commencé à utiliser son SMI pour conduire et faciliter des changements difficiles. En effet, cette entreprise a dû introduire un nouveau système d'information qui changeait radicalement les modes de travail, avec un grand risque de rejet par les employés. La direction a décidé d'utiliser son SMI pour faciliter ce changement. Elle a déployé une version pas complètement testée et l'a clairement dit à l'ensemble de ses utilisateurs. Puis, simultanément, elle a lancé une campagne spéciale pour encourager des idées d'amélioration de ce nouveau système. Résultat ? Au lieu de gérer un rejet partiel du nouveau système, l'entreprise a réussi à inscrire ses salariés dans la dynamique positive d'appropriation du système d'information, à travers leurs idées d'amélioration. Par ailleurs, l'entreprise a économisé la dernière phase de tests et a obtenu un système d'information « sur mesure » pour ses salariés et qui aurait été impossible à mettre au point sans leurs idées. Le déploiement d'un système d'information n'est qu'un exemple de changement difficile, où les idées peuvent aider. Les fusions / acquisitions, l'ouverture du capital, l'intégration dans un autre groupe, les dérégulations, les nouveaux métiers et marchés et bien d'autres, sont autant de changements qui peuvent être facilités par un bon management des idées.

Dans le monde actuel où peu d'entreprises sont capables d'élaborer un plan stratégique valide pour l'année à venir, sans parler des cinq ans à venir (combien ont pensé qu'en 2002, Arthur Andersen, le numéro 1 mondial de l'audit, pouvait disparaître ou qu'en 2005, Agfa et Leica feraient faillite, balayés par le numérique ?), conduire les changements en permanence pour s'adapter rapidement devient indispensable pour un nombre croissant d'entreprises. Dans ce contexte, le management des idées peut se révéler un moyen unique pour les réussir car il permet d'impliquer chacun, et ceci dans une dynamique de créativité.

Comment le management des idées est-il lié à la culture d'entreprise ?

Le management des idées affecte directement la culture d'entreprise, car il augmente la motivation et l'implication de l'ensemble des salariés dans la réussite de l'entreprise, d'une part, et crée une culture managériale de facilitation et de confiance totale, d'autre part. En effet, qui dit « culture d'entreprise », dit surtout « culture managériale ». Or, il est impossible de déployer un bon SMI sans avoir impliqué, et formé quand c'est nécessaire, le management intermédiaire à la facilitation des idées. Quand, face à un problème présenté par un collaborateur, le manager, au lieu de donner sa solution lui demande « *Qu'est-ce que tu proposes ?* », son comportement démontre un changement significatif dans la culture du management. Quant aux salariés, le fait qu'ils soient en permanence encouragés et reconnus pour leurs idées change leur motivation et leur implication dans le futur de l'entreprise. C'est une chose quand un salarié est persuadé qu'il n'a pas le droit de changer, de toucher ou de prendre une initiative, mais c'est tout autre chose quand son entreprise et son manager de proximité mettent à sa disposition les moyens de contribuer à la réussite de celle-ci, à travers ses initiatives et ses idées.

Le management des idées fonctionne-t-il mieux culturellement dans certains pays, comme le Japon, que dans d'autres ?

C'est vrai que, en moyenne, il fonctionne bien mieux au Japon que dans les autres pays développés, et ceci pour des raisons toutes autres que culturelles. Cette démarche, promue par la *Japan Human Relations Association*, est le résultat non pas d'une culture japonaise, comme on l'entend souvent, mais de l'histoire de ses mouvements sociaux, à la fin des années 1940. À cette époque, de violents conflits ont secoué les entreprises japonaises, certaines ont même été occupées de force et autogérées par des groupes radicaux de salariés. Cette situation a contraint le management japonais à revoir fondamentalement ses méthodes et à chercher ailleurs celles qui mettaient en avant la dimension humaine, l'implication, les relations harmonieuses au travail, la sécurité de l'emploi, entre autres. Le management des idées, c'est-à-dire un dispositif permettant l'écoute, la réalisation et la reconnaissance des idées de chaque salarié, d'abord pratiqué aux États-Unis pendant la Seconde Guerre mondiale, faisait partie des mécanismes que beaucoup d'entreprises japonaises ont adoptés. Mais pas toutes : au Japon comme partout, il y a des entreprises pour lesquelles la dimension humaine du management, l'écoute des salariés tout comme la reconnaissance de leurs initiatives, est inconnue.

D'autre part, les multinationales (japonaises ou autres) ont démontré que, si les dirigeants ont une vision claire de l'importance des idées et demandent que leur management soit assuré partout, alors toutes les entités, indépendamment de leur pays d'implantation, obtiennent des performances créatives semblables. Bien sûr, d'un pays à l'autre, d'une entité à l'autre, les SMI varient quelque peu, mais ils respectent tous un certain nombre de principes, ce qui va assurer leurs performances supérieures. Il n'y a pas de culture ou de pays plus créatif que d'autres. Dans chaque culture, comme chez chaque individu, il y a des traits favorables à la créativité et d'autres moins. C'est aux managers de s'appuyer sur les premiers et d'ignorer les seconds.

Le management des idées, n'est-ce pas une nouvelle mode éphémère ?

Il est vrai que des modes de management sont lancées en permanence avec des promesses parfois extravagantes. De *reengineering* à *Six Sigma*, elles arrivent dans les entreprises comme une énorme tempête. Certaines entreprises (toujours les mêmes d'ailleurs) savent en bénéficier, en adaptant ces outils à leur sauce et à leurs besoins. Pour elles, le progrès et la remise en cause sont une philosophie vécue au quotidien et tout est bon à prendre et à essayer. Pour d'autres, qui constituent la majorité, c'est l'énième espoir d'un outil miracle qui non seulement ne résolut pas leurs problèmes mais constitue un nouveau problème, une source de frustrations et d'efforts gâchés. Le même constat s'applique au management des idées. Pour les entreprises pratiquant la philosophie du progrès au quotidien et qui utilisent le management des idées depuis plusieurs dizaines d'années, cette démarche n'est pas une mode. Avec les bons processus orientés client, le management des idées constitue un autre versant fondamental de la réussite durable des entreprises. En effet, les processus ne sont bons que s'ils sont améliorés en permanence, voire remis en cause pour être remplacés par des nouveaux. Or, l'amélioration et l'innovation de processus initiés et planifiés par le management (par exemple, *reengineering*, *Six Sigma*) laissent de côté environ 80 % d'idées spontanées. Ce n'est pas seulement du gaspillage, mais, en plus, les études ont démontré que les idées spontanées étaient beaucoup plus créatives, allaient plus loin que les idées issues de démarches planifiées. Le SMI constitue donc un moyen simple de recueillir et de réaliser toutes ces idées spontanées qui sommeillent dans l'entreprise. Il peut être vu comme une plate-forme indispensable à la réussite durable de l'entreprise.

On voit encore beaucoup de boîtes à idées.

Les boîtes à idées tuent la créativité car elles extraient l'idée de son auteur et des circuits vitaux de l'entreprise pour la remettre entre les mains de la bureaucratie de suggestions et pour transformer l'auteur en vecteur passif de réponse. Deux semaines avant que nous écrivions ces lignes, nous avons rendu visite à un industriel, leader mondial dans son secteur, qui a mis en place plusieurs mécanismes de progrès très performants, y compris *Six Sigma*, mais qui garde encore une boîte à idées lancée il y a plus de dix ans. Quand nous avons demandé au responsable des démarches de progrès pourquoi il conservait un mécanisme qui avait recueilli dans ce groupe, sur plus d'une décennie, moins de mille idées, sa réponse a été significative : « *Je sais qu'elle est mauvaise, mais elle a été lancée avant moi et elle a habitué les gens aux récompenses importantes. Si on la remplace par un autre système, le nombre d'idées va baisser.* » Ce responsable a ajouté qu'il était certain qu'après une période de baisse viendrait une période d'augmentation qui dépasserait les performances actuelles de la boîte à idées. Pourquoi la garde-t-il alors ? D'une part, parce qu'il ne connaît pas l'immense écart entre les performances de sa boîte à idées gérée par un comité composé de plusieurs directeurs — qui se réunissent une fois par mois, traitent quelques dizaines d'idées et envoient aux services financiers du groupe les dossiers pour calculer les récompenses — et, d'autre part, celles d'un bon SMI où réaliser une idée prend au maximum quelques jours et où un seul salarié réalise parfois une dizaine d'idées par mois. Si ces faits avaient été connus de ce responsable et des dirigeants de son entreprise, ils auraient tué sans hésiter leur boîte à idées, suivant en cela l'exemple de toutes les entreprises qui ont déployé un bon SMI !

Enfin, nous voulons poser ici une question. La boîte à idées existe depuis au moins cent vingt ans. Quel autre dispositif de gestion a survécu sans aucun changement pendant plus d'un siècle ? Il est temps que les boîtes à idées entrent au musée…

Enron a été élue cinq ans de suite par *Fortune* l'entreprise la plus innovante. Que s'est-il passé ?

Comme beaucoup, nous avons été intrigués par la manière dont Enron gérait l'innovation. Au cours de la période 1999-2000, nous avons essayé, à trois reprises, d'y effectuer une visite d'étude ; nous avons essuyé trois refus. C'était mauvais signe pour nous (seule une autre entreprise, un équipementier, s'est opposée à notre visite, et nous avons appris par la suite que son management des idées était loin des performances qu'elle affichait à l'extérieur). Puis, il y avait le scandale des montages financiers frauduleux et de la comptabilité faussement appelée « créative » (« créative » veut dire originale et appropriée, le dernier adjectif étant difficilement applicable vu la faillite d'Enron ainsi que la disparition d'Arthur Andersen, son auditeur). Mais nous avons réussi à obtenir suffisamment de renseignements, à partir d'autres sources, sur la manière dont Enron gérait l'innovation.

Enron a mis en place un système qui était un mélange de management des idées et d'entreprenariat. Son P.-D.G., qui comparait ce système à une « Silicon Valley interne », disait que les salariés de première ligne savaient mieux que les dirigeants où devait aller l'entreprise et il encourageait chacun à proposer des *business plans* de nouveaux services. Si un *business plan* était approuvé par un comité directeur, son auteur était nommé vice-président d'une nouvelle entité, dans laquelle il attirait quelques collaborateurs d'Enron déjà pressentis par lui. Puis, l'entité avait quelques mois pour « décrocher » ses premiers clients et démontrer la viabilité de son projet. Après quelques années et en cas de réussite, chaque membre de l'équipe obtenait, sous forme d'actions d'Enron, sa part de la valorisation hypothétique par le marché de la nouvelle entité qui réintégrait alors la maison mère.

Quelques grandes « *success stories* » ainsi que des faillites, qu'Enron qualifiait de « droit à l'erreur », étaient communiquées à la presse et aux observateurs. *A posteriori*, vu les biais de communication d'Enron sur l'ensemble des sujets, il est difficile de juger les vraies performances de ce système. Toutefois, sur l'un de ces aspects, nous avions déjà émis des réserves en 1999 : cela concerne sa manière de récompenser les idées et les initiatives des salariés.

En effet, dans la troisième partie de cet ouvrage, nous avons expliqué que, si le travail régulier est récompensé par le salaire et d'autres bénéfices matériels (et l'on peut discuter du bien-fondé ou pas des stock-options), les idées doivent être séparées de la récompense directe, quitte à tuer la créativité. Rien n'interdit à l'entreprise de reconnaître une contribution particulière par une prime exceptionnelle, mais rendre cela automatique équivaut à encourager des comportements que l'entreprise veut éviter (chasseurs de primes, etc.). Dans la Silicon Valley, dont s'est réclamé le P.-D.G. d'Enron, l'entrepreneur prend des risques considérables. Après avoir quitté son emploi, il consacre pendant quelques années une grande partie de sa vie à son entreprise, lutte contre une hypothétique faillite et le manque de financement, enfin, le plus souvent, fait faillite et l'assume. Toutes ses motivations sont guidées par l'espoir de recueillir le prix de ses risques et de ses sacrifices : la gloire et beaucoup d'argent. Ces principes ont fait de la Silicon Valley le nouvel Eldorado, mais sont-ils transposables directement à l'entreprise ? Par exemple, que se passe-t-il avec les start-ups qui ont fait faillite et qui ont perdu beaucoup d'argent ? Sont-elles aussi réintégrées dans Enron, ou leurs pertes sont-elles laissées hors bilan de la maison mère ?

En résumé, sur la base des informations communiquées par Enron sur son système de management de l'innovation, celui-ci possède quelques aspects remarquables. Toutefois, les performances concernant l'innovation sont impossibles à juger, et ses aspects financiers suscitent des interrogations.

Ce n'est pas juste de faire économiser un million à l'entreprise avec son idée et de ne rien recevoir !

L'argent est le poison de la créativité. Rappelons l'exemple de ce technicien, très créatif dans le passé, qui une fois qu'il a décidé de « chasser gros », n'a plus produit une seule idée. Nous avons accordé beaucoup de place dans le livre à ce sujet, parce qu'il revient souvent. Tout d'abord, rappelons que si l'entreprise paie en plus pour les idées, cette démarche véhicule un message implicite, c'est-à-dire que les idées ne font pas partie du travail qui est rémunéré par le salaire, tandis que les idées le sont par des paiements supplémentaires. Ce message va rapidement torpiller le management des idées (et les performances créatives), dont l'un des principes est que produire et réaliser des idées constitue une partie inhérente du travail de chacun. Et puis les bons SMI ne calculent pas de gains, car cela coûte cher (chez American Airlines, jusqu'à quatre-vingt-neuf personnes à plein temps à un moment donné). Par conséquent, dans ces entreprises, l'auteur n'est pas détourné de sa véritable attente : voir son idée réalisée, si elle est utile à l'entreprise. Enfin, rien n'interdit à l'entreprise de valoriser une idée extraordinaire par un bonus exceptionnel, au même titre qu'elle valorise toute contribution extraordinaire, par exemple, celle d'un vendeur dont les performances sont deux fois supérieures à la moyenne de son équipe. L'entreprise doit se rappeler en permanence que l'argent est un mauvais facteur de motivation des salariés de première ligne pour leurs activités courantes, et qu'il est désastreux pour leurs activités créatives.

Dans l'avant-dernière partie de l'ouvrage, vous semblez dire qu'il faut éliminer les services de R & D.

Non, c'est une impression qui peut se dégager de cette partie volontairement provocatrice et remettant en question certaines idées reçues concernant le management de l'innovation. Dans l'avant-dernière partie de l'ouvrage, nous avons décrit comment un bon SMI pouvait contribuer à l'innovation. En effet, la question n'est pas de « garder ou non la R & D » (ou l'*outsourcer* ou même vendre à l'extérieur une partie de ses inventions). La R & D est l'un des moyens, mais l'objectif, c'est assurer que les innovations réussissent sur le marché. Il est clairement accepté aujourd'hui que les chercheurs et les ingénieurs de développement seuls n'aient pas les moyens d'assurer cet objectif. À cela une raison évidente : ils sont trop éloignés du terrain, des clients. Les entreprises, les plus diverses soient-elles (comme Merck ou IBM), cherchent des moyens qui permettent d'augmenter la probabilité de réussite des projets innovants sur le marché, et qui est pour l'instant très faible. Notre proposition est que le SMI qui permet de recueillir les idées de chacun dans l'entreprise, notamment des salariés de première ligne qui sont face au client, constitue une ressource extraordinaire pour des projets innovants. Tout d'abord, la probabilité de réussite d'un projet est beaucoup plus élevée dans le cas d'un projet initié à partir d'une idée de première ligne. Puis, les idées recueillies par le SMI vont permettre d'alerter très vite l'équipe projet sur les nombreux problèmes qui peuvent surgir au cours de son développement et de ses tests. Cela permet également à l'équipe projet de les régler en direct avant qu'ils deviennent trop coûteux (par exemple, après le lancement d'un nouveau produit).

Les services de R & D — détenteurs d'expertises pointues — peuvent être indispensables pour mener à bien des projets innovants dans beaucoup de secteurs, mais ils ne peuvent pas vaincre la probabilité en vigueur, soit « une idée de projets innovants sur trois mille aboutit », que nous avons appelée le « mythe du jackpot de l'innovation ». Seule l'utilisation des idées de l'ensemble des salariés pertinentes pour l'innovation peut le faire.

Comment savoir si l'idée est bonne ?

C'est une question récurrente lors des séminaires en entreprise (nous ne savons pas si c'est par crainte du ridicule d'avancer une mauvaise idée ou par l'habitude que chaque chose dans l'entreprise doit être validée par quelqu'un qui sait forcément mieux). Elle relève en réalité de recherches très poussées (auxquelles nous avons contribué dans nos quelques autres publications) et qui visent à définir ce qui constitue une grande idée d'innovation, une simple amélioration ou carrément une mauvaise idée. Heureusement, l'entreprise peut aborder cette question de manière extrêmement pragmatique : la bonne idée est celle qui est jugée bonne par l'auteur et son « N + 1 ».

La vraie question pour l'entreprise est donc de faire en sorte que l'auteur et son manager possèdent une bonne capacité d'évaluation de ce qui est bon ou utile pour l'entreprise et de ce qui ne l'est pas. Pour cela, la connaissance des orientations stratégiques de l'entreprise et l'adhésion à celles-ci sont essentielles. C'est en sachant, par exemple, que l'entreprise veut assurer en priorité la qualité du service client et améliorer les marges opérationnelles, que l'auteur et son manager vont pouvoir juger quelle idée est la plus utile et prioritaire, quelle idée l'est moins et quelle idée nécessite un travail supplémentaire. Or, nous voyons encore souvent des entreprises dans lesquelles les salariés se demandent quelles sont leurs orientations stratégiques ou, s'ils les connaissent, n'y adhèrent pas. Ceci en dépit d'un récent sondage qui met en troisième place, parmi les attentes des managers, l'envie de « participer à la stratégie de l'entreprise » (après « équilibrer sa vie personnelle et professionnelle » et « réussir financièrement »).

En effet, les grandes campagnes de communication sur les orientations stratégiques de l'entreprise ne sont pas toujours efficaces. Nous avons vu récemment une entreprise de service où, après une telle campagne, 50 % des salariés interrogés ont dit ne toujours pas connaître sa stratégie. Dans ces situations, un bon SMI peut constituer un support pour rappeler constamment aux salariés les orientations de l'entreprise et ceci de manière implicite. Par exemple, un formulaire d'enregistrement d'un bon SMI, que nous avons vu, débute par la question « Qu'est-ce qu'une idée utile ? », avant de donner la réponse : « Une idée qui améliore la qualité de service, une idée qui permet de réduire les gaspillages et les coûts, une idée qui élimine les risques d'accident, puis toute autre idée qui permet de mieux faire son travail. » Ainsi, on rappelle constamment à l'auteur et à son manager les priorités stratégiques de l'entreprise, sans qu'ils soient découragés de réaliser une autre idée qui apporte une amélioration dans l'entreprise.

Que faire des mauvaises idées ?

Qu'est-ce une idée ? C'est un couple « problème » + « solution ». Dans la plupart des cas, ce qui est inapproprié, c'est la solution. Mais elle peut souvent soulever un problème essentiel. Par exemple, la solution de Léonard de Vinci (des ailes accrochées au bras d'un homme) était mauvaise, alors que le problème « comment transporter un corps humain dans l'air ? » était fondamental. Dans l'entreprise, c'est au « N + 1 » que revient la responsabilité de discuter avec l'auteur de la solution inappropriée au problème soulevé, de voir s'il est bien formulé, puis de l'aider à le reformuler pour que l'auteur trouve une bonne solution.

Les solutions inappropriées ont un autre avantage. Comme nous l'a dit le directeur de Milliken, les « mauvaises » idées constituent une occasion unique pour le management de savoir que l'auteur ne comprend pas quelque chose dans le fonctionnement de l'entreprise. En discutant de sa solution, le « N + 1 » peut ainsi combler cette lacune chez l'auteur, qui autrement n'aurait pas été détectée, mais aussi développer une meilleure compréhension de l'entreprise.

Enfin, sans tomber dans les clichés, l'entreprise qui se veut créative doit tolérer que quelques solutions inappropriées soient réalisées. Ainsi, elle ne se focalisera pas sur la mauvaise idée, car elle n'est pas importante, mais sur les dix-neuf bonnes idées que cet auteur peut encore produire dans l'année.

L'équipe de France a failli au Mondial 2002, or vous l'avez décrite comme la meilleure au monde, pourquoi ?

C'était un choc et, comme beaucoup, nous avons été surpris par l'élimination de la France au premier tour. Bien que nous ayons utilisé des analogies dans les domaines militaire, politique et sportif, ce ne sont que des analogies avec les entreprises. L'objectif de l'analogie de l'équipe de France était d'illustrer l'importance des systèmes pour la réussite durable. Comme le montrent Collins et Porras concernant les dix-huit entreprises qui ont le mieux réussi au XXe siècle, aucune d'entre elles n'a été à l'abri d'un mauvais moment. Mais ce qui caractérise ces entreprises bâties autour de mécanismes de progrès, c'est leur capacité à rebondir. Dans l'éclatement de la bulle de la nouvelle économie, Cisco a perdu la moitié de sa capitalisation boursière, mais, en 2002, continuait d'être très profitable, quand tous ses concurrents assumaient des pertes catastrophiques et ont vu leurs actions s'effondrer.

Quant à l'équipe de France, fondée entre autres sur un formidable système de formation des jeunes, qui alimente en permanence les meilleurs clubs d'Europe, elle a paru bien se rétablir après son échec. Nous avons fait confiance aux spécialistes dans ce domaine, notamment Franz Beckenbauer et Aimé Jacquet, qui assuraient que le football français était bâti sur des systèmes très solides, la base de son succès dans la durée. La finale du Mondial 2006 et la qualité du jeu de l'équipe de France ont démontré que ces spécialistes avaient bien raison.

Nous voici arrivés à bon port dans le monde des idées, de la créativité et de l'innovation en entreprise. Vous avez maintenant la vision de cette force des idées qui sommeille dans toute entreprise. Vous savez désormais ce qu'il faut pour l'éveiller et comment la direction et le management doivent s'y prendre. Non seulement vous êtes armé pour donner à votre entreprise une plate-forme fondamentale de la croissance, mais vous pouvez la marquer pour toujours ; non pas comme les héros charismatiques, qui une fois retirés de l'affaire voient tout s'écrouler, mais comme ceux qui ont laissé derrière eux les bases solides de la réussite durable.

Notes

1. Isaac Getz a mené des études de terrain, dans le cadre de ses travaux sur le management des idées.
2. Entretien du 22 novembre 2000.
3. *Prospérité, revue trimestrielle d'organisation scientifique et d'études économiques*, numéro « Suggestions », Michelin, 1933, p. 4.
4. L'une des entreprises les mieux gérées d'Allemagne et l'une des meilleures usines de General Motors dans le monde en 2001.
5. *Capitalism, socialism and democracy*, New York, HarperCollins Publishers, 1962, p. 83.
6. Voir « Capitalisme : la destruction créatrice à l'heure du Net », *in Le Monde*, 30 juin 2000.
7. *Ibid.*
8. *Ibid.*
9. Voir plus loin dans l'ouvrage la description de l'initiative de GE, « *Destroy your business.com* », p. 54.
10. Romer, P. M., « La croissance économique et l'investissement dans les enfants », *in L'Actualité Économique, Revue d'analyse économique*, 71(4), 384-396, 1995.
11. Weitzman, M. L., « Hybridizing growth theory », *in The American Economic Review*, 86(2), 207-212 (p. 211), 1996.
12. L'alésage consiste à percer un trou puis à l'élargir avec un foret.
13. Entretien du 13 septembre 1999.
14. Entretien du 11 février 2003.
15. Entretien du 15 septembre 1999.
16. Entretien du 14 février 2003.
17. Entretien du 5 mars 2004.
18. Robinson, A.G. & Stern, S., *Corporate creativity : How innovation and improvement actually happen*, San Francisco, Berett-Koehler, 1998. Traduction française : *L'Entreprise créative : comment les innovations surgissent vraiment*, Éditions d'Organisation, 2000.
19. Dauphinais, G. W., & Price, C., New York, Simon Schuster / Price Waterhouse, 1999,
p. 237.
20. Entretien avec Serge Faveret, 14 mai 2000.
21. *Suggestion System*, Toyota Motor Manufacturing Kentucky Inc., 1999, p. 2.
22. *Dana Style*, www.dana.com.
23. Entretien du 24 novembre 1999.
24. Dauphinais, G. W., & Price, C., *op. cit.*
25. La nature du sujet n'autorise pas plus de précisions. Pour cette même raison, nous préserverons l'anonymat de la personne interviewée.
26. Entretien du 23 novembre 2000.

27. In Dauphinais, G. W., & Price, C. (Eds.), *Straight from the CEO,* 1999, p.-p. 238-249, New York, Simon Schuster / Price Waterhouse, p. 240 ; emphase de l'auteur.
28. Entretien du 15 décembre 2003.
29. Robinson, A. G., & Stern, S., *op. cit.*, p. 3.
30. Un point de la courbe correspond à un créateur : l'axe horizontal reprend son niveau d'éducation et l'axe vertical le niveau créatif de sa découverte. Simonton, D. K., *Genius, creativity and leadership*, Cambridge, MA, Harvard University Press, 1984.
31. On peut se demander comment les docteurs en science réussissent à avoir des prix Nobel. Si on y regarde de plus près, les créateurs de ce niveau changent souvent leurs champs de recherche (ils se retrouvent donc avec un bagage léger de connaissances formelles utiles dans un nouveau champ), sont très ouverts aux idées de leurs plus jeunes collaborateurs, enfin, sont souvent couronnés pour des résultats issus d'idées qu'ils ont avancées tout au début de leur carrière de chercheurs et qui finalement ont triomphé.
32. *Guide du musée de l'écriture et de l'imprimerie.* Le Musée Gutenberg, Mayence.
33. Gutenberg n'a probablement jamais reçu, ne serait-ce qu'une petite manifestation, de reconnaissance de sa grande invention car il a été condamné pour faillite par le Tribunal de Mayence quelques années après sa découverte.
34. Entretien avec Didier Leroy, 22 novembre 2000.
35. Entretien avec Michael DaPrile, Vice-president Manufacturing, Toyota Motor Manufacturing Kentucky, 13 juillet 2000.
36. Entretien avec Matthias Sommer, 31 janvier 2001.
37. Entretien avec Thierry Condou, 23 novembre 1999.
38. Von Hayck, F. *The American Economic Review*, Vol. XXXV (4), 1945, p.-p. 519-530.
39. *Op. cit.*, p. 524. À l'époque, quand Hayek écrivait son article, la Guerre froide était aux portes et l'une des dimensions idéologiques de cette guerre consistait en l'opposition de l'économie planifiée à l'échelle du pays par l'autorité centrale, face à une économie régulée essentiellement par le marché. Hayek, comme un certain nombre de penseurs occidentaux, est préoccupé par ce débat idéologique, mais il est également conscient du modèle planificateur et centralisateur du management, qui constitue l'approche dominant du management dans les entreprises dans les économies de marché en Occident.
40. Entretien du 24 novembre 1999.
41. Entretien du 24 novembre 1999.
42. Entretien du 22 novembre 2000.
43. « From niche to Goliath : STMicroelectronics outplaces its rivals », *in BusinessWeek*, 12 février 2001, p.-p. 18-19.
44. Entretien du 27 novembre 2000.
45. « A Tribute to Woody Morcott », document électronique http ://www.dana.com/99report/pg20.htm
46. Entretien du 29 août 2002.
47. « Economic scene », *in New York Times,* 13 avril 2000, p. C2.
48. Entretien du 27 janvier 2005.
49. Entretien du 27 novembre 2000.
50 *Fortune,* 24 juillet 2006.
51 « *Europe's 500 pan-European 2005 ranking of high growth, job-creating companies* », publié par Europe's 500 Entrepreneurs for Growth.
52. Giget, M., « La problématique de l'innovation dans les start-ups centenaires françaises », *in* Getz I. (dir.), *La créativité organisationnelle,* éd. Vuibert, 2002 ; Souquière, M., « La Belle Époque du high-tech français », *in Enjeux,* janvier 2000, p.-p. 84-87.
53. Dans son ouvrage, *La dynamique stratégique de l'entreprise*, éd. Dunod, 1998.
54. Enquête réalisée pour l'association Entreprise et Progrès, *Le Monde,* 6 février 2002, p. 21.

55. Fenby, J., *On the brink : The trouble with France,* London, Little Brown, 1998, p. 61. Traduction française : *Comment peut-on être Français*, Pré aux Clercs, 1999.
56. Entretien avec Hiroshi Okuda, président de Toyota, *in Le Monde,* 1er février 2001.
57. http://www.deloitte.com.au/flash/home.asp?Page=/features/fast100/2000/f100_lessons.asp
58. Lemoine, P., « Qu'est-ce que la Nouvelle économie? », *in Cahiers LaSer,* n° 3, 7-28, 2000, p. 24. Version électronique : http://www.00h00.com
59. http://www.deloitte.com.au/flash/home.asp?Page=/features/fast100/2000/f100_new_model_entreprises.asp
60. Entretien du 27 novembre 2000. Notons que ce choix a été fait avant que l'entreprise soit achetée par Dana Corporation dont la politique corporate consiste en 6,5 % de croissance annuelle organique.
61. « Les embarras des patrons », *in Le Monde,* 9 janvier 2001.
62. Entretien du 31 janvier 2005.
63. L'homme qui faisait la Une des magazines et qui, en 2000, a reçu l'une des plus grosses avances de l'histoire de l'édition : 7,5 millions d'euros pour son ouvrage dévoilant les secrets de son style de management.
64. *The Wall Street Journal,* 13 avril 2000.
65. Classement 1999 de *Business Week.*
66. *Wall Street Journal Europe,* 14 avril 2000.
67. *Le Monde,* 20 octobre 2000.
68. Welch, J., *Straight from the gut,* New York, Warner Business Books, 2001. Traduction française : *Ma vie de patron : Le plus grand industriel américain raconte*, Village Mondial, 2001.
69. *The Wall Street Journal,* 13 avril 2000, p. A8.
70. *The Wall Street Journal,* 3 avril 2000.
71. Collins, J. C. & Porras, J. I., *Built to last* (2e éd.), New York, Harperbusiness, 1997. Traduction française : *Bâties pour durer. Les entreprises visionnaires ont-elles un secret ?*, Éditions Générales First, 1996.
72. Collins, J. C., *Good to great : Why some companies make the leap... and others don't,* New York, Harperbusiness, 2002. Traduction française : *De la performance à l'excellence : devenir une entreprise leader*, Village Mondial, 2006.
73. *Ibid.*, p.-p. 170-171.
74. Howard, M., *The Franco-Prussian War : The German invasion of France, 1870-1871,* London, Rupert Hart-Davis, 1961.
75. Quand General Electric a choisi Jack Welch, parmi les deux autres candidats internes sélectionnés, James McNerney a accepté une semaine plus tard le poste de P-DG de 3M et Robert Nardelli celui de P-DG de Home Depot.
76. L'étude d'un échantillon d'entreprises dans le monde a constaté que 58 % d'entreprises américaines possèdent ces deux mécanismes, contre seulement 27 % d'entreprises européennes ; *Financial Times,* February 8, 2001, p. 12.
77. Entretien du 15 décembre 2003.
78. *Le Monde,* 25 avril 2001, p. 26.
79. *Le Monde,* 12 juin 2002 ; « Le Mondial », p. II.
80. *Le Monde,* 1er mars 2001, p. 30.
81. Ces deux mécanismes sont généralement renforcés par le mécanisme :
- de recrutement sur les valeurs et les attitudes ;
- de formation continue de l'ensemble des salariés ;
- de centre de ressources / université interne ;
- de mobilité ;
- de valorisation des performances et de partage des bénéfices ;
- et souvent de sécurité de l'emploi.

Étant donné que les entreprises les plus performantes considèrent que les sources de progrès résident tout d'abord dans les personnes qui y travaillent (et non pas, par exemple, dans les outils de production ou les capitaux, bien qu'importants eux aussi), il paraît logique qu'elles aient un système très puissant, focalisé sur leurs salariés.

82. *Le Monde,* « L'entreprise en quête de créativité à tous les étages », 28 janvier 2001, p. 18.

83. West, M., « Creativity and innovation at work », *in The Psychologist,* 13 (9), 2000, p.-p. 460-464.

84. « The greenhouse effect », *Forbes Global,* February 3, 2003, p.-p. 30-33.

85. « Sony celebrates the results of fine tuning », *in Financial Times,* May 4, 2001, p. 9 ; voir aussi Clayton C., *The innovator's dilemma,* Boston, Harvard Business School Press, 1997.

86. *Challenges,* février 2001.

87. Entretien du 2 avril 2003.

88. Le temps pendant lequel la voiture en cours d'assemblage se trouve dans le périmètre de chaque poste d'intervention.

89. Bloch, M., *Étrange défaite : témoignage écrit en 1940,* Société des Éditions Francs-Tireurs, 1946.

90. Camp, R. C., *Business process benchmarking : Finding and implementing best practices,* Milwaukee, Wisconsin, ASQ Quality Press, 1995. À distinguer du *benchmarking* concurrentiel, qui n'est qu'une partie du *business process benchmarking,* à condition que les processus des concurrents soient vraiment bons.

91. Il faut remarquer que ce cas est tout à fait positif : la direction d'Opel a laissé l'initiative de la conception au responsable du nouveau SMI, en conservant le pouvoir de le valider. Ceci a permis à la fois d'impliquer ce dernier et de contrôler la qualité du SMI à déployer. Les vrais problèmes de SMI de mauvaise qualité surgissent quand la direction n'est pas impliquée dans le pilotage de mise en place du SMI, auquel cas les erreurs (inévitables comme partout) passent de la conception au déploiement et *in fine* aux sous performances créatives de l'entreprise.

92. Remarquons que la mission de mise en place du SMI confiée à Thomas Seidenstricker était tout sauf facile. La démarche de mise en place du SMI utilisée par Opel Eisenach a permis l'échange entre lui et sa direction ce qui a donné, *in fine,* un bon système. Mais combien d'entreprises confient au seul responsable du futur SMI sa conception ? Les erreurs commises lors de la conception sont très coûteuses à réparer par la suite. Il vaut mieux prendre de temps de s'inspirer et de comprendre les principes profonds des meilleures pratiques avant de lancer un système. Le management des idées paraît simple, mais sa mise en place n'est pas aisée.

93. Jordan, N., « The cut-price war on the peripheries : The french general staff, the Rhineland and the Czechoslovakia », *in* R. Boyce & E. M. Robertson (Eds.), *Paths to war : New essays on the origins of the Second World War,* London, St. Martin's, 1989.

94. Il s'agit d'éducation et non de formation, à la fois ici et dans le cas de *deep benchmarking.* Notre collègue Sam Stern, professeur à l'Université de l'Oregon et qui fait autorité en sciences pédagogiques, explique ainsi la différence entre les deux : « *Personne ne souhaite que ses enfants suivent les cours de formation sexuelle à l'école* » (en anglais, l'effet de cette phrase est plus fort car *training* signifie à la fois « formation » et « entraînement »). Pour revenir au monde de l'entreprise, la démarche éducative, à la différence de la formation, a pour objectif de faire acquérir à l'individu les compétences et la philosophie profonde sous-jacente aux pratiques.

95. « Best practice approaches from EFQM Benchmarking experts », *in European Quality,* vol. 9, N° 3, 2002, p.-p. 90-97.

96. Quality facilitators, Juran Institute, Netherlands office, http://www.european-quality.co.uk/articles/juran.html
97. Nous sommes ravis, par ailleurs, que suite à l'un de nos séminaires, le P-DG d'une filiale française d'un grand groupe européen de produits électriques ait conduit toute son équipe dirigeante au Japon pour un *benchmarking* profond de Toyota. L'équipe est revenue transformée et met actuellement en place les leçons apprises.
98. Entretien du 13 septembre 1999.
99. Entretien du 29 janvier 2001.
100. Propos rapportés par Javier Canals, directeur de la communication de BBVA, entretien du 7 avril 2003.
101. *Wall Street Journal Europe*, 29 novembre 2002, p. R1.
102. Propos recueillis lors de l'enquête de terrain chez Oracle Nederland, le 5 mars 2004, et du Lisbon Council Innovation Roundtable à Bruxelles, le 1er décembre 2005.
103. Entretien du 13 septembre 1999.
104. Entretien du 23 juin 2000.
105. Entretien du 25 novembre 1999.
106. Propos tenus à Jean-Yves Podeur, qui l'accompagnait lors de ses déplacements ; entretien du 25 novembre 1999. Signalons un objectif unique de BBVA d'impliquer dans le management des idées plus de 10 000 préretraités de la banque. Selon Xavier Vila Fernández Santacruz, directeur de la qualité, les personnes de plus de 50 ans tirant une partie de leurs revenus de BBVA vont pouvoir soumettre leurs idées au système de la banque ; entretien du 7 avril 2003.
107. « Le modèle américain : des entreprises de rêve », *in L'Express,* 1er juin 2000, p. 181. Depuis, l'entreprise continue à figurer dans ce palmarès chaque année.
108. Entretien du 15 avril 2001.
109. À partir de notre expérience d'accompagnement des entreprises, nous avons tiré une règle des 30-40-30 : 30 % des managers épousent le changement induit par le management des idées, 40 % attendent de voir comment le projet va évoluer, enfin, 30 % résistent. Ce sont ces 40 % qu'il faut convaincre et ne pas perdre son temps avec les 30 % qui résistent, dont une partie suivra la majorité une fois le projet de déploiement achevé et le système lancé.
110. Entretien du 14 février 2003.
111. Entretien du 16 avril 2001.
112. Entretien du 31 janvier 2001.
113. Entretien du 31 janvier 2001.
114. Entretien du 7 avril 2003.
115. Entretien du 24 novembre 2003.
116. Bulletin n° 5 du pôle « Initiative et Créativité », décembre 1999, p. 35.
117. Pour la petite histoire, sous l'effet de la « mode », Siemens, a abandonné en 1913 son processus simple et rapide de traitement des idées et a introduit « une boîte à idées ». Le règlement assez long et complexe qui expliquait la nouvelle démarche précisait même les dimensions de ces boîtes et comment les poser sur les murs.
118. Entretien du 31 janvier 2001.
119. Japan Human Relations Association, *Improvement engine : Creativity and innovation through employee involvement,* Portland, Oregon, Productivity Press, 1995.
120. Entretien du 28 août 2002.
121. Entretien du 5 mars 2004.
122. Entretien du 9 février 2001.
123. Entretien du 4 mars 2004.

124. Japan Management Association, « The joy of creation and invention », *in* Robinson A.G., *Continuous improvement in operations,* Portland, Oregon, Productivity Press, 1991, p. 222.
125. Entretien du 7 avril 2003.
126. Entretien du 24 novembre 2003.
127. Entretien du 31 octobre 2000.
128. O'Neil, J.R., *Paradox of success,* New York, Putnam, 1993, p. 48.
129. Nussbaum, B., « The power of design : IDEO redefined good design by creating experiences, not just products. Now it's changing the way companies innovate », *in BusinessWeek,* 2004.
130. Welch, J., *Straight from the gut,* New York, Warner Books, 2001. Traduction française : *Ma vie de patron, le plus grand industriel américain raconte,* éd. Village Mondial, 2001.
131. Hammer, M., *The Agenda : What every business must do to dominate the decade,* New York, Crown Business, 2001. Traduction française : *Carnet de route pour manager,* Éditions Maxima, 2002.
132. Collins, J. C. & Porras, J. I., *Built to last* (édition révisée), New York, HarperBusiness, 1997. Traduction française : *Bâties pour durer,* First, 1996.
133. *Ibid.,* p.-p. 186-189.
134. Entretien du 31 janvier 2005.
135. On définit généralement l'innovation comme un concept bicéphale (cf. Roberts, E.B., « Managing Invention and Innovation », *Research-Technology Management,* Jan-Feb., 1988, p.-p. 11-29) :
• la génération d'une invention ou d'une idée originale ;
• la conversion de cette idée en une production utile, telle qu'un produit, un service ou un processus.
136. Toutefois, comme le montre la crise vécue par Merck en 2004 avec à son blockbuster anti-douleur Vioxx, cette entreprise n'est pas encore entièrement sortie de sa dépendance historique de produits « jackpot ». Il est également remarquable qu'en 2005, le Fosamax continuait d'être un facteur clé de la réussite de l'entreprise car classé parmi les trois médicaments les plus vendus par l'entreprise.
137. Entretien du 31 janvier 2005.
138. Hamel, G., *Leading the revolution,* Boston, Harvard Business School Press, 2000, p. XII. Traduction française : *La révolution en tête,* Village Mondial, 2000.
139. Peters, T., *The circle of innovation,* New York, Vintage Books, 1999, p.-p. 27, 29 et 308. Traduction française : *L'innovation, un cercle vertueux,* Village Mondial, 1998.
140. Dauphinais, G. W. & Price, C. (Eds.), *Straight from the CEO,* New York, Simon Schuster / Price Waterhouse, 1999, p. 235.
141. Voir Clayton, C., *The Innovator's Dilemma : When New Technologies cause Great Firms to Fail,* Boston, MA, Harvard Business School Press, et son entretien « Sony celebrates the results of fine tuning », *in Financial Times,* May 4, 2001, p. 9.
142. « Sony again turns to design to lift electronics », *in New York Times,* February 2, 2003.
143. En 2003-2004, confronté au déclin du baladeur et à l'émergence de la musique numérique, Sony a renoué avec l'approche « jackpot ». Deux concurrents de l'iPod d'Apple ont été lancés par deux divisions différentes, celle des Walkman et celle des PC Vaio. Le succès, comme c'est souvent le cas avec les programmes orientés « jackpot », n'a pas été au rendez-vous et a consommé des ressources précieuses de l'entreprise. En revanche, pour un autre produit que Sony jugeait peu « glamour » - les écrans de télévision - son concurrent Samsung a su continuellement améliorer la qualité et s'est imposé comme le leader mondial d'un marché en croissance, forçant Sony à conclure avec lui une joint-venture.

144. Stevens, G.A. et Burley, J., « 3000 raw ideas = 1 commercial success ! », *in Research-Technology Management*, May-June, 1997, p.-p. 16 -27.
145. Voir Harhoff, D., Narin, F., Scherer, F.M and Vopel, K., « Citation frequency and the value of patented inventions », *in The Review of Economics and Statistics, 81*(3), 1999, p.-p. 511-515.
146. « The *TR* patent scorecard 2001 », *in technology Review*, May 2001, p.-p. 48-49.
147. « Eureka ! Labs with profits », *in New York Times,* September. 9, 2001.
148. « Cross-functional team focus on marketing is key to project success », *in Tufts CSDD Impact Report*, Vol. 2, December 2000; « New drug approvals in 2001 », *in PhRMA report*, January 2002 ; voir aussi « Drug research yields a decreasing return », *in International Herald Tribune*, April 20-21, 2002, p. 11.
149. *Tufts CSDD Impact Report* , *ibid.*, p. 3; « *blockbuster* » désigne un médicament dont les ventes annuelles dépassent 800 millions de dollars, le coût moyen de développement d'un nouveau médicament.
150. « Les labos bientôt autorisés à fixer le prix de certains médicaments », *in Challenges*, N°190, 28 novembre 2002, p. 39. D'ailleurs, l'une des principales raisons évoquées par les dirigeants de Sanofi en faveur de leur fusion-acquisition d'Aventis quelques années plus tard a été de renforcer leur *pipeline* de futurs médicaments, jugé insuffisant par les analystes.
151. Dauphinais et Price, *ibid.*, p. 233.
152. « Are patents really a virtue ? », *in Fortune,* Oct. 16, 2000, p. 136.
153. Lubar, S., « New, useful, and nonobvious », *in Invention & Technology*, printemps/été, 1990, p.-p. 9-16.
154. Voir pour les détails : Getz, I. et Robinson, A. G., « Innovate or die : Is that a fact ? », *in Creativity and Innovation Management*, 12, 130-136, 2003.
155. Sewell, C. & Brown, P. B., *Customers for life : How to turn that one-time buyer into a lifetime customer,* New York, Pocket Books, 1998.
156. Nussbaum B., « The power of design : IDEO redefined good design by creating experiences, not just products. Now it's changing the way companies innovate », *in BusinessWeek*, May 17, 2004.
157. Entretien du 13 juillet 2000.
158. Voir par exemple Roberts, E. B., « Managing invention and innovation », *in Research-Technology Management*, Jan.-Feb., 1988, p.-p. 11-29 ; Stevens, G. A. & Burley, J., « 3 000 raw ideas = 1 commercial success ! », *in Research-Technology Management*, May-June, 1997, p.-p. 16-27.
159. Entretien du 13 février 2003.
160. *Ibid.*
161. « NASA was asked to 'beg' for help on shuttle photos », *in New York Times*, March 14, 2003. Bien sûr, dans les situations d'urgence comme celle-ci, le SMI n'est pas nécessairement l'outil qui obligera les responsables d'accepter les idées de leurs subordonnés. Mais le rôle déterminant du SMI n'est pas dans l'urgence : si la NASA avait déployé un SMI il y a plusieurs années, la culture d'écoute, d'acceptation des idées des subordonnés aurait été déjà en place, au lieu de la culture que le rapport a qualifié « d'intimidation et d'agressivité » de la part des supérieurs.

Index

www.ingramcontent.com/pod-product-compliance
Lightning Source LLC
Chambersburg PA
CBHW070309200326
41518CB00010B/1953